V&R

Für Miriam

Elisabeth Walsum

Und wo bleibt der Dank!

Meine Psychotherapie in Träumen

Vandenhoeck & Ruprecht

Bibliografische Information der Deutschen Nationalbibliothek
Die Deutsche Nationalbibliothek verzeichnet diese Publikation in der
Deutschen Nationalbibliografie; detaillierte bibliografische Daten sind
im Internet über http://dnb.d-nb.de abrufbar.

ISBN 978-3-525-40126-2
ISBN 978-3-647-40126-3 (E-Book)

Umschlagabbildung: »paula« / Quelle PHOTOCASE

Satz: SchwabScantechnik, Göttingen
Druck und Bindung: ⊕ Hubert & Co. Göttingen

Inhalt

Vorwort

»Lieber vier Stunden beim Zahnarzt als eine Stunde in der Therapie.« Diese Antwort ließ keine weiteren Nachfragen nach dem Erleben in meiner Therapie zu. Mit Anfang fünfzig machten sich Angst und depressive Störungen immer mehr durch psychische Zusammenbrüche bemerkbar. Auf Anraten meines Mannes und nach langem Zögern begann ich eine tiefenpsychologisch orientierte Einzeltherapie, in der Träume und Literatur eine große Rolle spielten. Von Mai 2003 bis Dezember 2005 fanden die insgesamt 75 Sitzungen zunächst im wöchentlichen Abstand und gegen Ende in größeren Abständen statt.

Das Erzählen in der Therapie fiel mir sehr schwer. Außer oberflächlichen Daten wusste ich nichts über mich zu berichten. Die Therapeutin meinte, dass Träume hilfreich sein könnten, aber ich konnte mich an keine Träume erinnern. Erst allmählich, nach etwa sieben Monaten, begann ich die ersten Träume aufzuschreiben. Das Traumtagebuch wurde schnell zum Begleiter der Therapie, in der ich gelegentlich einige Träume vorlas. Nach der Beendigung der Therapie führte ich das Traumtagebuch weiter. Allerdings wurden die erinnerten Träume dann immer weniger.

Im Mai 2005 kaufte ich mir von einem Geldgeschenk meiner Kollegen eine grün eingebundene Kladde im DIN-A4-Format und einen neuen Füller. Dieses »grüne Buch« wurde dann ein wichtiges Element meiner Therapie, denn dort schrieb ich meine Gedanken und Assoziationen zu den Träumen und sonstige Anregungen aus Literatur, Film und Zeitung auf. Ab Sommer 2006 begann ich, mit Hilfe dieses grünen Buches noch einmal die Träume für mich zu verarbeiten. Die Beschäftigung mit jedem Traum war für mich wie eine Therapiestunde mit mir selbst. Alle Traumanalysen erfolgten nach dem gleichen Muster: Nach der »dokumentarischen« Darstellung des Traums in der Form, wie er unmittelbar nach dem Erwachen protokolliert wurde, folgte die jeweilige Analyse. Diese besteht aus Assoziationen, Erinnerungen, Erklärungen, Reflexionen und Zitaten aus der Literatur, aus Gerichtsakten und aus dem psychologischen Gutachten meiner Therapeutin, das sie erst nach langem Zögern zur Verfügung stellte. Nach einem Jahr hatte ich über 500 Seiten geschrieben. Erst dann war für mich die Therapie abgeschlossen und ich fühlte mich geheilt.

Von Beginn an gab ich mir den Therapienamen »Allmuth«. Mein wirklicher Name Elisabeth wäre zu nahe am Ich. Ich brauchte ein Alter Ego, das mit mir in Beziehung trat und das ich mit Abstand beobachten konnte. Elisabeth konnte ich nicht beschreiben, aber Allmuth schon. Wie in der Therapie fiel mir das Erzählen in der Ich-Form schwer. In der dritten Person konnte sich mein Blick weiten und die Gedanken konnten mehr in die Tiefe gehen, ohne dass das Ich zu sehr verletzt worden wäre. Ich musste all meinen Mut zusammennehmen, um Elisabeth erforschen zu können. So wurde Allmuth für mich ein symbolischer Name. Gleichzeitig konnte ich mich mit ihm identifizieren, da er ein Name meiner Generation ist.

Ein Jahr lang ruhte mein Werk und ich kam selbst auch zur Ruhe. Danach entschloss ich mich zu einer Veröffentlichung.

»Was passiert mit mir, wenn ich mich in therapeutische Behandlung begebe?« »Wie komme ich von Zustand A nach Zustand B?« Diese Fragen hatte ich mir vor und während der Behandlung oft gestellt und nirgends eine befriedigende Antwort gefunden. Durch meine eigene Traumanalyse hat sich für mich die »Black Box« des psychischen Heilungsprozesses erhellt. Mich interessierten nicht die Vorgänge im Gehirn, sondern der innere Prozess, in dem das Problem erkannt und geknackt wird und in dem dann Schritt für Schritt eine Heilung einsetzt. In meiner Aufarbeitung lässt sich ein Spannungsbogen verfolgen von dem Bewusstsein einer Krise über einen intensiven Selbstfindungsprozess hin zu einer allmählichen Heilung. In der Veröffentlichung soll der Fokus auf die Kerngeschichte der Therapie gelenkt werden, nämlich auf die Auseinandersetzung mit den Eltern und die daraus resultierende Separation von ihnen. Die

Träume, die sich mit den Kindern, dem Beruf und dem Alltagsleben beschäftigen, werden deshalb nicht berücksichtigt, obwohl auch sie der Vollständigkeit halber dazu gehören.

Die chronologische Reihenfolge der Träume wurde zugunsten thematischer Kapitel aufgegeben. Das Buch beginnt mit der Auseinandersetzung mit der Mutter. Danach stehen die Auswirkungen der Scheidung der Eltern und die Suche nach dem Vater im Fokus. Im darauf folgenden Kapitel beschäftige ich mich mit meinen Ängsten. Im Hauptkapitel »Therapie« werden die jeweiligen Erkenntnisschritte der Therapie gezeigt. Die einzelnen Phasen dieses Prozesses sind im »Silvestertraum« zusammengefasst. Im Kapitel »Resilienz« frage ich, welchen Personen oder Umständen es zu verdanken ist, dass ich trotz schwieriger Kindheit doch noch auf ein einigermaßen gelungenes Leben zurückblicken kann. Im abschließenden Kapitel werden die Gefühle in Bildern deutlich gemacht, die auf eine Heilung schließen lassen.

Die Chronologie aller Träume im Anhang zeigt, dass die einzelnen Aspekte des Heilungsprozesses nicht nacheinander folgten. Es war kein linearer Prozess, sondern ein Weg im Zickzack.

Die Leserinnen und Leser dieses Buches können einen Heilungsprozess verfolgen, und manche bekommen vielleicht den Mut, sich selbst auf solch einen schwierigen, aber auch lohnenden Weg zu machen.

Elisabeth Walsum

Allmuth

Allmuth kann nicht einschlafen. Seit über einer Stunde dreht sie sich von einer Seite auf die andere, während Albert neben ihr tief und fest mit gleichmäßigen Atemzügen schläft. Bereits zum zweiten Mal muss sie zur Toilette. Seit der Geburt ihres dritten Kindes Klara muss Allmuth jede Nacht mehrmals zur Toilette. Ein gutes halbes Jahr nach der Geburt vor knapp sechs Jahren fuhr sie mit dem Auto zu einem Urologen in einer 25 Kilometer entfernten Klinik, um organische Ursachen für die nächtlichen Toilettengänge abklären zu lassen. Für eine Röntgenaufnahme der Nieren wurde ihr ein Kontrastmittel gespritzt. Ohne dass sie es vorher wusste, reagierte sie allergisch mit einem Schock. In kürzester Zeit schwollen alle Schleimhäute an und sie drohte zu ersticken. Todespanik! Sofort kam der Arzt und verabreichte ihr drei große Kortisonspritzen. Langsam konnte sie wieder atmen und ihr Zustand normalisierte sich allmählich. Nach zwei Stunden kam Albert mit einem zweiten Fahrer und holte sie und das Auto ab.

Am nächsten Tag, es war der letzte Tag vor den Herbstferien, ging Allmuth zur ersten Stunde zum Unterricht. Der eine Tag war doch wohl zu schaffen! Die Pflicht ruft! Nach der vierten Stunde ging es nicht mehr und Allmuth brauchte die ganzen Herbstferien, um sich von dem Allergieschock zu erholen. Organische Ursachen konnten nicht festgestellt werden und so gewöhnte sich Allmuth daran, jede Nacht mehrmals das Bett verlassen zu müssen. Früher hieß es, jedes Kind kostet einen Zahn, jetzt ist es eben der Toilettengang.

Allmuth kann immer noch nicht einschlafen. Sie wird in diesem Jahr vierzig Jahre alt. Seit einem Jahr ist sie Mitglied im Kreistag, zuvor war sie zehn Jahre Mitglied des Stadtrates. Mit 29 Jahren brachte sie als Mitglied der »Grünen«-Fraktion 1981 frischen Wind in die erstarrten politischen Strukturen der Kleinstadt. Durch ihre Initiativen, Anfragen, Aktionen und Leserbriefe wurde sie bekannt und oft mit Petra Kelly verglichen. Die vielen kommunalpolitischen Erfahrungen und Materialien wollte sie für sich aufarbeiten, um sich klar darüber werden zu können, was diese zehn Jahre bewirkt haben. Es gab zwei Möglichkeiten: entweder literarisch oder wissenschaftlich. Da ihr Schreibstil literarisch zu trocken ist, entschied sie sich für den wissenschaftlichen Weg. Sie fuhr zur nächsten Universität und suchte sich einen Professor, der sich bereit erklärte, sie als Doktorvater zu betreuen. Jetzt besucht sie Seminare und Vorlesungen und beginnt, ihre fast zwanzigjährige Lücke in der Kenntnis der wissenschaftlichen Literatur aufzuarbeiten. Lernen und Forschen machen ihr Spaß. Im nächsten Schuljahr will sie für zwei Jahre Urlaub ohne Bezüge nehmen, denn neben Beruf, Familie und Politik ist eine Promotion nicht zu schaffen.

Wieder muss Allmuth zur Toilette. Es ist bereits halb zwei nachts. Christina, ihre älteste Tochter, war im letzten Schuljahr als Austauschschülerin in den USA. Die räumliche Distanz entspannte die ständigen Konflikte mit Christina. In der Verwandtschaft fand Allmuth wenig Verständnis dafür, dass das »arme Kind« so weit weg von zu Hause war. So etwas können nur Rabenmütter zulassen. Die Initiative ging aber von Christina aus, die dann auch alle Vorbereitungen selbständig in die Wege leitete. Seit Christina sich mit einer Japanerin in den USA angefreundet hat, weiß sie, dass sie Japanologie studieren will. Heute sind Allmuth und Christina wieder wegen einer Kleinigkeit aneinandergeraten. Albert sagt: »Ihr seid zu gleich, das erzeugt ständig Reibung.« Mit Carl, der dreieinhalb Jahre jünger ist als Christina, kommt es nie zu Reibereien. Er ist ausgeglichen wie sein Vater.

Allmuth kann immer noch nicht einschlafen und geht zum fünften Mal zur Toilette. Es ist jetzt zwei Uhr zwanzig. Albert schnarcht laut. Allmuth ist hellwach. Sie bemüht sich, an nichts zu denken, ihre Gedanken zu verscheuchen, Schafe zu zählen, autogenes Training zu machen. Alles zwecklos. Sie kommt nicht zur Ruhe. Wieder schleicht sich ihr Garagentraum in ihre Gedanken:

Ich bin in unserer Garage beschäftigt, die voll gestellt ist mit Möbeln, Kartons und anderem Hausrat. Ich muss mir mühsam einen Weg bahnen, ich klettere über die Möbel und ich zwänge mich durch sie hindurch. Dabei muss ich aufpassen, mir den Fuß nicht zu verletzen. Das Sofa ist neu bezogen worden, ich überprüfe den Stoff und finde, die Arbeit ist nicht ganz sauber gemacht worden, aber man kann damit leben. Dann wird von einem Projektor eine Fernsehsendung (Nachrichten) an eine Tür geworfen, die mit einer Leinwand bespannt ist. Die Tür ist wie eine Balkon- oder Terrassentür: ein Rahmen mit einer großen Fensterscheibe. Hinter der Tür ist der Garten. Die dunkle Leinwand deckt die Scheibe ab. Ich hebe die Leinwand, die wie ein Rollo ist, an und schaue durch die Tür in den Garten. Ich denke: Aha, so funktioniert das also. Ich lasse das Rollo wieder in seine ursprüngliche Stellung fallen, das heißt, ich benutze die Tür nicht, um hinauszugehen, und arbeite weiter in der Garage.

In einer unbequemen körperlichen Lage, eingequetscht zwischen Sachen, verfolge ich die Fernsehsendung. Als sie zu Ende ist, suche ich meine Hausschuhe, finde sie und will dann ins Haus zurückklettern, um in der Küche Essen zu machen. Während meiner Tätigkeit in der Garage ist Albert mit den Kindern Christina und Carl beschäftigt. Er wollte mit ihnen den Tannenbaum in den Ständer stellen. Also wusste ich die Kinder versorgt. Als ich die Garage verlassen will, kommen mir schon die Kinder entgegen und beschweren sich bei mir über Albert, der den Ast von ihrem Kletterbaum abgebrochen hat. Allerdings hat er ihn nicht mutwillig zerstört, denn der Ast war sowieso schon morsch. Jetzt kann der Ast keinen Unfall mehr verursachen. Trotzdem finden die Kinder es nicht gut, dass der Ast nicht mehr da ist. Carl ist etwa drei bis vier Jahre alt und Christina sechs bis sieben. Obwohl es kalt draußen ist, hat Carl nur eine Strumpfhose an, keine Schuhe und einen nackten Oberkörper. Er friert aber überhaupt nicht. Ich sage: »Komm her, oh du mein Kleiner«, und nehme ihn auf den Arm. Mich durchströmt ein warmes Glücksgefühl wegen der Kinder, die ich so liebe. Ich werfe Carl in die Luft, wie man es mit Säuglingen macht. Carl ist federleicht und klein. Er ist etwas irritiert ob dieser Behandlung, hat aber nichts dagegen. Christina steht daneben und redet, will aber auch Beachtung. 23. Dezember 2005

Allmuths Leben spielt sich in der Garage ab, zugemüllt mit Aufgaben und Pflichten. Die Lage ist unbequem, die Verletzungsgefahr groß. Obwohl in unbequemer Lage, schaut sie Nachrichten an. Ein Zeichen von Pflichtgefühl, sie muss sich informieren. Tatsächlich liest sie auch viel Fachliteratur, geht auf Seminare und Kongresse. Will ihre Arbeit, vor allem auch in der Politik, gut machen. Es gibt zwar die Möglichkeit, durch die Tür nach draußen in den Garten zu gehen, aber sie wird nicht genutzt. Möglichkeiten der Muße oder des Relaxens sind zwar bekannt, aber die Pflicht hält sie in der Garage gefangen, ohne dass die Garage abgeschlossen sein muss.

Allmuth weiß ihre Kinder versorgt und beschäftigt. Es ist viel Organisation nötig, um alles unter einen Hut zu bekommen. Ständig eingeklemmt in Arbeit und Pflicht. Es gibt aber auch Momente, wo das Leben pur zu spüren ist, vor allem in der Begegnung mit den Kindern. Das In-die-Luft-Werfen eines Kindes und es dann wieder aufzufangen erzeugt beim Kind Urvertrauen und Wohlbefinden. Meistens jauchzt es dabei vor Glück. Normalerweise macht man das mit Säuglingen, deshalb ist Carl auch zunächst etwas irritiert, findet es dann aber auch ganz gut. In solchen Momenten ist Allmuth glücklich.

Kinder und Glück. Im Traum ist Carl mit nacktem Oberkörper in der Kälte, aber nicht frierend und ganz bei sich. Es zeigt einmal die Schutzlosigkeit und Abhängigkeit des Kindes, aber auch die Zufriedenheit und das Vertrauen. Obwohl er schutzlos ohne Jacke ist, friert er nicht, denn ihn schützt etwas anderes: Er wird von innen gewärmt, vom Urvertrauen und Eingebundensein in die Familie. Er weiß, wer er ist und wo er hingehört. Die Szene mit dem Hochwerfen gibt einen Hinweis auf die Entstehung des Urvertrauens: hochgeworfen zu werden, das heißt sich entfernen, andere Blickwinkel entdecken und dann sich fallen lassen können in der Gewissheit, aufgefangen zu werden. Carl zeigt als Person das In-sich-Ruhen, das heißt Selbstvertrauen. Er kann tatsächlich stundenlang nichts tun, ohne sich zu langweilen.

Allmuth in der Garage: immer beschäftigt und hatte immer etwas zu tun: räumen, lernen, alles im Blick haben, sich sorgen, nachdenken. Das Tun war wenig zielgerichtet und passierte in dem umschlossenen, unwohnlichen Raum der Garage. Der Blick nach draußen war durch einen Schrank verstellt. Das Garagentor stand zwar offen, aber sie musste erst über Kisten steigen und konnte nur herauskriechen, was jedes Mal einiges an Anstrengung kostete. Obwohl sie die ganze Zeit beschäftigt war, weiß sie nicht genau, was sie eigentlich tat. Es war wie die Situation eines Hamsters im Laufrad, nur dass sie nicht eingesperrt war, eine freie Sicht ihr aber versperrt war. Ihr Hamsterleben war bestimmt durch Beschäftigung, Mühe, Zwang, Vorsicht, Skepsis, Misstrauen, Kontrolle, Informationsverarbeitung, Suche und Hausarbeit.

Das Glück, die Kinder, hatte etwas Unwirkliches, war vor der Garage. Die Kinder gaben ihr ein warmes Glücksgefühl und die Gewissheit, dass sie sie liebe. Das Glück hat sie zwar für einige Zeit die Mühsal der Garagenarbeit vergessen lassen, aber sie nicht wirklich davon gelöst oder befreit. Sie war ja auch nicht unglücklich oder unzufrieden in der Garage.

Allmuth kann immer noch nicht einschlafen. Langsam wird es schon hell und in drei Stunden klingelt der Wecker. Die Vögel fangen an zu zwitschern und Allmuth steht auf, um das Fenster zu schließen.

Nach drei Jahren hat Allmuth ihre Promotion abgeschlossen und kehrt 1995 in den Schuldienst zurück. 2001 beendet sie ihr kommunalpolitisches Mandat und übernimmt mehr Verantwortung in der Gesellschaft für Christlich-Jüdische Zusammenarbeit und beim Kinderschutzbund.

Nach dem Tod ihrer Mutter im Jahre 2000 häufen sich ihre psychischen Zusammenbrüche mit Heulattacken, von denen nur Albert etwas mitbekommt. Für alle anderen bleibt sie die Powerfrau.

Mutter

Meine Mutter

Ich sitze alleine in einem großen Bus hinter dem Fahrer. Meine Mutter spricht von draußen durch die geöffnete Tür mit dem Busfahrer, den ich nicht kenne. Ich weiß nicht, worüber sie reden. Ich höre zu, bin aber nicht am Gespräch beteiligt. Dann bittet sie den Busfahrer, die Türe zu schließen und loszufahren. Sie sagt dann noch: »Ich kann nicht mehr. Es ist genug.« (Der letzte Satz wurde von einem Lehrer in Erfurt einem Amokschützen gegenüber gesagt.) Dann sehe ich, wie sie sich beim Anfahren vor den Bus wirft. Der Busfahrer sieht es nicht, denn seine Aufmerksamkeit ist weit auf die Straße gerichtet. Als meine Mutter überfahren wird, fühlt es sich an, als ob wir über einen Huckel in der Straße fahren. Der Busfahrer erlebt das Ruckeln wohl als eine Straßenerhebung. Nach einer Schrecksekunde bitte ich den Busfahrer anzuhalten, denn meine Mutter habe sich vor den Bus geworfen. Erst glaubt er mir nicht, dann hält er doch an. Ich bitte ihn, nachzusehen und Hilfe zu holen. Ich selbst bin wie gelähmt und will nicht aussteigen. Die Stimmung ist düster.

Im Wachzustand stelle ich mir vor, dass der Busfahrer wendet, denn im Rückwärtsgang ist die Strecke zu lang. Er fährt bis zu Unglückstelle zurück. Um meine Mutter ist bereits eine Traube von Leuten. Ich weiß nicht, ob sie noch lebt. Ich wage es nicht, zu ihr hinzugehen, und beobachte die Szene nur von weitem.

26. Mai 2004

Nach dem Traumerlebnis, das noch in den Wachzustand übergeht, liegt Allmuth verstört und mit Beklemmungen im Bett. Ihre Mutter hat sie nicht wahrgenommen, sich mit einem Fremden unterhalten und sich vor ihren Augen vor den Bus geworfen. Allmuth ist dann mit dem Bus über sie gefahren und hat das auch körperlich gespürt. Schreck, Lähmung, Angst, Scham, Unsicherheit und Hilflosigkeit bleiben bei Allmuth zurück. Diese Mutter setzt sie außer Gefecht.

Ihre Mutter ist ihr absoluter Schwachpunkt. Über alles und mit allen kann sie reden und sich auseinandersetzen, nur nicht mir ihrer Mutter. Die Mutter nagt in ihr wie ein Stachel, der immer wieder sticht und verletzt. Von dieser Mutter kann sie sich nicht lösen, auch wenn sie äußerlich unabhängig wirkt. Die Mutter klebt in ihr und an ihr wie eine »Mutterlegierung« (Overath, 2005, S. 26).

Die Mutterlegierung ist wie ein Aschefilm nach einem Vulkanausbruch, er dringt in jede Ritze, nimmt die Luft zum Atmen, dringt in sie ein, klebt an ihr, ist zäh und geschmeidig, durchdringend und oberflächlich, klammert und lässt nicht los. Die Legierung kann äußerlich glänzen und einen guten Eindruck machen und ist so schnell nicht abzulegen. Erst mit der Zeit kann die Legierung Risse bekommen oder abfallen. Die Mutterlegierung durchdringt alles, setzt sich fest und macht Oberflächen glatt. Sie vereinnahmt und klebt fest, hat ihren spezifischen Geruch, ihre spezifischen Farben und Materialien. Sie ist spürbar, wenn auch oft unsichtbar. Mutterlegierung kann abfärben, giftige Substanzen abgeben, aber auch Halt und Orientierung geben. Mutterlegierungen erfahren am Muttertag eine Aufpolierung. Mutterlegierung ist Gefühl, Zuspruch, Aufmerksamkeit, Kontrolle und Lust. Sie weckt Wut, Abneigung, Ekel und Übelkeit, aber auch Geborgenheit, Schutz, Wärme und Zuflucht. Nach der Geburt umgibt das Kind ihre Schmierschicht wie eine zweite Haut, die dann einzieht und unsichtbar wird. Sie durchdringt Allmuth und macht sie lebensfähig, kann sie aber auch ersticken, je nachdem wie fest die Legierung von der Mutter überzogen wird.

Als Allmuths Mutter noch mit Allmuths Vater zusammenlebte, weinte sie sehr oft. Sie saß weinend am Küchentisch, der Vater war nicht da und Allmuth wusste nie, warum sie weinte. Oder sie wusste es doch, aber es kam nicht zur Sprache. Allmuth fühlte sich hilflos, wollte ihr helfen, denn eine weinende Mutter bringt auch sie zum Weinen. Später vermied die Mutter es, dass ihre Kinder sie weinend sahen. Dann machte sich das unterdrückte Weinen als drückende

Atmosphäre in der Wohnung breit. Das viele Weinen hat sie stark und hart gemacht. Stark, um den Mut aufzubringen, mit zwei kleinen Kindern den Mann zu verlassen, und hart gegenüber sich selbst und anderen, um in einer ihr feindlichen Umwelt zu überleben.

Stärke musste gespürt werden, und so entwickelte sich ihre Stärke zu einer unumschränkten Macht in ihrer Restfamilie. Wer herrschen kann, ist stark. Wer gehorsame Diener hat, kann sich wichtig und gut fühlen. Ihre Macht war zwar beschränkt auf die eigenen Kinder und die eigene Wohnung, außerhalb war sie machtlos und passte sich an bis zur Unterwürfigkeit.

Im Beruf lernte sie zwar viele andere Leute kennen, die sie aber fern von ihrem Machtbereich hielt. Zu Hause war sie die unumschränkte Herrscherin, die Menschen und Dinge nach ihrem Bild gestaltete. Frisch umgetopfte Pflanzen und ein mit »Glänzer« aufpolierter Stragula-Fußboden gaben ihr die Genugtuung, ihr Reich gestalten zu können. Keiner konnte und durfte ihr reinreden.

Allmuth hat ihre Mutter nur unglücklich erlebt. In Situationen, wo sie eigentlich hätte glücklich sein können, bei Familienfesten oder wenn etwas geglückt war, dann wirkte ihr Glücklichsein wie aufgesetzt, das Lachen künstlich, die Stimme manchmal überdreht. Im Unglücklichsein kannte sie sich besser aus, da hatte sie sich eingerichtet. Dem Unglück war mehr zu trauen als dem Glück. Auch Zufriedenheit war schwer zu spüren.

Sie lebte in einer Art Wartezimmer zum Glück. Da musste doch noch was kommen. Das Wartezimmer war ungemütlich, vorübergehend. Hier konnte man sich nicht einrichten, nicht zu sich selbst kommen, sich nicht bewohnbar machen. Dennoch, der Zustand im Wartezimmer muss so erträglich wie möglich gemacht werden: Ordnung halten, auf Sauberkeit achten, sich nicht anstecken lassen von anderen Kranken, sich vorbereiten auf ein Glück, das realistischerweise eigentlich nicht erwartet werden kann. Aber man kann sich ja etwas vormachen, so tun als ob, das ist doch schon mal was. Bloß nicht zugeben, dass man unglücklich ist, denn dann wäre man ja noch unglücklicher. Also gilt es, es sich in diesem Wartezustand bequem zu machen, damit der Alltag einigermaßen erträglich ist.

Das ständige Warten auf etwas, was doch nicht kommt, macht

apathisch. Obwohl ihre äußeren Lebensumstände nach der Scheidung ja ganz ordentlich aussahen, wusste sie doch nichts mit ihrem Leben anzufangen. Sie hätte gern in einem Büro gearbeitet, meinte auch, dafür qualifiziert zu sein, aber mit vierzig fühlte sie sich doch schon zu alt für eine Umschulung. Das pure Überleben zehrte so an ihren Kräften, dass sie keine Energien mehr hatte, eigene Interessen oder Hobbys zu entwickeln. Außerhäusige Kontakte wurden nur kümmerlich gepflegt. Gemeinsame Aktivitäten mit den Kindern oder Urlaub gab es nicht. Keine Bücher, keine Volkshochschule, keine Veranstaltungen. Allmuth kann sich nicht mehr erinnern, womit sich die Mutter die Zeit nach der Arbeit beschäftigt hat.

Nur zwei Dinge fallen ihr ein: in die Stadt gehen und Kreuzworträtsel lösen. Das Teilnehmen an Preisausschreiben und auch das Lottospielen, das sie eine Zeit lang machte, haben auch etwas von dem Wartezimmercharakter. Warten auf einen Preis, auf das große Geld, die Veränderung. Wenn am Samstagabend die Lottozahlen gezogen wurden, lagen immer ein Zettel und ein Stift bereit und in den drei Minuten der Ziehung durfte nicht gestört werden. Das war für sie der Höhepunkt der Woche. Wenn sonst nichts passiert, das Leben spannungslos empfunden wird, dann schafft man sich eben selbst eine kleine Spannung, die auch jedes Mal die Möglichkeit gibt, aus dem Jetzt zu entfliehen und sich eine bessere Zukunft zu erträumen. Allmuths Mutter hatte immer Postkarten mit Preisausschreiben unterwegs, so dass sie immer eine kleine Spannung hatte. Die Spannung war ihr Hobby, denn mit den meisten Preisen – außer Geld – konnte sie gar nichts anfangen. Dann stellte sie sich vor, eine großzügige Schenkerin zu sein. Einmal hatte sie bei einem Preisausschreiben einer Frauenzeitschrift ein Kleid gewonnen. Sie hatte ihre Größe (40/42) angegeben, aber sie wollte es nicht tragen. Wahrscheinlich war es ihr zu modern oder zu neu. Also kam Allmuth in den »Genuss« eines neuen Kleides. Da es aber viel zu groß war, musste es überall eingesäumt werden. Außerdem war es überhaupt nicht Allmuths Geschmack. Aber die Mutter pries es Allmuth so sehr an und lobte dabei auch ihre Großzügigkeit in der Überlassung des Kleides, dass Allmuth es nicht wagte, ihr zu widersprechen, und so trug sie es aus Gehorsamkeit mit Widerwillen.

Etwa ab dem fünften Schuljahr waren Allmuth und ihre Schwester Reinhild für das Aufräumen und Putzen zuständig. Die Mutter übernahm dann nur noch das Fensterputzen und das »Glänzern«. Die Pflege des Fußbodens betrieb sie mit besonderer Hingebung. Es wurde gefegt, gemoppt und gewischt, aber der Höhepunkt war zwei bis drei Mal im Jahr das »Glänzern«. Für die Mutter war es eine hoheitsvolle Aufgabe, denn das durfte nur sie allein. Der Fußboden wurde mit einer Flüssigkeit der Marke »Glänzer« und alten Lappen eingerieben, wobei sie meist auf allen vieren kroch, um es auch möglichst streifenfrei und gleichmäßig aufzutragen. Dazu wurden alte Klamotten angezogen, denn es konnte ja ein Tropfen von dem Glänzer die Kleidung verschmutzen, daher wurde vorsorglich in alter Unterwäsche gearbeitet. Was für eine Befriedigung dann, wenn der Fußboden richtig glänzte. Neben dem Schweiß der Mutter war der Preis eine fast halbtägige Gefangenschaft in den Kinderzimmern, denn der geglänzerte Fußboden durfte beim Trocknen nicht betreten werden.

Allmuths Mutter hatte keine Freunde, nur oberflächliche Bekannte. Sie wollte meist keine engeren Beziehungen, entweder weil der Status nicht ebenbürtig war oder weil zu viel Nähe von Personen, die von außen kamen, das Bild der heilen Welt der eigenen Familie hätte ins Wanken bringen können. Die Mutter erzählte zwar ständig von ihren Freundinnen, aber anvertrauen konnte sie sich keinem. Selbst als sie später wieder heiratete, durfte ihr Mann längst nicht alles von ihr und ihrer Familie wissen.

In den eigenen vier Wänden konnte sie die eigene Familienstimmung erzeugen, sie waren sich selbst genug. Fremde, oder seien es auch Freunde, können da nur stören. Wenn Gäste da waren, war es nicht mehr gemütlich. Wenn es unerwartet klingelte, wurden schnell die Schonlappen von den Polstern gerissen und es wurde rasch aufgeräumt, so dass das Zimmer zwar präsentabel aussah, aber nicht mehr bewohnt wurde. Aber auch das Bewohnen der Möbel hatte einen vorläufigen Charakter. Die Lappen auf den Polstern sollten diese schonen, aber wofür? Für Besuch und für ein Später, so als wenn das richtige Leben, wo man dann ohne Lappen auf den Polstern sitzen darf, erst noch kommt. Es war immer diese Haltung spürbar: Nicht die Möbel sind für uns da, sondern wir sind für die Möbel da.

Das machte sich auch beim Putzen bemerkbar. So mussten zum Beispiel die Fusseln auf dem Flurläufer per Hand aufgesucht werden, weil der Staubsauger zu grob mit dem Teppich umgehe. Auf dem rot-schwarzen Afghanenteppich sah man jeden Fussel und es war ein Knochenjob, den Teppich zu säubern. Allmuth und Reinhild sollten sich also krummlegen, damit es dem Teppich gut ging. Die beiden Schwestern fanden das übertrieben, wagten aber nicht zu widersprechen. Daher beeilten sie sich immer so sehr mit dem Putzen, dass sie schon fertig waren, bevor die Mutter von der Arbeit kam. Heimlich wurde dann der Staubsauger mit schlechtem Gewissen benutzt, immer mit der Angst, die Mutter könnte den Staubsaugerbeutel kontrollieren.

Und dann die Topfblumen! Sie genossen eine Aufmerksamkeit und Pflege, von der Allmuth und Reinhild nur träumen konnten. Eine gepflegte Fensterbank mit Topfblumen, dem konnte sich die Mutter mit Hingabe widmen. Eine Topfblume durfte mehr Eigenleben entfalten als ihre Kinder. Es war ihr Hobby, hier kannte sie sich aus, obwohl die Fensterbänke keine Besonderheiten zeigten. Als Allmuth und Reinhild bereits verheiratet waren und ihr eigenes Haus hatten, galt ihr größtes Interesse den Topfblumen auf der Fensterbank. Auf dem Gebiet meinte die Mutter, ihre Kinder noch immer belehren zu müssen. Als Allmuth bei der Erstkommunion von Christina bestimmte Topfblumen nicht umgepflanzt hatte, so wie ihre Mutter es ihr eingeschärft hatte, lief diese den ganzen Tag mit einem beleidigten und vorwurfsvollen Blick durch das Haus. Ihre beleidigte Leidensmine trübte die Stimmung am Essenstisch und Allmuth wurde von den Gästen gefragt, ob ihre Mutter krank sei oder große Probleme habe. Hätte Allmuth ihnen darauf sagen sollen »Ich habe die Topfblume nicht umgetopft«? Wohl kaum. Keiner hätte sie verstanden. So sagte sie nur: »Ich weiß es nicht.« Der Blick von Allmuths Mutter sprach eine andere Sprache: »Du hast dich an der Topfblume versündigt, du hast nicht getan, was ich dir geraten habe, du hast mich damit verletzt und beleidigt.« Bei der Erstkommunionfeier hatte Allmuth zwanzig Gäste im Haus zu bewirten und andere Sorgen, als sich um diese verdammte Topfblume zu kümmern. Die Mutter sah aber Allmuths Arbeit nicht, sondern nur die eine Topfblume.

Ständig betonte Allmuths Mutter »Wir sind eine Familie«, obwohl sie doch noch höchstens eine halbe Familie waren. Allmuths Mutter fühlte sich so perfekt, dass sie in ihren Augen für ihre Kinder Mutter und Vater war. Die Kinder brauchten folglich keinen Vater mehr. Als sie in einem Sechsfamilienhaus wohnten, hatten nach Allmuths Mutter alle anderen Familien Probleme, nur die eigene Familie nicht. Über die Probleme der anderen konnte Allmuths Mutter genüsslich, mitleidig, gönnerhaft und wissend-verständnisvoll herziehen. Sie konnte sich über die Unzulänglichkeiten der anderen Mütter ereifern, die zu mild, zu streng, zu penibel, zu dreckig, zu laut oder zu ordinär waren. Nur eine Familie kam noch einigermaßen gut weg, ein pensioniertes Beamtenehepaar. Das waren auch etwas bessere Leute. Sowohl die als auch Allmuths Familie gehörten nach Ansicht der Mutter nicht in dieses Haus, sondern verdienten etwas Besseres. Allmuths Familie war natürlich ohne Fehl und Tadel. Dass da Auseinandersetzungen mit dem Vater waren, dass es bei den Kindern Stress an den Besuchstagen gab, dass es eventuell Schwierigkeiten in der Schule gab, davon durfte keiner etwas erfahren. Die Schande musste geheim bleiben, damit das Bild der perfekten Familie nicht getrübt wurde.

Allmuths Mutter wollte ein perfektes Zuhause bieten. Gezwungenermaßen musste sie aber Geld verdienen gehen, denn der Vater zahlte nur für die Kinder und das auch nur sehr wenig. Aus gesundheitlichen Gründen konnte Allmuths Mutter nicht mehr in ihrem Beruf als Krankenschwester arbeiten, daher arbeitete sie die meiste Zeit als ungelernte Verkäuferin.

Die Familienstimmung war gut, wenn es der Mutter gut ging. Aber oh wehe, ihr ging es nicht gut. Dann konnten sich die Kinder nur in Sicherheit bringen. Bevor sie sich jedoch in ihre Zimmer verkriechen konnten, mussten sie noch die Schimpfkanonaden der Mutter über sich ergehen lassen und manchmal schlug sie auch zu.

Das letzte Mal schlug sie nach Allmuths Abiturfeier zu. Nachdem die Abiturzeugnisse verliehen waren, gab es noch einen kleinen

Umtrunk. Kurz nach dem Abitur wollte Allmuths Mutter wieder heiraten und dann eine kleine Hochzeitsreise machen. Da Allmuth dann sturmfreie Bude haben würde, hatte sie ihre neun Klassenkameradinnen zum Kaffeetrinken zu sich nach Hause eingeladen. Allmuth hatte ihre Mutter nicht um Erlaubnis gefragt, da sie dachte, dass das ja wohl kein Problem sei. Außerdem hätte sich ihre Mutter unnütz aufgeregt, da sie keine Kontrolle über das Geschehen in ihrer Wohnung gehabt hätte. Wenn Allmuth sie um Erlaubnis gefragt hätte, hätte sie wohl ihr Einverständnis gegeben, aber nur um den Preis, dass Allmuth ihr haarklein alle Planungen hätte ausbreiten müssen, beispielsweise welches Geschirr sie beabsichtigte zu benutzen, und sie wäre nicht beruhigt in Urlaub gefahren. Das wollte Allmuth sich und ihrer Mutter ersparen und deshalb hatte sie auch nicht mit ihrer Mutter darüber gesprochen. Außerdem: Was konnte schon passieren, wenn zehn Mädchen zusammen Kaffee trinken? Allmuth glaubte, sie müsse nur aufpassen, dass kein Geschirr zu Bruch ging. Zufällig hörte Allmuths Mutter ein Gespräch von Mitschülerinnen mit und erfuhr so, dass in ihrer Wohnung ein Kaffeeklatsch stattfinden solle, ohne dass sie ihr Einverständnis gegeben hatte. Mit scharfem Ton rief sie Allmuth zu sich und fragte, was in ihrer Wohnung geplant sei. Allmuth wusste sofort, dass ein Unheil bevorsteht. Die Mutter hatte einen durchdringenden, strafenden, vernichtenden, wütenden Blick und einen drohenden Unterton in ihrer Stimme, als sie Allmuths Namen rief. Ohne dass es zu einer Auseinandersetzung kam, fing Allmuth schon an zu heulen, allein der Ton und der Blick reichten. Unter Tränen gestand sie den geplanten Kaffeeklatsch. Mutter: »Warum weiß ich nichts davon?« Allmuth: »Um dich nicht aufzuregen, damit du in Ruhe fahren kannst.« Mutter: »Wie kommst du darauf, dass ich mich aufrege? Wie kannst du das hinter meinem Rücken machen? Damit ich ja nichts merke?« Allmuth konnte sich nicht verteidigen, heulte nur noch hemmungslos. Das erregte natürlich die Aufmerksamkeit der anderen Feiergäste. Man versuchte, Allmuth zu beruhigen und zu trösten, aber ohne Erfolg. Allmuths Mutter war die Szene peinlich und sie verließ die Feier.

Die meisten Gäste dachten, dass Allmuth wegen einer Zensur auf ihrem Abiturzeugnis weinte. Ihren Mitschülern konnte sie nur so viel vermitteln, dass sie mit ihrer Mutter wegen des Kaffeeklatsches Stress habe. Da viele der Klassenkameradinnen die Eigenarten der Mutter kannten, fragten sie auch nicht weiter nach. Sowohl für Allmuth als auch für die anderen war sofort klar, dass der Kaffeeklatsch nicht mehr stattfinden könnte.

Während der ganzen Abiturfeier heulte Allmuth und hatte Angst, nach Hause zu fahren. Klassenkameradinnen, andere Mütter und auch eine Lehrerin boten sich an, sie nach Hause zu begleiten, aber Allmuth lehnte ab, da dann alles nur noch schlimmer werden würde. Sie blieb bei der Feier, bis der Hausmeister abschließen wollte.

Als Allmuth zu Hause ankam, wartete ihre Mutter schon auf sie und stürzte sofort auf sie los: »So eine Schande! So eine Blamage vor allen Leuten! Was sollen die Leute nur denken!« Dann kam die übliche Schimpfkanonade über Allmuths Schlechtigkeit und über ihre eigenen Aufopferungstaten. Auch der obligatorische Satz »Und wo bleibt der Dank!« fehlte nicht. Als die Mutter dann ausholte, um Allmuth zu schlagen, hielt sie ihre Arme schützend vor ihr Gesicht und fing dabei an, nach hinten zu straucheln. Um einen Sturz aufzufangen, kippte sie aus den dicken Holzlatschen mit rotem Riemen über den Zehen, wie sie damals modern waren. Beim Straucheln fiel die Fußsohle mehrmals auf die Kante dieser Latschen, was für Allmuth noch schmerzhafter als die Ohrfeige war. Der Schlusssatz der Schimpfkanonade lautete immer: »Geh weg, ich will dich nicht mehr sehen.« Dann konnte sich Allmuth in ihr Zimmer zurückziehen.

Es war nicht das erste Mal, dass Allmuth solche Szenen erlebte, aber es war das erste Mal, dass sie sich sagen konnte: »Jetzt kannst du weg. Dein Abitur ist geschafft.« Davor war für sie immer die Devise: »Halte durch bis zum Abitur«. Denn die Alternativen wären gewesen: Heim oder Straße. Bei beiden Möglichkeiten wäre es schwierig oder unmöglich gewesen, das Abitur noch zu machen. Nun dachte Allmuth: »Wenn du mich nicht mehr sehen willst, kannst du das haben.« Sie plünderte ihr Sparschwein, packte ein paar Sachen, steckte das Original des Abiturzeugnisses ein, denn sie befürchtete, dass ihre Mutter es in ihrer Wut zerreißen würde, und verließ die Wohnung, ohne etwas zu sagen.

Draußen rannte sie, weil sie Angst hatte, ihre Mutter würde, durch die zufallende Wohnungstür aufgeschreckt, sie zurückrufen. Sie war sich nämlich nicht sicher, ob sie es geschafft hätte, beim Zurückrufen nicht zu gehorchen. Sie blieb nicht an der üblichen Bushaltestelle stehen, aus Angst, die Mutter könnte sie dort noch abfangen, während sie auf den Bus wartete. Daher lief sie durch einen Park zu einer anderen Buslinie und gelangte so zum Bahnhof. Sie wollte mit dem Zug zu ihrem Freund fahren, der in einer anderen Stadt studierte. Im Zug muss sie wohl schrecklich ausgesehen haben, ganz verheult, und gelegentlich liefen ihr noch die Tränen, die sie nicht zurückhalten konnte, über die Wangen. Ein junger Mann, sichtlich besorgt um sie, fragte nach dem Grund ihres Kummers. Aber wegen ständiger Heulkrämpfe konnte sie ihm nur bruchstückhaft etwas erzählen. Er verstand es natürlich nicht. Wie konnte er auch! Da der junge Mann befürchtete, Allmuth könnte sich etwas antun, stieg er mit ihr aus dem Zug und begleitete sie bis zur Wohnung ihres Freundes.

Nach drei Tagen kehrte Allmuth wieder zurück, da sie die Hochzeit ihrer Mutter nicht verderben wollte. Bei ihrer Rückkehr zitterte die Mutter vor Aufregung, aber beide konnten nicht über das Vorgefallene reden und taten so, als sei nichts passiert. Als sie dann im Urlaub war, ist Allmuth mit Freunden in einer Ente über die Alpen nach Jugoslawien zum Zelten gefahren. Einen Kaffeeklatsch in der Wohnung von Allmuth hat es auch danach nie gegeben.

Durchfall

Ich schlafe mit zwei anderen Frauen in einem fremden Bett. Wir sind auf Reisen oder im Urlaub. Als wir morgens aufwachen und die Bettlaken zurückschlagen, ist eine Frau völlig verdreckt mit Kot, sie hatte in der Nacht Durchfall. Wir zwei anderen weichen geschickt aus Angst vor Ansteckung zurück. Die Stimmung ist getrübt, teilweise gedrückt. Dann decke ich den Frühstückstisch auf einer Terrasse. Die Frau mit dem Durchfall, der das sehr peinlich ist, säubert sich inzwischen. Sie bekommt Tee zu trinken.

Zweites Bild: Albert mit seinem Patenkind, noch einige andere und ich sitzen um einen Tisch auf einer Terrasse und trinken Kaffee. Die Stimmung ist gelöst und fröhlich. Ein Anruf wegen des Patenkindes, es solle nach Hause kommen. Es hatte auch Durchfall, ist aber wieder wohlauf und scherzt mit Albert.

23. Juli 2004

Mit drei Personen in einem Bett. Intime Enge. Das Bett ist fremd. Es ist in der Fremde, im Urlaub oder auf Reisen. Das Bett vermittelt also kein Gefühl von Zuhause, von wohliger Geborgenheit oder Wärme. Nein, die drei Frauen im Bett weichen sich gegenseitig aus, was auf dem engen Raum fast nicht möglich ist. Getrübte und gedrückte Stimmung. Eine Frau ist wegen ihres Durchfalls mit Kot beschmiert. Ekel, Abscheu, Angst vor Ansteckung bei den anderen zwei Frauen. Obwohl gemeinsam im Bett, vermittelt das Bild nicht Vertraulichkeit und gegenseitiges Wärmen, sondern Einengung und gegenseitige Abstoßung.

Nach der Trennung vom Vater war die Restfamilie ein Drei-Frauen-Haushalt. Allmuth, Reinhild und ihre Mutter bildeten eine enge Schicksalsgemeinschaft, die einerseits eng verband, aber andererseits keinen Platz mehr ließ für die eigenen Bewegungen und Entwicklungen. Sie waren auf Gedeih und Verderb aufeinander angewiesen. Die Enge in einem Bett ist nur erträglich, wenn alle die gleichen Bewegungen machen, die gleichen Positionen einnehmen. Das Bett war der »Mutterkokon« (Overath, 2005, S. 32), der von der »Liebesgewalt der Mutter« so dicht gesponnen wurde, dass die Kinder ihr ausgeliefert waren, sich an sie schmiegen mussten, um nicht aus dem Bett zu fallen.

Allmuth und Reinhild wuchsen auf unter der Liebesgewalt der Mutter. Nur die absolute Unterwerfung garantierte Zuwendung, Beachtung und letztlich Ruhe in den Stürmen des Lebens. Die Kinder hatten sich dem Familienmythos zu beugen, in dem die Mutter die tragende Figur war. Daher war es wichtig, dass ihr Glanz keinen Kratzer bekam, denn nur mit ihrem Strahlen konnte sie die Kinder wärmen. Je größer die Kinder wurden und je weniger sie dieser wärmenden Strahlen bedurften, umso stumpfer wurde auch ihr Glanz. Die Kinder sind zum Haus der Mutter geworden, in dem sie sich so einrichten konnte, dass sie sich einigermaßen wohlfühlen konnte und ihr perfektes Selbstbild keinen Kratzer bekam. Im Mutterkokon war es eng und unbequem. Aber wie es den Kindern ging, danach fragte keiner, denn der Mutterkokon suggeriert Schutz, Wärme, Entwicklung, was er oberflächlich auch zu geben fähig war.

Die Kinder waren das Eigentum der Mutter. Niemand sonst sollte Einfluss auf sie haben, am wenigsten der Vater. Eigentum ist etwas, das man formen, beeinflussen, verschönern oder zerstören kann. Der Eigentümer hat Macht über sein Eigentum, er ist sein Herr. Wenn die Mutter sich auch sonst betrogen fühlte ob des Verlustes so vieler ihr zustehender Dinge und Werte, so konnte ihr doch das Muttersein keiner streitig machen. Mütter sind die natürlichen Eigentümer ihrer Kinder. »Das Kind gehört zur Mutter« will nichts anderes heißen als: Das Kind gehört der Mutter.

Die Mutter sagte, sie sei stolz auf Allmuth und Reinhild, denn sie konnte sich auf die Kinder verlassen, sie leisteten ihren Anweisungen Folge, und sie ließen sich nach dem Bild der Mutter formen. Die Mutter wünschte sich Kinder, die gehorsam waren, ordentlich, sauber, nicht auffällig, höflich, fleißig, strebsam, intelligent, alles in allem: vorzeigbar, so wie sie es sich wünschte. Die Frage für Allmuth war nie: »Wie bin ich?«, sondern: »Wie habe ich zu sein?«. Und das geht in Fleisch und Blut über, wird als normal empfunden, sich so zu biegen, wie andere einen haben wollen. Das setzt sich fort im Erwachsenenalter, wo die Erwartungen und Forderungen anderer vor den eigenen Bedürfnissen und Interessen stehen. Es ist erst ein mühsamer Prozess, von der Objektrolle in eine Subjektrolle zu schlüpfen.

Die Mutter formte sich Allmuth nach ihrem Bild und ihren Bedürfnissen. Sie wollte eine Freundin, also hatte Allmuth ihre Freundin zu sein. Sie brauchte eine Stütze und Verlässlichkeit, also war Allmuth gehorsam und ersetzte ihr auch den Partner, wenn es um Entscheidungen wie zum Beispiel beim Möbelkauf ging. Sie wollte selbst stark und gut situiert sein, also sorgte sie für einen guten Bildungsabschluss und träumte von einem Schwiegersohn aus guter Familie. Sie wollte selbst vorzeigbar sein, also machte sie ihre Kinder vorzeigbar. Wenn die Kinder richtig funktionierten, dann funktionierte auch sie richtig. Im Ergebnis der Kinder konnte sie sich spiegeln. Den Kindern war es immer unangenehm, wenn die Mutter mit ihnen angegeben hat. Für die Kinder war das Prahlen über ihre Verdienste keine Würdigung ihrer Person, sondern ein Hervorheben der Erziehungsfähigkeit der Mutter. Sie erwartete für sich Lob und Anerkennung.

Die Mutter konnte allein durch ihren Blick regieren. Zwei senkrechte Falten zwischen den Augen und einen stechenden, durchdringenden, unerbittlichen Blick, der absolut keinen Widerspruch duldete. Das Sprichwort: Wenn Blicke töten könnten, kommt nicht von ungefähr. Ohne etwas zu sagen, nur durch den Blick, konnte sie Allmuth zum Zittern und Heulen bringen. So wie bei der Abiturfeier. Bitterkeit und Rache lagen in diesem Blick. Wenn Allmuth in Sichtweite oder im Raum war, genügte dieser Blick, um sie zu disziplinieren. War kein Blickkontakt möglich, dann übernahm ihre Stimme die vernichtende Einschüchterung. Wenn Allmuths Name in einer ganz bestimmten Tonlage schwang, dann wusste sie, was ihr blühte. Die Mutter brauchte keine anderen Insignien ihrer Macht als ihre Stimme und ihren Blick. Beides hatte etwas Absolutes. Hinzu kam die Unfehlbarkeit der Mutter. Da sie einmal Krankenschwester war, war sie unschlagbar auf dem Gebiet der Medizin und Menschenkenntnis. Als Frau eines Geschäftsmannes hatte sie Ahnung von Wirtschaft, und da sie eine gute Schülerin war, aber als Mädchen keine weiterführende Schule besuchen durfte oder konnte, hat sie ein Potential in sich, das sie nur nicht in Zeugnissen und Abschlüssen beweisen konnte. Irren war für sie unmöglich. Ihre Macht über die Kinder war auch nicht zu hinterfragen, denn die Kinder verdankten ihr alles.

Im Traum hat die Mutter Durchfall. Durchfall ist Kontrollverlust. Das ist für die Mutter das Schlimmste, was passieren kann. Es ist ihr peinlich, und sie säubert sich schnell, damit keine Spuren zurückbleiben. Allmuth gibt ihr Tee zu trinken.

Das Bild des zweiten Traums schildert ein Frühstück auf der Terrasse. Die Stimmung ist jetzt gelöst und fröhlich, denn Allmuth sitzt mit Personen aus Alberts Familie am Tisch. Hier gibt es auch Durchfall, hat aber nicht die dramatischen Folgen wie im ersten Traum. Durchfall kann überwunden werden durch gemeinsames Tun und

Essen mit vertrauten Personen und durch Scherzen. Scherzen und Lachen sind die beste Medizin.

Blut und Wut

Ich habe wieder meine Monatsregel bekommen. Meine Binde war voller Blut und ich war wütend, denn nach der Entfernung der Gebärmutter vor vier Jahren sollte das ja nicht mehr vorkommen. Es war aber nur eine kurze Periode, nach einem Tag war alles vorüber.

12. Oktober 2004

Anfang 2000 hat Allmuth sich die Gebärmutter herausoperieren lassen. Nachdem der Frauenarzt Allmuth ein Medikament gegeben hatte, das ihre starken Monatsblutungen allmählich geringer werden lassen sollte, um dann nach einiger Zeit ganz zu verschwinden, trat genau das Gegenteil bei Allmuth ein. Die Blutungen hörten gar nicht mehr auf mit den entsprechenden Begleiterscheinungen von Müdigkeit und Eisenmangel. Da hatte Allmuth endgültig die Nase voll und entschied sich für eine Operation. Sie hatte keine Angst davor, überstand sie sehr gut und fühlte sich nach einer Woche bei der Entlassung schon voll fit. Das änderte sich, als sie zu Hause war. Der Körper brauchte seine Zeit, um sich wieder zu regenerieren. Dann waren da noch ständige Bauchschmerzen, die nicht abklingen wollten. Auf ihrer alten Blinddarmnarbe entwickelte sich eine seltsame Brandblase, die sich kein Arzt erklären konnte. Nach fünf Monaten ging sie wieder ins Krankenhaus zu einer Bauchspiegelung, um den Ursachen der Bauchschmerzen auf die Spur zu kommen. Es waren innere Verwachsungen an der alten Blinddarmnarbe, die dann bei der Bauchspiegelung weggeschnitten wurden. Nach diesem Eingriff ging es Allmuth endlich besser. Da sie jetzt keine Blutungen mehr hatte, stiegen auch ihre Eisenwerte langsam an und stabilisierten sich auf einem Niveau, das keine körperlichen Beschwerden mehr verursachte.

Nun träumt Allmuth, dass ihre Monatsregel wieder eingesetzt hat, dazu noch sehr stark. Sie ist wütend. Allmuth hat zwar das Organ, das für die Blutungen verantwortlich ist, aus ihrem Körper entfernen lassen. Damit ist aber die Ursache für die starken Blutungen noch nicht entfernt. Allmuth blutet weiter und auch die Wut ist geblieben. Die Wut, die sie nicht zeigen oder ausleben kann und darf, die Wut, die ein Ventil sucht, die Wut, die sich in Blut verwandelt, die Wut, die im Blut sichtbar wird. Eine stille Wut, eine leise Wut, eine nicht sichtbare Wut, eine peinliche Wut, eine blanke Wut, eine eingeschnürte Wut, eine zerfließende Wut, eine ständig sich erneuernde Wut, eine aufgestaute Wut, eine runtergeschluckte Wut, eine nagende Wut, eine blockierte Wut, eine ohnmächtige Wut, eine weibliche Wut, eine Wut, der die Worte fehlen, der die Richtung fehlt und der das Bewusstsein fehlt. Diese Wut als Gefühl der Ohnmacht, der Leere, des Eingezwängtseins in unsichtbare Fesseln. Sich nicht wehren können, nicht Nein sagen können.

»Meine Mutter war nicht geizig, sie wollte mich nur abhängig. ›Was mir gehört, gehört auch dir.‹ Ich interpretiere, du gehörst mir und hast nichts Eigenes zu haben. Sie hatte oft genug selbst nichts Eigenes gehabt, das Kind aber hatte sie, wer konnte das bestreiten? Sie durchstöberte meine Sachen, kam ohne zu klopfen in mein Zimmer, sie beroch meine Unterwäsche. Heute noch kann es vorkommen, dass sie in meinem Arbeitszimmer den Papierkorb durchwühlt, auf der Suche nach etwas Privatem. […]

Als ich ihr von einer bevorstehenden Reise berichte, sagt sie mit dem verletzten Rechtsbewusstsein der Eigentümerin. ›Du bist mir immer davongelaufen.‹ Abhängiger als die Frauen sind nur die Kinder, daher sind die Mütter oft so abhängig von der Abhängigkeit der Kinder« (Klüger, 1994, S. 259 f.). Allmuths Mutter würde nie zugeben, dass sie ihre Kinder abhängig von ihr haben will. Nein, ihre Kinder dürfen selbst entscheiden, sie ist eine großzügige Mutter. Manchmal sind die Kinder nur noch nicht einsichtig genug, dann ist ihre Weisheit vonnöten.

Wie zum Beispiel bei der Geschichte mit der Uhr: Allmuth hatte bei einem Besuchstermin von ihrem Vater Geld bekommen, damit sie sich zum Abitur eine Uhr kaufen konnte. Er wollte ihr etwas zum Abitur schenken, wagte aber nicht, selbst eine Uhr auszusuchen.

Allmuth hatte ganz bestimmte Vorstellungen von einer Uhr, die ihr gefallen würde und die ein schönes Abiturgeschenk wäre. Es sollte eine Armbanduhr mit einem großen runden Zifferblatt sein. Sie hatte sich schon öfter solche Uhren angeschaut, hatte aber nie genug Geld, um sie sich zu kaufen. Sie wollte gleich los in die Stadt, um sie sich zu kaufen.

Ihre Mutter wollte aber unbedingt mit, um sie zu beraten. Allmuth musste sich erst einen Vortrag anhören, welch große Bedeutung eine Abituruhr für ihr späteres Leben haben würde. Immer würde sie die Uhr an dieses wichtige Ereignis ihres Lebens erinnern und daher dürfe solch eine Uhr nicht aus einer Augenblickslaune oder dem gerade aktuellen Geschmack gekauft werden. Diese Uhr sei eine Anschaffung fürs Leben. Sie müsse zeitlos sein, denn wenn sie mit vierzig Jahren auf die Uhr schaue, müsse sie die Uhr immer noch leiden mögen. Dann erzählte sie die Geschichte ihrer Uhr, die sie auch noch immer leiden mag.

So belehrt und bequatscht, hatte Allmuth schon keine Lust mehr, in ein Uhrengeschäft zu gehen. Aber heimlich die Uhr selbst zu kaufen, ging auch nicht. Die Mutter hätte nach der Uhr gefragt. Außerdem war diese Uhr ein Geschenk des Vaters, und es war für die Mutter unmöglich, dass sie keine Kontrolle bei der Auswahl hatte, denn sonst gäbe es eine unmittelbare Beziehung zwischen Vater und Tochter über diese Uhr. Das musste sie verhindern. Ein Abiturgeschenk des Vaters sollte zwar sein, aber nur mit ihrem Einfluss. Es sollte keine Uhr des Vaters sein, sondern eine Uhr, die sie ausgesucht und der Vater nur bezahlt hatte. Bezahlen, das war die einzige Funktion, die dem Vater zugestanden wurde.

Das Drama ging schon im ersten Uhrengeschäft los. Allmuth ließ sich die Uhren mit großem Zifferblatt zeigen und hätte gleich eine passende gefunden. Die Mutter versuchte sie zu überzeugen, dass solch eine Uhr schon bald nicht mehr ihrem Geschmack entsprechen würde, und dann würde sich Allmuth ärgern, das Geld für eine Uhr mit großem Zifferblatt ausgegeben zu haben. Mit vierzig mag man kein großes Ziffernblatt mehr leiden. Allmuth war neunzehn, was interessierte sie ihr Geschmack mit vierzig. Aber die Mutter redete und redete und Allmuth schwieg. Dann im nächsten Uhrengeschäft das gleiche Ritual, bis die Geschäfte schlossen. Den ganzen Nachmittag wurde ein Uhrengeschäft nach dem anderen abgeklappert und immer das gleiche Lied. Allmuth wollte keine Uhr nach Muttergeschmack, und die Mutter wollte nur eine Uhr nach Muttergeschmack.

Eine Woche später fuhren sie mit dem Zug in die nächste Stadt, wieder ein Uhrengeschäft nach dem anderen, in jedem das gleiche Ritual. Allmuth war lustlos, mürrisch und redete wenig, die Mutter war energiegeladen, gut drauf und redete viel. Allmuth schielte immer nur verstohlen auf die Uhren mit großem Zifferblatt, die sie sich schon gar nicht mehr zu zeigen lassen wagte. Warum konnte sie nicht einfach eine Uhr mit großem Zifferblatt kaufen? Es war einfach nicht möglich. Am liebsten hätte sie gar keine Uhr mehr gekauft. Das ging aber auch nicht. Schließlich musste ja das Abiturgeschenk des Vaters gekauft werden, aber nur mit Einverständnis der Mutter.

Es war kurz vor Ladenschluss, in einem Uhrengroßhandel mit einer Riesenauswahl an Uhren. Wenn Allmuth jetzt nicht nachgibt und eine Uhr nach Muttergeschmack kauft, dann wird noch ein Nachmittag in einer dritten Stadt mit Uhrenanschauen draufgehen ohne die Aussicht, jemals eine Uhr mit großem Zifferblatt kaufen zu können. Also, denkt sie, verkürzen wir den Prozess und kaufen irgendeine Uhr, mit der die Mutter einverstanden ist! Auf der Rückfahrt im Zug pries die Mutter noch die Vorzüge der gekauften Uhr. Allmuth hätte die Uhr am liebsten aus dem Zugfenster oder gegen die Wand geworfen. Aber was wäre damit gewonnen gewesen? – Also, Wut runterschlucken und für die Abiturprüfung lernen. Allmuth hat die Uhr nur ein paar Mal getragen und dann in einer Schublade liegen lassen, bis sie irgendwann verloren war.

Hund und Spinne

Ich bin mit verschiedenen Leuten unterwegs. Zwei Männer, wahrscheinlich Kollegen von mir, und ich müssen einen Bollerwagen etwa dreißig Kilometer zu Fuß zurückbringen. Wir überlegen, ob wir trampen wollen.

Dann bin ich in einem kleinen Haus, in dem ein älterer Mann, der ziemlich heruntergekommen und verwahrlost aussieht, mit seinem Hund wohnt. Ich brauche von ihm Informationen und gebe ihm einen Zettel mit Fragen. Während er über dem Zettel grübelt, warte ich im Hausflur. Die Situation ist ähnlich wie in Krimis, wo der Kommissar Zeugen befragt. Der Hund von der Größe eines Schäferhundes hat mehrere Welpen, die an seinen überdimensionierten Zitzen saugen, die fast so groß sind wie der Hund selbst. Während ich warte, betrachte ich in meiner Hand einen abgeschnittenen Zeigefinger von allen Seiten, finde aber auch keine Antwort. Der Mann gibt auch keine Auskunft.

In der nächsten Szene bin ich wieder mit dem Mann zusammen mit dem gleichen Begehren, nur diesmal in einem kleinen Auto und ohne den abgeschnittenen Zeigefinger. Der unsympathische alte Mann grübelt wieder über den Zettel und ich warte auf eine Antwort. Auf der Rückbank liegt der Hund mit den säugenden Welpen. Plötzlich verwandeln sich die Welpen in dicke, fleischige und haarige Spinnen und greifen mich an. Ich will aus dem Auto fliehen. Der Mann schließt blitzartig die Türen und fährt rückwärts los. Ich vermutete zunächst nur bis zum Haus, aber er fuhr weiter rückwärts bis in einen Wald. Ich fing an zu schreien, aber der Mann reagierte nicht.

Im Wald konnte ich mich dann befreien und gelangte auf ein freies Feld, das aber wie ein großer Marktplatz gepflastert war, nur die Häuser drum herum fehlten. Als Erstes kam ich zu einem Pavillon, in dem mit Luftballons für den Förderverein des hiesigen privaten Gymnasiums geworben wurde. Ich verweigerte die Mitgliedschaft, da mein Mann in der Leitung des hiesigen staatlichen Gymnasiums ist und ich daher nicht das private Gymnasium unterstützen würde. Ich verließ den Pavillon und sah dann, dass es auf dem Platz noch eine ganze Straße mit Buden und Ständen gab. Ich war froh, dass noch mehr Menschen da waren, und wollte dann einen Bummel entlang den Ständen machen.

Anmerkung: Als ich aufwachte, war mein Nacken verspannt.

18. November 2004

Die Rahmenhandlung aus dem Traum besteht aus Szenen aus der Jetztzeit, aus dem aktuellen Erleben von Allmuth. Sie muss mit zwei Kollegen eine Aufgabe erfüllen und sie überlegen sich, ob sie sich die Aufgabe nicht erleichtern wollen. Am Schluss des Traums geht Allmuth eine Straße mit Buden entlang, ein Bummel wie auf einem Weihnachtsmarkt oder einer Kirmes. In beiden Szenen ist sie nicht allein, es gibt Menschen um sie herum.

Der Hauptteil des Traums erzählt zwei Geschichten: In der ersten Geschichte will Allmuth von einem älteren Mann Informationen und bekommt sie aber nicht. Sie fragt den Mann nicht direkt, sondern reicht ihm stumm einen Zettel mit ihren Fragen. Die Szene macht das Informationsbedürfnis deutlich, aber gleichzeitig auch die Unmöglichkeit, die Fragen direkt dem Gegenüber zu stellen. Fragen und doch wieder nicht fragen. Fragen haben, sie aber nicht formulieren können. Zeugen sollen befragt werden. Zeitzeugen. Die Zeitzeugen grübeln, antworten aber nicht. Das große Schweigen, die nicht gestellten Fragen der Nachkriegsgeneration an die Kriegsgeneration. Aus Scham, Unvermögen und Hilflosigkeit wurde über die Zeit des Nationalsozialismus nicht geredet, obwohl diese Zeit immer noch präsent war, aber eher in der Abwehr, in der Verdrängung und in der Arbeit an einem neuen Selbstbild. In der allgemeinen Sprachlosigkeit konnte auch vieles nicht aufgearbeitet werden, die Fragen blieben im Hals stecken, durften nicht raus. Die Frage der Verantwortung und der Schuld waren zu schwer, als dass sie ohne Blessuren aufgetischt werden konnten. Es blieb besser alles verschlossen. Und wenn man schon mal am Verschließen war, dann am besten so viel wie möglich, wer weiß, wodurch man sich eventuell verraten würde! Und so wurde mehr geschwiegen, als überhaupt nötig war, nur nichts von der eigenen Person verraten. Das ging bis in die privaten Beziehungen. Das klappte einigermaßen, denn Ablenkung durch den wirtschaftlichen Aufbau war genug da. So hatte jeder seine Kriegsgeschichte sauber verkapselt und es wurde angeblich wieder bei »Null« angefangen.

So erlebten Allmuth und Reinhild ihre Eltern mit lückenhaften Biographien. Sie wussten nicht, was tatsächlich in den Lückenzeiten geschehen war, denn die Eltern gaben nur bruchstückhafte Erinnerungen preis, die allerdings nicht weiter hinterfragt werden durften. Unsagbar gab es das Gefühl der Eltern, betrogen worden zu sein und unverschuldet in eine missliche Lage manövriert worden zu sein. Dieses Beleidigtsein und die Schuld bei anderen zu suchen machte sie zu Unantastbaren, was die Vergangenheit anging. So gehörte das Tabu zum Alltag. Eine Auseinandersetzung mit der eigenen Verstrickung in der Nazizeit hätte Ängste freigesetzt, die man sich einfach nicht leisten konnte. Die weggesperrte Angst konnte mit »Schaffe, schaffe ...« erst einmal betäubt werden. Auch wenn man in der Vergangenheit vielleicht Fehler gemacht hatte, musste jetzt alles richtig gemacht werden: Das Familienleben musste vorzeigbar sein mit Kindern, die gelingen. Familienrituale gaben dabei Halt und Orientierung: praktizierte Religiosität durch Einhaltung der Gebote, Kirchgang und tägliche Gebete, Sonntagsspaziergang, Obstboden mit Pfirsichen aus der Dose oder Kalter Hund. Allmuth kann sich daran erinnern, als sie in den 1960er Jahren krank war, durfte sie sich etwas wünschen. Sie hat sich eine Dose Pfirsiche gewünscht, die sie dann auch bekam. Sie hat die Pfirsichdose fast einen Tag im Bett wie einen kostbaren Schatz gehütet, bevor sie sie feierlich am Abend verspeiste.

Erfahrungen von Not und Krieg prägten auch die Kindererziehung in den 1950er Jahren. So musste immer alles aufgegessen werden, was auf den Tisch kam. Manchmal hatte Allmuth das Gefühl, regelrecht gemästet zu werden, auch mit nicht schmackhaften Nahrungsmitteln wie Lebertran oder Rotbäckchensaft. Weil die Eltern gehungert hatten, mussten die Kinder alles aufessen.

Während Allmuth im Traum im Hausflur, einem unbequemen, vorübergehenden Ort, auf eine Antwort wartet, beobachtet sie einen Hund, der mit großen Zitzen seine Welpen nährt, und einen abgeschnittenen Zeigefinger. Der nährende Hund symbolisiert das Mütterliche, das zwar da ist, von dem Allmuth aber keine Antwort auf ihre Fragen erwartet. Der abgeschnittene Zeigefinger, eindeutig ein Phallussymbol, soll ihr Antwort geben. Aber er gibt keine Auskunft. Mutter und Vater geben beide keine Antwort.

In der nächsten Traumszene eine Wiederholung des Auskunftsbegehrens. Wieder grübeln über einem Zettel, wieder warten auf eine Antwort, wieder die Fragehaltung gegenüber dem Vater im Beisein der Mutter.

Plötzlich kippt die an sich schon unbefriedigende, spannungsgeladene Situation um in eine Bedrohung. Die harmlosen Welpen, genährt von der Mutter, wandeln sich in dicke, fleischige und haarige Spinnen, die Allmuth angreifen. Horrorszenario! Die Spinnenarme drohen Allmuth einzuquetschen, ihr Gift droht sie zu töten. »*Ich bin nicht frei. Meine Mutter sitzt in mir, irgendwo. Ich bin ein Kind, und sie sitzt in mir, eine schwarze Spinne, die droht, ganz von mir Besitz zu ergreifen. Sie ist schon ein Teil von mir und dieser Teil will nicht, dass ich mich über sie erhebe. Wie kann ich anders, sogar besser sein als sie, ohne sie zu verletzen, ohne mich selbst zu verletzen? Und deswegen darf ich nur sein wie sie*« (Delfft, 2003, S. 55).

Die Spinne bekommt immer längere Haare, die Allmuth umgarnen. Die Haare waren immer ein Konfliktfeld zwischen Allmuth und ihrer Mutter. Mit zunehmendem Alter wurden die Konflikte schärfer. Bis etwa zum dritten Schuljahr schnitt die Mutter selbst Allmuths Haare. Dabei kam es nicht auf Schönheit an, Hauptsache es sah »ordentlich« aus. Die Haare waren kurz und gerade geschnitten. Dann kam die Zeit, als nur der Herrenfriseur bezahlt wurde, weil dieser billiger war. Dementsprechend fühlte sich Allmuth nach jedem Friseurgang hässlicher als vorher. Sobald die Haare etwas länger waren, sah es nicht mehr ordentlich aus. Vor allem hatten Haare im Gesicht nichts zu suchen. Der Pony durfte nie über die Augenbrauen gehen. Ab der siebten Klasse gestattete die Mutter auch etwas längere Haare, aber immer nach der Devise: Haare aus dem Gesicht, Haare aus den Augen. Also Pferdeschwanz oder Spange. Für den Abtanzball der Tanzschule bezahlte die Mutter einen richtigen Friseur. Das sah dann aber so schrecklich aus, dass Allmuth heulend vor dem Spiegel stand und versuchte, die Locken wieder rauszuziehen.

Dann kam die Zeit, in der die Haare eine Disziplinierungsfunktion hatten. Mit sechzehn und siebzehn Jahren gefiel sich Allmuth darin, die Haare wachsen zu lassen. Wenn sie aber etwas gemacht hatte, was in den Augen der Mutter bestraft werden musste, nahm diese eine Schere und schnitt Allmuths Haare einfach ab, je nach Schwere des Vergehens entsprechend viele Zentimeter. Allmuth saß ohnmächtig auf dem Stuhl, die Mutter stand hinter ihr. In der linken Hand Allmuths Haare, in der rechten die Schere und dann ritsche, ratsche. Es war demütigend.

Irgendwann hat Allmuth dann den Spieß umgedreht. Sie war in der zwölften Klasse und sie hatte im Kurs evangelische Religion die »Gott-ist-tot-Theologie« durchgenommen. Allmuth war von dem Gedanken so fasziniert, dass sie sich unbedingt damit weiter beschäftigen wollte. Daher überredete sie noch zwei Mitschülerinnen, ihr bei einer Umfrage behilflich zu sein. Nach der Schule haben sie dann in der Stadtmitte die Leute gefragt: »Wussten Sie schon, dass Gott tot ist?« Die Reaktionen der Leute haben sie notiert und Allmuth wollte sie dann alleine auswerten. Sie saß nachmittags im Wohnzimmer am Tisch und hatte mehrere Zettel vor sich liegen, um die Reaktionen in eine Tabelle einzutragen. Normalerweise machte sie ihre Hausaufgaben in ihrem Zimmer, aber wegen der verschiedenen Zettel nutzte sie für die Auswertung lieber den Wohnzimmertisch. Die Mutter saß zufällig neben dem Tisch im Sessel und fragte Allmuth, was sie denn da mache. Allmuth erzählte ihr von dem Projekt mit Begeisterung und Stolz.

Plötzlich verdüsterte sich ihre Miene, die zwei senkrechten bedrohlichen Falten auf der Stirn bildeten sich und Allmuth spürte, dass ihre Aktivitäten bei der Mutter Wut ausgelöst hatten. Da ging die Schimpfkanonade auch schon los. Allmuth sei ja wohl der schlimmste Verbrecher, der den Leuten auch noch ihren Gott wegnehme. Wie kann man nur behaupten, Gott sei tot, und damit die Leute konfrontieren? Außerdem, wie stehe sie denn da! Da sie bei Hertie in der Stadt arbeite, kenne sie auch jeder und die eigene Tochter blamiere sie hier in aller Öffentlichkeit. Sie könne jetzt den Leuten nicht mehr in die Augen sehen, weil ihre Tochter solch eine Verbrecherin sei. Zur Strafe sollen um sechs Uhr zehn Zentimeter von den Haaren abgeschnitten sein! Und Allmuth hatte die Haare gerade wieder einigermaßen lang. Allmuth packte ihre Papiere zusammen, soweit das noch möglich war, denn das meiste hatte die Mutter gleich vernichtet. Dann noch der bekannte Sermon von Aufopferung und »Wo bleibt der Dank!« bis zu dem Schlusssatz: »Geh weg, ich will dich nicht mehr sehen.« Dann war Allmuth entlassen und konnte sich in ihr Zimmer zurückziehen.

Allmuth heulte natürlich die ganze Zeit, denn sie war sich keiner Schuld bewusst und das Argument der Mutter, jeder in der Stadt würde sie kennen, fand sie übertrieben. Außerdem interessierte Allmuth das Thema wirklich und sie war wütend, dass die Untersuchungsergebnisse nicht mehr zu gebrauchen waren. Irgendwie tickte die Mutter nicht richtig. Außerdem zeigte ihre Reaktion mal wieder, dass man nicht mit ihr reden kann, geschweige denn unterschiedliche Standpunkte diskutieren. Wie konnte Allmuth der Mutter nur zeigen, dass sie ihre Kritik nicht angenommen habe? Reden geht nicht. Also Rache!

Allmuth ging mit der Schere auf den Dachboden und schnitt alle ihre Haare streichholzlang. Ohne Spiegel! Die Frau sollte mal sehen, was sie mit ihrer grundlosen Wut und ihren demütigenden Erziehungspraktiken angestellt hat. Als es dann sechs Uhr war, rief sie Allmuth in die Küche, um ihr die Haare abzuschneiden. Allmuth kam mit einem triumphierenden Gesicht in die Küche, denn da war nichts mehr abzuschneiden. Die Mutter sah Allmuth erschrocken und entsetzt an, denn Allmuth sah in ihren Augen fürchterlich aus, die Haare völlig schief und ungerade geschnitten. Das verschlug ihr kurz die Sprache, dann sollte Allmuth aber wieder aus ihrem Blickfeld verschwinden. Mit dieser Reaktion hatte die Mutter nicht gerechnet, denn bis dahin hat Allmuth alle Strafen demütig über sich ergehen lassen. Jetzt hatte Allmuth die Opferrolle verlassen und eine Täterrolle übernommen und dabei so übertrieben, dass die Absurdität dieser Strafe deutlich wurde. Das tat Allmuth richtig gut. Es machte ihr überhaupt nichts aus, dass sie so eine schreckliche Frisur beziehungsweise eigentlich keine Frisur hatte. Allmuth war praktisch das erste Mädchen mit einem Punkschnitt, und das im Jahre 1970. Am nächsten Tag im Schulbus und in der Schule sahen sie alle neugierig an, aber es machte Allmuth überhaupt nichts aus. Im Gegenteil, sie trug ihre Verunstaltung mit Stolz, als wolle sie sagen: Und wenn meine Mutter mir noch so viele Haare abschneidet, ich lasse mich dadurch nicht brechen. Nach zwei Tagen gab die Mutter ihr Geld für den teuersten Friseur in der Stadt, damit er noch irgendwie einen Schnitt daraus machen könnte. Der fluchte aber nur und konnte wenig machen. Seitdem hat die Mutter Allmuth nie wieder die Haare abgeschnitten.

Der Vater war natürlich an allem Schuld. Woher kam Allmuths Aufsässigkeit? Natürlich von ihm. Für die Mutter war das schlimmste Schimpfwort für Allmuth »Besserwisser«. Ein Besserwisser fügt sich nicht, hat eine eigene Meinung und will diese sogar durchsetzen. Der Besserwisser gibt ihr Kontra, wenn auch nicht verbal, denn das hätte sie nie gewagt, so doch in der Haltung oder im Handeln. Sie spürte dadurch, dass ihre unumschränkte Macht Risse bekam. Das verunsicherte sie und ließ sie aggressiv werden. Sie konnte Allmuths Widerstand nur so erklären, dass das Erbe des Vaters zum Vorschein kommt, dem Ursprung allen Übels. Die Schimpfkanonade, ausgelöst durch »Besserwisserei«, gipfelte dann stets mit dem Ausruf: »Dann geh doch zu Papa!« Das war aber nur rhetorisch gemeint, denn für sie hätte es nichts Schlimmeres gegeben, als wenn Allmuth tatsächlich zu ihm gegangen wäre. Der Ausruf zog die Erwartung nach sich, dass Allmuth sie anflehen solle, doch unter ihrem Schutz bleiben zu dürfen. Sie erwartete ein Zu-Kreuze-Kriechen von Allmuth, um sie dann doch vor der Verdammnis, was der Aufenthalt bei dem Vater für Allmuth wäre, zu bewahren. Allmuth wusste, dass die Mutter das von ihr erwartete, und die dann von ihr bestätigte Ablehnung des Vaters versöhnte die Mutter dann wieder.

»Stell dich nicht so an« oder »Wo ein Wille, da ein Weg«. Diese zwei Sätze waren Totschlagargumente für die Mutter, der erste, um Allmuths Willen zu brechen, der zweite, um ihr ihren Willen aufzuzwingen.

Die Mutter brauchte die absolute Kontrolle über ihre Kinder. Es ließ sich aber nun mal nicht vermeiden, dass sie ohne sie irgendwo hingingen, denn während sie arbeitete, konnte sie die Kinder nicht beaufsichtigen, oder es gab Orte, wie zum Beispiel das Schwimmbad, die sie nie aufsuchen würde. Daher mussten die Kinder ihr immer alles haarklein erzählen. Sie konnte sehr penetrant nachfragen. Natürlich haben die Kinder nicht alles wahrheitsgemäß berichtet, denn sie wussten genau, was die Mutter hören wollte und was nicht. Egal, wo die Kinder herkamen, zuerst war immer der Bericht fällig. Weder die Berichte der Kinder noch ihr Verhalten durften die Mutter beunruhigen. Das würde zunächst ihre Wut heraufbeschwören, aber was noch viel schlimmer wäre, ihre Verletzbarkeit beziehungsweise ihr Verschwinden. Wenn die Mutter nicht mehr für die Kinder da wäre, dann hieße die Alternative Heim oder Straße. Dass sie beim Vater bleiben könnten, war für die Kinder nie ein Gedanke, höchstens eine Drohung. Daher war es für sie auch eine existentielle Frage, der Mutter zu gehorchen und sich ihrem Regime zu unterwerfen.

Dahinter steckte unausgesprochen die Drohung: »Wenn ich nicht mehr bin«, die den Kindern immer Angst machte. So sehr sie auch unter ihrer Mutter zu leiden hatten, gab sie ihnen doch ein Zuhause und die Möglichkeit von Freiräumen in ihrer Abwesenheit. Erst wenn sie die Wohnung verließ, machten es sich die Kinder gemütlich. Wenn sie da war, hing immer das Damoklesschwert ihrer aggressiven Launen und unerklärlichen Ausbrüche über ihnen. Daher war alles so zu organisieren, wie beispielsweise putzen und Hausarbeit, dass sie sich nicht aufregte, und alles so zu berichten, dass es in ihr Bild passte. Die Angst vor der Angst der Mutter, die Angst um die Mutter begleitete die Kinder ständig und disziplinierte sie so sehr, dass eine freie Entfaltung ihrer Talente nur so weit möglich war, wie sie diese Angst zuließ. Wenn Allmuth Lust auf etwas hatte, was die Mutter nicht billigen würde, so verzichtete sie schon darauf, um nicht ihren Ärger zu provozieren.

Da Allmuth als kleines Kind ihre Mutter oft hat weinen sehen, war sie bemüht, alles zu tun, um ihr das Leben zu erleichtern. So lernte Allmuth, sich instinktiv ihren Bedürfnissen anzupassen, um so selber von der besseren Laune der Mutter zu profitieren.

Im Traum sitzt Allmuth mit der sie verschlingenden Spinne und dem alten Mann in einem geschlossenen Raum, einem Auto. Der Mann lässt sie nicht in die Freiheit entfliehen, sondern schließt im Gegenteil auch noch die Türen, so dass Allmuth mit ihnen eingesperrt ist. Dann fährt der Mann rückwärts, es geht also nicht vorwärts mit der Fahrt, die Situation verschlimmert sich durch sein Eingreifen nur noch. Allmuth schreit um Hilfe, aber der Mann reagiert nicht. Die Mutter bringt sie ganz in ihre Gewalt, lässt ihr keine Bewegungsfreiheit mehr und der Vater kann oder will nicht helfen, verschlimmert sogar noch die Lage.

Im Wald kann sich Allmuth dann selbst befreien. Der Wald, der Ort des Unbewussten, in dem der Vater/Mann sie gefahren hat. Allmuth muss erst durch Traum/Erinnerung und durch Schreien ins

Unbewusste vordringen, um sich befreien zu können. Die erste Station nach der Befreiung ist ein freies Feld, das aber schon gepflastert ist. Der Boden/Grund ist schon befestigt, Allmuth versinkt nicht mehr in einen Sumpf. Schritt für Schritt kommt sie aus ihrem Traum in das Jetzt wieder zurück, begegnet Menschen in verschiedenen Aktivitäten und lässt sich zu einem Bummel animieren.

Annäherung und Aussöhnung

Albert, die Kinder und ich kommen aus der Wohnung meiner Schwiegermutter und wollen mit dem Auto in ein Restaurant zum Essen fahren. Bevor ich ins Auto einsteige, muss ich noch pinkeln. Ich hocke mich neben eine Hecke, habe aber keine Zeit mehr, die Hose auszuziehen, und pinkele in der Hocke durch eine Unterhose. Da ich nicht mit nasser Unterhose ins Auto steigen will, gehe ich zum Haus zurück, um meine Hose dort zu deponieren. Albert wird ungeduldig und fährt einfach los. Ich schleiche mich ins Haus, hänge meine nasse Hose an den Garderobenhaken beim Kaminzimmer und schleiche mich wieder aus dem Haus, froh, dass mich keiner bemerkt hat.

Ich laufe jetzt Richtung Restaurant. Ich kann nur sehr langsam gehen, da ich ein verkrüppeltes Bein hinter mir herziehen muss. Plötzlich geht meine Mutter mit mir, immer etwas hinter mir. Ich versuche, schneller zu gehen, um ihr zu entkommen, das geht aber nicht. Ich bin unwillig, will sie abschütteln, werde ihr gegenüber aggressiv. Sie versucht, mit mir zu reden, darunter Sätze wie: »Hättest du …«. Ich schnauze zurück: »Hast du noch was zu meckern?« Auf dem Weg kommen wir etwa in Höhe der Kirche in eine Ausstellung mit Haushaltsartikeln und vielen schönen Sachen. Ich mag solche Ausstellungen und meine Mutter auch. Wir gucken uns die Stände an, aber nicht gemeinsam. Ich will immer noch meine Mutter loswerden. Sie schaut sich zwar andere Dinge an als ich, beobachtet mich aber immer aus den Augenwinkeln. Einmal sehe ich, wie sie versucht, sich Kaffee aus einer Thermoskanne einzugießen. Es gelingt ihr nur mühsam, weil ihre Hände zittern. Ein junger Mann hilft ihr und ich denke, das hättest du auch tun können. Wir schauen uns intensiv die Stände der Ausstellung an, um nicht miteinander zu reden. Gelegentlich sprechen wir über die Gegenstände der Ausstellung. Als die Ausstellung schließt, gucke ich auf die Uhr. Es ist halb elf abends. Ich frage sie, ob sie noch Hunger habe. Ich habe keinen Hunger mehr.

Außerdem wusste ich nicht genau, in welchem Restaurant Albert mit den Kindern war. Sie werden inzwischen wohl schon längst fertig mit dem Essen sein. Also beschließen wir, wieder zurückzugehen.

Auf dem Rückweg erzählt sie mir, dass sie auch zu spät bei meiner Schwiegermutter angekommen ist, da sie mit dem alten Auto ihres verstorbenen Mannes gefahren sei. Ich wende mich jetzt ihr zu und reagiere erstaunt. »Ach so, ich habe mich schon gewundert, das Auto an der Straße kam mir irgendwie bekannt vor, ich wusste nur nicht woher.« Dann erzählte sie, was ihr auf der Fahrt mit dem Auto alles passiert sei. Ich hörte nicht richtig hin, war aber nicht mehr so ablehnend und aggressiv wie auf dem Hinweg. Ich dachte so für mich: »Eigentlich könntest du mal richtig mir ihr reden, so wie es in dem Aufsatz empfohlen wurde, den ich gerade gelesen hatte.« Aber die Situation auf der Straße lud nicht dazu ein.

Als wir bei der Schwiegermutter ankamen, war Albert mit den Kindern schon da. Zwischenzeitlich fiel mir ein, dass der nächste Tag ein Dienstag ist und ich dann meinen freien Tag habe und mich dann höchstwahrscheinlich um meine Mutter kümmern müsste. Ich suchte noch nach einer Ausrede, aber mir fiel keine ein. Bei der Schwiegermutter saßen wir alle eng beisammen und mein Neffe erzählte etwas von Klimaanlagen. Um das zu demonstrieren, hob er das dicke Kissen von den Füßen meiner Mutter und zog das Kissen im Rücken einer anderen Frau auch weg. Er wollte damit demonstrieren, dass die Frauen sich eine Klimaanlage geschaffen haben, indem sie sich mit Hilfe der Kissen wärmten. Mir tat meine Mutter leid, wie sie so mit nackten Füßen dasaß, und versuchte zu lächeln.

Anmerkung: Ich habe in den letzten Tagen viele psychologische Aufsätze gelesen, der letzte hieß: »Aussöhnung mit der Mutter« von Marianne Krüll.

Im Urlaub, 2. August 2005

»*Fast vierzig Jahre habe ich mich geweigert, dein und euer Unglück deutlich zu sehen. Ich habe mich von euch weg an ein anderes Ufer zu retten versucht, auf einen Kontinent, der von der Katastrophe verschont blieb. Ich habe gehofft, innerlich fern von eurem Unglück meine Haut retten zu können. Ich war in großer Gefahr, euch zu verachten, weil eure Form des Überlebens so anders aussah, als meine frühen Träume es waren. Ich flog mit geborgten Flügeln von Absturz zu Absturz und habe doch immer nur, wenn auch in größer werdenden Kreisen, euer Unglück umflattert, das ich jetzt auch als meines erkenne. […]*

Von einem schlimmen frühen Zeitpunkt an konnte ich dir nicht mehr zeigen, wie sehr ich dich brauche. Unmerklich bin ich hineingeglitten in eine Rolle: ich bin unabhängig, stolz, ein wenig unnahbar. Ich habe es gelernt, die Sehnsucht niederzuhalten, abzuschalten. Schließlich sah es für dich und andere so aus, als hätte ich niemanden mehr nötig. Und wenn mir jemand sehr nahe kam, gab es einen inneren Aufruhr, und jedes Mal habe ich die Schotten ein wenig dichter gezogen. Ich habe die Schmerzgrenze weiter nach außen verlegt, innere Warnsignale aufgestellt: Achtung, Demarkationslinie für späteres Unglück, besser nicht überschreiten, umkehren! Ich habe verlernt, abhängig zu sein, und du hast es honoriert, es paßte soviel besser in das schwankende Gleichgewicht unseres kleinen Familienbootes« (Moser, 1979, S. 49 f.).

Zeitlebens hat Allmuth sich bemüht, Abstand von ihren Eltern zu haben. Nicht so sein wie die Eltern, nicht von ihnen abhängig sein, nicht Teil ihrer Geschichte sein, nicht teilhaben an ihrem Unglück und ihrem Hass. Sich ein Leben aufbauen ohne die Eltern, unabhängig, aus eigener Leistung heraus. Gefühle verstecken, sich abschotten, um die eigene Verletzlichkeit nicht zu zeigen, keine Nähe zulassen, sich nicht einlassen auf andere aus Angst vor Enttäuschung, Misstrauen gegenüber der Welt. Einen Trennungsstrich ziehen zwischen der Welt der Eltern und der eigenen Welt, um nicht von ihrem Unglück verschluckt zu werden. Durch die Urlaubslektüre der vielen psychologischen Aufsätze wird ihr klar, dass ihre Entwicklung unmittelbar mit der Geschichte ihrer Eltern zusammenhängt. Das schwankende Gleichgewicht des Familienbootes konnte nur gehalten werden, wenn sie sich von den Eltern fernhielt, um nicht mit ihnen unterzugehen.

Der Traum spiegelt das angespannte, auf Distanz bedachte Verhältnis zwischen ihr und ihrer Mutter wider. Zu Beginn des Traums entledigt sich Allmuth ihrer mit Urin getränkten Hose. Urin, als *»Hinweis auf sexuelle oder familiäre Spannungen«* (Vollmar, 2000, S. 267), die jetzt aus Allmuth herauskommen, die jetzt von ihr betrachtet und analysiert werden (können). Dann der Weg zum Restaurant, auf dem Allmuth ein verkrüppeltes Bein hinter sich herzieht. Allmuth will aus eigenem Antrieb (Bein) vorwärtskommen, wird aber durch die körperliche Behinderung stark beeinträchtigt. *»Die eigene Schwäche und Hilfsbedürftigkeit wird einem vorgestellt«* (Vollmar, 2000, S. 168).

Dann hat Allmuth die Mutter »im Nacken«, die immer etwas hinter ihr hergeht. Allmuth versucht, sie abzuschütteln, ihr zu entkommen. Da ihr das nicht gelingt, wird sie der Mutter gegenüber aggressiv. *»Der Haß brach nicht sofort auf. Erst einmal bereitete sich vor mir eine unendliche Wüste aus, trocken, platt, auslaugend, trostlos, eintönig. Während meiner Pubertät habe ich diese Wüste durchackert wie ein schuftender Ochse. Ich zog den lächerlichen, schweren Pflug der Liebe zu meiner Mutter hinter mir her, lächerlich und unnütz«* (Cardinal, 1979, S. 110).

Dann ist Allmuth mit ihrer Mutter in einer Ausstellung. Beide lieben solche Ausstellungen, aber es ist ihnen nicht möglich, sie gemeinsam anzusehen. Mit jeder anderen Person hätte sich Allmuth die Ausstellung angesehen, nur nicht mit ihrer Mutter. Allmuth erträgt ihre Nähe nicht, will ihre Mutter am liebsten loswerden. Obwohl die Mutter sich nicht aufdrängt, ist allein schon ihre Existenz Allmuth lästig. Miteinander reden geht auch nicht. Damit die gestörte Kommunikation zwischen ihnen nicht sichtbar wird, lenken sie sich ab und schauen die Auslagen der Stände intensiv an. Das Interesse nach außen, auf andere Personen oder Gegenstände lenken, damit sie sich nicht mit sich selbst beschäftigen müssen. Solange ich über andere rede, muss ich nicht über mich selbst reden. Die Gegenstände der Ausstellung bieten immerhin noch Gesprächsstoff.

Obwohl sie nicht miteinander reden (können), beobachten sie sich gegenseitig intensiv. Allmuth sieht die zitternden Hände der Mutter, entwickelt aber kein Gefühl dafür, hilft ihr nicht. Ein Fremder übernimmt die Hilfestellung, die eigentlich Allmuth hätte geben können. Ein Fremder entwickelt mehr Zuwendung als die eigene Tochter. Die zitternden Hände erregen bei Allmuth kein Mitgefühl, höchstens ein Pflichtgefühl (»das hättest du auch tun können«).

Auf dem Rückweg entwickelt sich ein Gespräch zwischen Allmuth und ihrer Mutter. Die Mutter erzählt von sich und Allmuth hört ihr zu. Die Aggressionen und die Ablehnung werden schwächer. Die Erkenntnisse des Aufsatzes wirken bis in den Traum hinein. Allmuth hat sich das Heft »Psychologie Heute Compact: Familienleben – Wie wir wurden, was wir sind« (2005) speziell wegen des Aufsatzes von Marianne Krüll »Aussöhnung mit der Mutter« gekauft. In ihrem grünen Buch schreibt sie zu dem Aufsatz:

»Die geschilderte Szene zu Beginn des Artikels kommt mir bekannt vor: Die Tochter fragt die Mutter, warum sie sie früher so entsetzlich geschlagen hat. Die Mutter antwortet: ›Ich habe dich nicht geschlagen‹ (aus: Elke Heidenreich: Die schönsten Jahre). Nach solch einem misslungenen Gesprächsversuch wird es wohl keinen weiteren Gesprächswunsch der Tochter geben. Ähnlich bei mir: Nachdem der Versuch an meinem 20. Geburtstag, mit meiner Mutter ein ehrliches Gespräch zu führen, kläglich gescheitert ist, habe ich auch nie wieder versucht, mit ihr ehrlich zu reden, auch wenn ich manchmal drauf und dran war, auf den Tisch zu hauen und den Knoten zu durchschlagen. Aber die Erfahrung des Desasters an meinem 20. Geburtstag hat mich immer wieder gehemmt und auch die Rücksichtnahme auf meine Mutter, denn ich habe erfahren, dass sie einer ehrlichen Auseinandersetzung nicht gewachsen war. Sie hat sich im Laufe ihres verpfuschten Lebens ein Bild von sich und ihrer Familie aufgebaut, das nicht zerstört werden durfte. Sie war unfehlbar, machte alles richtig und die Kinder hatten zu funktionieren. Der Antipol war mein Vater, der alles falsch machte, einen schlechten Charakter hatte und die Kinder negativ beeinflusste beziehungsweise das von ihr geschaffene gute Familienleben ständig störte und kaputtzumachen versuchte. Dieses Schwarz-weiß-Bild war für sie Realität und wer daran kratzte, zerstörte damit gleichzeitig sie. Da ich für mein eigenes Überleben und Wohlbefinden nicht an einer gebrochenen Mutter, die mir dadurch vielleicht ein schlechtes Gewissen oder Schuldgefühle verursachte, interessiert war, habe ich mitgespielt.

Wir haben Heile-Welt gespielt. Mutter und Tochter kommen gut miteinander aus, die Tochter erfüllt ihre Pflichten der Mutter gegenüber (Einladungen, Patenschaft für den Enkel, Erziehung der Enkel zu Respekt gegenüber der Großmutter), und sie hat Halt in dieser heilen Familienwelt gefunden. Das Verhältnis zu den Enkeln ist wohl noch am unbelastetsten und es gibt ihr Erfüllung und eine Aufgabe, an sie zu denken und ihnen Geschenke mitzubringen. Auch wenn es uns lästig war, wenn sie bei jedem Besuch mit irgendwelchem Krempel aus Keller oder Flohmarkt ankam, haben sowohl die Kinder als auch ich immer mitgespielt. Es herrschte eine stille Übereinkunft zwischen uns (manchmal durch vielsagende Blicke ausgetauscht), Oma die Freude zu lassen und erst nach ihrer Abfahrt den Krempel in den Müll zu werfen. Albert und ich haben sogar mal ihr kitschiges Pferdeporträt, einen Wandteppich, aufgehängt, allerdings oben im Flur und nicht wie von ihr erwartet über dem Kamin. Bei dem oben zitierten Gespräch von Elke Heidenreich handelt die Mutter aus Selbstschutz und genauso war es auch bei uns. ›Ich begriff damals nicht, dass ich als Tochter meine Mutter nicht ändern konnte.‹ Diesen Satz von Marianne Krüll kann ich so für mich nicht bestätigen. Ich begriff wahrscheinlich schon sehr früh, dass gegen meine Mutter zu opponieren meine eigene Sicherheit in Frage stellte. Trotzdem musste mein Verhalten für meine Mutter oft eine Bedrohung sein, denn sonst hätte sie nicht so oft unangemessen reagiert. Für eine kleine Ungehorsamkeit (die Schürze nicht in den Abstellraum gehängt) wurde ich im Alter von zehn Jahren grün und blau geschlagen. Eine ungehorsame Tochter konnte sie nicht ertragen, sie brauchte die volle Kontrolle und den uneingeschränkten Einfluss, um ihre eigene Macht/Rolle/Selbstinterpretation zu festigen. Wenn sie wütend auf mich war, meinte sie mich mit dem Wort ›Besserwisser‹ zu brandmarken. Der Gipfel der Schmach war dann in ihren Augen: ›Dann geh doch zu Papa.‹ Das wäre allerdings für sie selbst das schlimmste gewesen und sie wusste, dass auch ich das internalisiert hatte. Daher musste für sie die Welt zusammenbrechen, als ich freiwillig meinen Vater besucht hatte. Entsprechend schlimm und verletzend mir gegenüber war dann auch ihre Reaktion. Obwohl ich also Teil ihres Überlebensmusters war, das ich im Großen und Ganzen auch akzeptiert habe, habe ich doch im Kleinen immer wieder versucht, mich davon zu lösen, um eine eigene Identität aufzubauen. Das hat immer wieder zu Konflikten mit ihr geführt. Der Höhepunkt war dann die Auseinandersetzung an meinem 20. Geburtstag.

Marianne Krüll schlägt vier Schritte zur Versöhnung mit der Mutter vor:

1. *Die eigene Geschichte finden.* Dieser Schritt hat in meiner Psychotherapie angefangen und läuft noch weiter.

2. *Die Mutter konfrontieren.* Aktuell nicht mehr möglich, aber auch in der Vergangenheit nicht möglich gewesen, nur ansatzweise versucht.

3. *Auf die Mutter zugehen.* Der Schritt der Versöhnung führt zur Mutter zurück, nicht zur Mutter unserer Kindheit, nicht zur Mutter der Gegenwart, sondern zu einer Frau, die eine Geschichte hatte, von der wir als Tochter meist zu wenig wissen, das heißt das Bemühen, die Welt mit den Augen der Mutter zu sehen. Dieser entscheidende Schritt fand bei mir in meiner Fortbildung statt, als ich in einem Rollenspiel die Mutter gespielt habe. Auch die Lektüre des Buches von Angelika Schrobsdorff ›Du bist nicht so wie andere Mütter‹ hat dazu geholfen, denn ich überlegte mit bei der Lektüre, was dabei herauskäme, wenn ich den gleichen Ansatz bei meiner Mutter verfolgte.

4. *Die gesellschaftlichen Bedingungen berücksichtigen.* Wichtig die Überlegung: In welcher Zeit war die Mutter jung, unter welchen Bedingungen musste sie ihre Kinder großziehen? Unter den Bedingungen der 1950er und 1960er Jahre war das Leben einer geschiedenen Frau nicht einfach. Ich habe aber nie den Wunsch gehabt, meine Eltern mögen wieder zusammenkommen, denn selbst die sozial isolierte Situation war immer noch tausendmal besser als die Atmosphäre in der Familie vor der Trennung. Die Scheidung habe ich nie in Frage gestellt, sondern immer als richtig empfunden. Wären sie zusammengeblieben, hätte es irgendwann Mord und Totschlag gegeben. Davon war ich überzeugt. Insge-

samt war es doch eine Leistung von ihr, mit ihrer Sozialisation, sich von ihrem Mann zu trennen und sich mit den zwei kleinen Kindern ›anständig‹ durchzubringen. Zwar musste dafür ein Preis bezahlt werden, aber es hätte auch schlimmer (Sucht, Schulversagen, Schulden, Armut, sozialer Abstieg) kommen können. Wir haben uns ganz gut gerettet.«

Am Ende des Traums hat Allmuth Mitgefühl mit der Mutter. Die Mutter ist nicht mehr eine Last, sondern ist bemitleidenswert. Mit der Annäherung an die Mutter kommt Allmuth auch sich selbst näher. Verhärtungen sich selbst und der Welt gegenüber tauen auf, die Klimaanlage wird demontiert. »*Ich durchleide für dich die Umkehr des Erfrierens, die Pein der Rauzeit. Der heraufziehende Tag ist nicht mehr mein Feind. Er enthält Hoffnung. Meine Trauer vergiftet nicht mehr die Luft zwischen mir und anderen Menschen und macht sie blaß. Ich schau in ihre Gesichter, als erwachten auch sie langsam zum Leben. Das Messer, das mich täglich von ihnen abschnitt, wird stumpf. Die Dinge verschwören sich nicht mehr gegen mich, kehren zurück zu ihrer normalen Trägheit, die ich hin und wieder überwinden kann, ohne sofort erschöpft zu sein.*

Der Weg der Rückkehr zu dir ist jetzt begehbar, auch wenn er immer wieder zuwächst, sobald ich ihn längere Zeit nicht betrete. Es schaudert mich jetzt nicht mehr vor deinen Sorgenfalten, der gelegentlichen Strenge des Gesichts, den dunklen Strähnen unter deinen Augen. [...]

In mir wächst das Zutrauen, daß ich nicht endgültig zu kurz komme auf dieser Welt. Und es gibt schon jetzt einige Menschen, die mich spüren lassen, daß sie sich wohl fühlen in meiner Nähe, und denen ich sagen kann: ›Es ist schön, daß du bei mir bist‹« (Moser, 1979, S. 57 ff.).

In der Suppenterrine

Ich sehe große weiße Suppenschüsseln mit Deckeln, sogenannte Terrinen. Aus einer Schüssel kommen kleine Luftbläschen. Nur ganz schwer zu erkennen, weil die Schüsseln nicht unter Wasser stehen.

Ich nehme den Deckel der Suppenterrine hoch und finde dort den geknebelten Kopf meiner Mutter. Die ganze Mutter besteht nur aus Kopf. Der Mund ist mit einem Klebeband zugeklebt. Die Luftblasen kamen aus der Nase. Ich hole den Kopf heraus und ziehe das Klebeband ab. Sie fängt aber nicht an zu reden, denn wir sind beide von der Situation so geschockt und sprachlos, dass wir es erst verdauen müssen.

Im Urlaub, 6. Januar 2006

Allmuth ist mit Albert und Bekannten im Skiurlaub. Alle fahren morgens mit der Seilbahn hoch auf die Piste, nur Allmuth macht Ski-Langlauf. Es liegt genug Schnee, die Sonne scheint und Allmuth hat die Loipe fast für sich allein. Der Suppenschüssel-Traum beschäftigt sie noch einige Tage, während sie so allein auf der Loipe ist. Sie schreibt dazu eine Anmerkung in ihr Traumbuch:

»Zu den Bildern fiel mir beim Langlauf ein: Suppenschüsseln mit Deckel = Symbol für bürgerliches Leben. Nur in einem bürgerlichen oder großbürgerlichen Haushalt kommen solche Suppenschüsseln auf den Tisch. Meine Mutter legte auch großen Wert auf schönes Geschirr. Sie kaufte sich zum Beispiel welches mit Jagdmotiv, was überhaupt nicht zu unserem Haushalt passte. Das rote Kaffeegeschirr war für sie kostbar, denn es stand für eine Welt, die sie sich wünschte beziehungsweise die für sie vergangen war. Für eine Tasse fuhr sie schon mal nach München (mit Freifahrschein der Bahn).

In diesem Geschirr nun ihr Kopf mit zugeklebtem Mund. Spontan: Wenn man den Deckel der Bürgerlichkeit hochhebt, kommt das Grauen zum Vorschein, oder: Sie versteckt ihren Kopf in diesem bürgerlichen Accessoire, ist aber gleichzeitig darin gefangen und kann nicht sprechen. Sie lebt zwar (Luftblasen), ist aber ansonsten tot. Als ich sie befreit habe, kann sie auch nicht mehr reden, weil sie tot ist, denn ihr Kopf allein ist nicht voll lebensfähig.

Warum bestand meine Mutter nur aus einem Kopf? Als ich sie als geknebelten Kopf fand, war sie als Person vollständig, nur eben ohne Körper. Vielleicht, weil das Wesentliche ihr Kopf war, ihren Körper hat sie zeitlebens vernachlässigt. Sie fand das, was ihr wichtig war, in ihrem Kopf: ihre Vorstellungen, ihre Bilder von sich und anderen, nach denen sie die Menschen behandelte. Körperlichkeit hätte etwas mit Selbstfreundschaft zu tun gehabt. Das war aber nicht erlaubt, denn in dem Bild von sich war sie als Opfer und Märtyrerin gegenwärtig. Sie fand auch nie Gefallen an schöner Kleidung oder an Kosmetik. Alles musste nur praktisch, funktionell und billig sein. Der Körper wurde quasi von ihr verleugnet, hatte kein eigenes Recht.«

Dieser Traum verdichtet das Bild der Mutter zur letzten Pointe: geknebelter Kopf in der Suppenterrine. Die ganze Mutter besteht nur aus Kopf: »*Bewusstsein, Kapital des Menschen. Verstand und Vernunft. Der Kopf möchte fast immer herrschen, und Sie sollten sich fragen, ob Sie entweder Ihre Intellektualität unterdrücken oder ob Sie diese einseitig auf Kosten der anderen Funktionen wie Emotionalität und Körperlichkeit ausleben. Oder wollen Sie mit ›dem Kopf durch die Wand‹?*« (Vollmar, 2000, S. 164). Der Knebel in ihrem Mund macht ihre Einengung und Unfreiheit deutlich.

Zwei Romane lassen Allmuth immer wieder über ihre Mutter nachdenken. Der erste heißt »Muttersterben« von Michael Lentz, den sie von ihrer Therapeutin ausgeliehen hat. Er beschreibt dort seine Mutter:

»*ich sah einen grund für ihre erkrankung in der zunehmenden isolation und völligen ereignislosigkeit, in die sie mit den jahren hineingeraten war. Mutter litt sozusagen an zunehmender innerer erstarrung. So hockte sie täglich sich selbst allein lassend im haus und hatte es wohl insgeheim schon längst aufgegeben, sekündlich sinnstiftend zu wirken. Die puste war raus aus ihrem leben. Keine interessen, keine sehnsüchte. Das war der anfang vom ende. Gepanzerte selbstnichtwahrnehmung. Und in dieser selbstnichtwahrnehmung von anderen wahrgenommen werden, die es immer besser wussten, mit was sie sich denn beschäftigen könne*« (Lentz, 2004, S. 158).

In ihr grünes Buch schreibt Allmuth dazu: »Die Beschreibung seiner Mutter fand ich sehr gekonnt und ich habe Parallelen zu meiner Mutter gesehen. Da ist zunächst die ›gepanzerte Selbstwahrnehmung‹. Meine Mutter hat nie die Zeit und erst recht nicht die Kraft zur Selbstreflexion gehabt. Sie hat sich nicht selbst wahrgenommen, sondern immer nur ein Bild, besser gesagt ein Wunschbild ihrer selbst wahrgenommen. Sie ist das Opfer (von Männern), die Verkannte, die Zukurzgekommene, die aufopfernde Mutter, die Überlebenskämpferin, die Ehrliche, die Intelligente, die Unfehlbare, die aus ihrem gesellschaftlichen Milieu schuldlos Verstoßene, die Sparsame, die Bescheidene, die Genügsame, die sich selbst was Vormachende, damit sie sich daran festhalten konnte. Eigene Fehler hätte sie nicht ertragen. Daher wurden Fehler und Schlechtigkeiten auf andere projiziert. Das ging so weit, dass sie niemandem traute, auch nicht ihrem zweiten Mann oder ihren Kindern.

Von ihrem wahren Innern, ihren Sorgen oder Nöten hat sie keinem etwas erzählt, auch nicht einem Tagebuch. So musste sie alles in sich hineinfressen. Dadurch wurde sie mit der Zeit immer verbitterter und die ›Selbstnichtwahrnehmung‹ bekam mehr und mehr einen Panzer. Ihre innere Erstarrung erlaubte ihr nur noch ein Leben, das sich aus den von ihr gewünschten Rollen und Fremdbildern zusammensetzte. So war das Leben auszuhalten und es konnte sogar Glück vorgegaukelt werden. Der äußere Rahmen war ja durchaus zufriedenstellend: beide Töchter gut verheiratet in gesicherter Stellung mit eigenem Haus. Sie mag gespürt haben, dass sie von uns keine echte Liebe und Zuneigung bekam, aber wir haben uns ihr gegenüber korrekt verhalten und das Spiel mitgespielt. Vielleicht habe auch ich gespürt, dass die Kommunikation nicht echt ist, aber das Sprechen über das Wetter und über andere Leute war zumindest irgendeine Kommunikation. Das Schweigen wäre noch schlimmer gewesen. Auch ich war ihr gegenüber in innerer Erstarrung. Wahrscheinlich aus der gleichen Angst wie bei ihr: Wenn wir das Kartenhaus der gespielten intakten (glücklichen) Beziehung einfallen lassen, dann haben wir nichts mehr. So haben wir wenigstens noch die Konvention, an der wir uns festhalten können.

So ein Leben ist anstrengend. Fremdgefühle verbrauchen mehr Energie als eigene, echte Gefühle. Ich denke jetzt an ihre Krankheiten, ausgehend von dem Satz von Michael Lentz: ›Ich sah einen Grund für ihre Erkrankung in der zunehmenden Isolation.‹ Was war der Grund der Erkrankung meiner Mutter und welche Symptome hatte sie? Da war zunächst ihre Herzkrankheit. Das Herz als Sitz und als Organ von Gefühlen. Ihre Gefühle wurden verletzt, missachtet, ignoriert und vergewaltigt. Der Schmerz davon suchte sich das Herz als Ausdruck. Herzschmerz aus unerfüllter Liebe und Sehnsucht. Im Alter bekam sie Anfälle, bei denen sie kurzzeitig das Bewusstsein verlor. Äußerlich wirkte das wie ein epileptischer Anfall, da sie auch Schaum vor dem Mund hatte. Sie wachte aber immer wieder ohne Folgeschäden auf. Die Ärzte haben sie nach jedem Anfall auf Herz und Nieren (und Gehirn) untersucht, aber nie eine organische Ursache gefunden. Mit der Zeit wurden die Anfälle häufiger und die Bewusstlosigkeit dauerte länger. Meine Mutter zögerte aber, in ein betreutes Wohnheim zu ziehen. Das Risiko, in ihrer Bewusstlosigkeit nicht entdeckt und behandelt zu werden und dabei zu sterben, nahm sie bewusst in Kauf. Der Tod war für sie nicht so abschreckend wie der Gedanke, von anderen abhängig zu leben.

Und so ist sie dann auch gestorben. Sie ist in ihrer Bewusstlosigkeit zu spät gefunden worden und konnte auf der Intensivstation nicht mehr gerettet werden. Was sagt mir das Symptom: in Bewusstlosigkeit/Ohnmacht fallen? Vielleicht ist es Verlangen nach echten Gefühlen, und sei es auch nur das Gefühl von Leere? Es kann auch das unbewusste Verlangen des Körpers/der Seele sein, sich fallen zu lassen. Sie konnte sich nie fallen lassen, denn da war nie einer, der sie hätte auffangen können. Ich sehe Parallelen zu meinen Abstürzen und Ohnmachtgefühlen. Ich habe tagelang geheult und sie ist einfach weg gewesen. Vielleicht war ihre Bewusstlosigkeit auch ein zeitweiliges Lösen ihrer inneren Erstarrung, die aus einer unbewussten Sehnsucht nach Lösen der Erstarrung resultiert. Aber wer sollte sie erlösen? Weder sie selbst noch wir waren dazu in der Lage.«

Das zweite Buch ist der Roman von Angelika Overath »Nahe Tage«. Einzelne Passagen daraus kommentiert Allmuth in ihrem grünen Buch:

»›Der Papst war für sie keine Autorität‹ (Overath, 2005, S. 34). Auch für meine Mutter waren kirchliche Würdenträger keine Autorität. Sie hat wohl auch schlechte Erfahrungen mit ihnen gemacht. Ich kann mich erinnern, dass wir auf dem Dorf von einem Geistlichen zu Hause besucht wurden. Meine Mutter hat ihn nicht als Hilfe empfunden, sondern als moralische Anklage. Eine Mutter zweier kleiner Kinder hat ihren Mann nicht zu verlassen. Sie selbst ging nur an den hohen Festtagen zur Kirche, und das auch nur aus Konvention. Dabei klagte sie dann, ihr werde von dem Weihrauch schlecht. Sie bemühte sich zwar, uns religiös zu erziehen, denn das gehörte zum guten Ton. Selbst war sie aber wenig davon überzeugt und wohl auch zu oft enttäuscht worden von der Rigorosität der kirchlichen Moral, die ihr über die Priester vermittelt wurde. Dadurch litt auch ihr Glaube. Sie nannte sich zwar katholisch, war aber nicht gläubig. Wahrscheinlich fand sie auch die Religiosität ihrer eigenen Mutter als wenig hilfreich oder gar doppelbödig. Meine Oma war geprägt von einer überbordenden religiösen Praxis. Kirchgang, tägliche Gebete, Angelus beten, Rosenkranz beten, Heiligenbilder, Hausaltar. Trotz dieser religiösen Praxis konnte sie moralisch unerbittlich sein, was meine Mutter wohl zu spüren bekommen hat. Daher wohl nur eine oberflächliche Kirchlichkeit, ein enttäuschter Glaube und eine Verachtung gegenüber kirchlichen Autoritäten.

›Und als Johanna später tatsächlich Tagebuch schrieb, sehr viel später, da las es die Mutter heimlich. Und auch wenn Johanna es versteckte, fand es die Mutter überall. Und als Johanna es in eine Holzkiste legte, die sie mit einem kleinen BKS-Schloss sicherte, da schraubte die Mutter die vier Kreuzschlitzschrauben der Schlossverankerung ab‹ (Overath, 2005, S. 115). Es hätte mir bestimmt geholfen, wenn ich als Kind oder Jugendliche hätte Tagebuch schreiben können. Aber ich wusste instinktiv, dass meine Mutter so lange gesucht hätte, bis sie es gefunden und dann heimlich gelesen hätte. Sie brauchte eine absolute Kontrolle über mich, wenn möglich auch über meine Gedanken. Die einzige Möglichkeit, meine Gedanken vor der Zensur meiner Mutter zu schützen, war, sie für mich zu behalten.

›Das, was in den Zeitungen »Sex« genannt wurde und das zu Hause keinen Namen hatte, war zwischen Johanna und ihren Eltern kein Thema. Das war klar‹ (Overath, 2005, S. 128). ›Nur weil ich mich so geschämt habe, als sie [Eltern] so finster dastanden, konnte ich nicht mehr darüber nachdenken, warum ich es wollte, dass sie diesen Film [»Herzflimmern«] sehen, und warum ich wollte, dass sie mit mir über diesen Film sprechen‹ (S. 129).

Durch die Schweigekultur der 1950er Jahre konnte sich keine offene Kommunikation zwischen Eltern und Kindern entwickeln.

Es bleibt so viel unausgesprochen. Johanna (Tochter) kann mit ihren Eltern nicht über Liebe und Sexualität reden, möchte sich aber über dieses Thema mit anderen austauschen. Sie bittet die Eltern, in einen Film zu gehen, der sie gefühlsmäßig sehr beeindruckt hat. Nach anfänglichem Zögern gehen die Eltern in diesen Film und verdammen ihn in Grund und Boden. Ein Gespräch darüber ist nicht möglich. Wieder ein fehlgeschlagener Kommunikationsversuch. Über Sex konnte man nicht reden, auch nicht über den Umweg eines Mediums wie Film oder Zeitschrift. Als meine Mutter mal eine Ausgabe der Zeitschrift ›Bravo‹ in die Hände bekam, fragte sie mich, ob ich auch die Aufklärungsseiten läse. Als ich bejahte, verbot sie mir die Lektüre. Wenn ich fünfzehn wäre (also in zwei Jahren), dürfte ich dazu vielleicht so etwas lesen. Inhaltlich haben wir nie darüber gesprochen.

›In dieser Wohnung war nicht geraucht worden. In dieser Wohnung war nicht getrunken worden. Klosterfrau Melissengeist vielleicht, Underberg, ein Schluck nach dem fetten Essen. […] An Silvester hatten die Eltern sich eine Piccoloflasche Sekt geteilt. Zum Anstoßen in dem Augenblick, wenn in der großen Uhr im Fernsehen der Zeiger sprang. Und am Morgen war in der Flasche immer noch ein Rest gewesen‹ (Overath, 2005, S. 111). Kein Rauchen, kein Alkohol, keine Laster. Alkohol war nur für Besuch da. Es gab im Haus eine Flasche Likör und eine Flasche Weinbrand, den man dem Besuch anbieten konnte. Gelegentlich wurde eine Flasche billiger Weißwein gekauft und dann bei Besuch oder an hohen Festtagen getrunken. Dass man sich selbst einen Schluck gönnt, saß nicht drin. Alkohol war teuer und Genuss nur um des Genusses willen war verdächtig. Einerseits hatte das aber auch etwas Gutes, denn so konnte meine Mutter keine Alkoholikerin werden. Andererseits mussten dann wir herhalten, wenn ihr Frust abreagiert werden musste, aber blaue Flecken konnte man noch ganz gut verstecken. Alkohol trinken lernte ich erst kennen bei den Abiturfeiern und -partys. Bei einem Pfänderspiel musste ich ein halbes Glas Rum trinken und hatte einen entsprechenden Kater am nächsten Tag.

›Für die Mutter waren Männer letztlich ein Tabu. Sie hatte ein Kind gewollt, und das war ohne Mann schlecht möglich gewesen. Sie wollte Mutter und Hausfrau sein, dazu brauchte sie einen Ernäh-

rer. Einen Mann brauchte sie nicht. Und das Kind brauchte nicht unbedingt einen Vater. Das Kind hatte sie‹ (Overath, 2005, S. 134). Mutter und Sexualität war nicht vorstellbar. Auch war Sexualität zwischen meinen Eltern nicht vorstellbar. Meine Mutter war so mit Überlebenskampf und Aufrechterhaltung des Familienmythos beschäftigt, dass für Männer keine Zeit mehr war und wohl auch kein Interesse, denn schließlich hatte sie genug negative Erfahrungen gemacht. Ein Vater für die Kinder war nicht vonnöten, denn sie war ja Mutter und Vater in einer Person. Es muss vor meinem Vater wohl noch Männerbekanntschaften gegeben haben, aber sie hat mir nie davon erzählt.

›*Das Lied vom Vater, der ein wunderbarer Zirkusclown war, gesungen von seiner Tochter. Dieses Lied hatte sie [Mutter] besitzen wollen. […] Das Lied auf der zweiten Seite [der Platte] war ein Mutterlied, gesungen vom Sohn. […] der Junge sang eindringlich seine Mutter »Mamatschi« an, mit der Bitte, sie möge ihm ein Pferdchen schenken, ein Pferdchen wäre sein Paradies*‹ (Overath, 2005, S. 98).

Meine Mutter mochte das Lied ›Oh, mein Papa …‹ gerne hören. Damit gab sie uns zu verstehen, dass sie zu ihrem Vater ein gutes Verhältnis hatte, dieses gute Verhältnis aber nicht recht zum Zuge kommen konnte oder durfte aufgrund von Eifersucht der anderen Geschwister und der Mutter. Vielleicht war es aber doch nicht so ein gutes Verhältnis, sondern eher der Wunsch dazu oder die Sehnsucht danach, denn als ihre Schwägerin ihr einmal ein Foto ihres verstorbenen Vaters in einem schönen Rahmen schenkte, wollte sie es nicht haben und fragte mich, ob ich noch Verwendung für den Rahmen hätte. Ich fand das Foto meines Opas, den ich nie kennen gelernt hatte, sehr schön und verstand nicht, dass sie es nicht haben wollte. Es war wohl eher ein ambivalentes Verhältnis zu ihrem Vater: zum einen der Vertraute, an den man sich anlehnen konnte, und zum anderen auch die Person, die einen persönlich enttäuscht oder verletzt hat. Sie sprach zwar positiv über ihn, gleichzeitig verrieten ihre Körpersprache oder die Schwingungen ihrer Stimme, dass da noch andere Seiten waren, die ich aber nie erfahren habe.

›*Die Mutter hatte beide Lieder immer wieder gehört. Sie selbst war putzend, staubwedelnd, nasswischend, aufräumend die Tochter gewe-*

sen, die den wunderbaren Vater besang, und Johanna, die auf dem Küchentisch saß und wartete, bis der marmorierte Stragulaboden trocknete, Johanna war der Junge gewesen, der in seiner Kindersehnsucht Rückseite und Rückseite rücksichtslos so lange Pferde wünschen würde, bis die Mutter daran sterben musste. Das unheimlichste an diesem Lied war doch dieses Flehen gewesen, das die Bitte an die Mutter mit der unverstandenen Bitte um ihren Tod verband. […] Wünsche können Mütter töten‹ (Overath, 2005, S. 99).

Dann das Lied ›Mamatschi, schenke mir ein Pferdchen, ein Pferdchen wär' mein Paradies‹. Sie sang das Lied, wenn es im Radio kam, mit. Mit einer Inbrunst, die wir sonst nicht an ihr kannten. In dem Lied wird die Mutter um ein Pferd angefleht. Diese schmachtende Sehnsucht an die Adresse der Mutter. So wollte sie auch ersehnt und erfleht werden. Diese Mutter bedeutete etwas für den Jungen. Sie brauchte auch bestätigte Daseinsberechtigung durch ihre Kinder. Erst durch ihren Tod konnte der Wunsch des Jungen erfüllt werden. ›Wünsche können Mütter töten.‹ Umgekehrt töten sich die Mütter (ab), um die Wünsche der Kinder zu erfüllen. Ich bin für die Kinder da und in diesem Lied wird die Aufopferung der Mutter zelebriert. Mit der schmachtenden Melodie geht der Muttermythos runter wie warme Butter. Kinder sind ja so undankbar, dieser Junge aber weiß das Opfer der Mutter zu würdigen!

›Obwohl die Mutter oft weinte, war sie sehr stark. Genau genommen war sie sehr stark in ihrem Reich. Die Mutter war die Fürstin ihrer Blumenbänke, die Königin der Einbauküche, die Patriarchin der Haushaltskasse. […] Ihre Macht […] erstreckte sich auf Vater, Kind und Großmutter, deren intimen Lebensraum sie peinlich sauber hielt‹ (Overath, 2005, S. 47). Wäschewaschen und Bügeln übernahm meine Mutter, Wäsche aufhängen konnten wir Kinder. Dann das Kochen. Sie war keine besonders gute Köchin und hatte auch wenig Lust am Kochen. Sie hatte ihr Standardrepertoire, was ganz selten mal durch neue Rezepte ergänzt wurde. Zum Backen hatte sie gar keine Lust. Mit Nähen und Stopfen hat sie sich nolens volens abgegeben und wir mussten, als wir noch kleiner waren, ihre nichtsitzenden Kleider tragen. Die Abneigung gegen Nähen habe ich von ihr geerbt. Ich benutze die Nähmaschine nur zum Kürzen und Flicken und werde schnell aggressiv, wenn es nicht klappt. Uns gegenüber machte sie aber immer den Eindruck, sehr beschäftigt zu sein. Wenn ich mal mit einer Sache zu ihr kam oder ihre Aufmerksamkeit über längere Zeit in Anspruch nehmen wollte, hieß es immer: ›Geh weg, ich hab' keine Zeit‹. Irgendwann habe ich es aufgegeben, mich an sie zu wenden, da ich diesen Satz fürchtete. Sie wollte sich nicht mit Dingen beschäftigen, die wir aufs Tapet gebracht haben. Einzig und allein sie bestimmte die Themen. Wenn wir mit ihr Gesellschafts-spiele spielen wollten, so ließ sie sich nur nach großer Überredung auf ›Mensch ärgere dich nicht‹ ein. Zu anderen Spielen, auch zu Kartenspielen, hatte sie keine Lust. Bei den Spielen hätte man ja auch mal verlieren können und mit diesem Gedanken konnte sie sich nicht anfreunden.

›Sie litt, sie litt leise, mit der Hingabe einer Jungfrau, die nicht gefehlt hatte und der großes Unrecht geschehen war‹ (Overath, 2005, S. 139). Sie gefiel sich in ihrem Leiden und ihrer Aufopferung, wobei das Wort ›schuldlos‹ eine zentrale Rolle spielte. Sie sagte nicht ›geschie-den‹, sondern ›schuldlos geschieden‹. Sie ist schuldlos, die Schuld liegt bei den anderen, am meisten bei ihrem geschiedenen Mann. Die Welt ist aufgeteilt in Schwarz und Weiß. Kein Suchen nach den echten Farben, kein Hinterfragen der Situation. Sie ist das Opfer und kommt zeitlebens nicht aus dieser Opferrolle raus. Wenn man für sich schon die Rolle des Guten reserviert hat, dann braucht man auch nicht an sich zu arbeiten, sich weiterzuentwickeln. Man kann aber nicht immer nur gut sein. Ungewollt schleichen sich Verbitterung, Resignation und sogar Rache ein. Ihr Verhalten beim Tod meines Vaters habe ich als Rache empfunden für erfahrenes Unrecht. Als Sterbender konnte er sich nicht mehr wehren. Ich habe sie in der Situation gehasst.

›Sie zog sich zurück auf ihr inneres Festland‹ (Overath, 2005, S. 140). Ihr inneres Festland, das war die Welt, so wie sie in ihrem Kopf existierte. Sich mit der Welt abzugeben, bedeutet nur Kampf um Anerkennung und Liebe, was die Welt aber nicht bereit ist zu geben. Auf andere Menschen ist kein Verlass, Misstrauen ist angebracht. Es ist am besten, sich anzupassen, nicht aufzufallen und ansonsten sich auf seine Welt zurückzuziehen. Meine Mutter und ich, wir schafften uns eine Insel in dieser bösen Welt. Hier habe ich alles unter Kontrolle, hier bin ich wer. Hier habe ich Macht und Einfluss und hier mache ich mir ein Bild von der Welt zurecht, das ich mir von keinem zerstören lasse.«

Hier schließt sich das Bild von dem Kopf in der Suppenschüssel.

Scheidung

Verlassenes Baby

Mir wurde ein Baby von etwa drei Monaten in die Hand gedrückt, das sich die Windel vollgeschissen hat. Ich wollte es der Mutter geben, aber sie wollte es nicht mehr haben. Sie war noch sehr jung und mit dem Baby überfordert. Erst wollte sie es haben, aber dann machte es zu viel Arbeit und sie hatte kein Interesse mehr daran. Ich könne das Baby behalten. Der Vater war nicht aufzutreiben. Später habe ich den Vater gefunden, aber er wollte auch kein Baby.

Frankreich, 22. März 2004

Allmuth soll sich um ein Baby kümmern, das keiner mehr haben will. Allmuth soll sich um sich selbst kümmern, denn sie ist das verlassene Baby. Sie sieht sich selbst als verlassenes Baby und spürt den Gefühlen dieses Babys nach. Da muss irgendwas mit ihr passiert sein, als sie ein Baby war, aber was?

Allmuth sucht nach alten Unterlagen aus dieser Zeit, findet aber nichts. Sie ruft ihre Schwester an, ob sie nicht noch Unterlagen von der verstorbenen Mutter habe, die Auskunft darüber geben könnten, was mit ihnen als Säugling oder Kleinkinder geschehen ist. Gibt es in den Unterlagen ärztliche Atteste oder in den Gerichtsunterlagen vom Scheidungsprozess Informationen über die Befindlichkeiten aus den frühen Kinderjahren?

Allmuth will alles wissen. Sie schaut sich alte Fotos wieder und wieder an, um vielleicht versteckte Informationen aus den Fotos zu lesen.

Reinhild verspricht, in den Unterlagen zu suchen und, falls sie etwas finde, sie am nächsten Wochenende vorbeizubringen. Dann am

Telefon: »Übrigens, Allmuth, ich habe noch Informationen, die für deine Therapie nicht unwichtig sind zu wissen: Unsere Mutter hatte immer Schwierigkeiten mit der Sexualität. Sie ist im Alter von sieben Jahren vergewaltigt worden. Es waren die Söhne des örtlichen Schusters. Keiner hat ihr damals geholfen. Die einzige Folge war, dass die Familie zu einem anderen Schuster ging. Damals sprach man nicht darüber. Erst in einer Kur, als sie schon über siebzig Jahre alt war, hat sie zum ersten Mal mit einer Therapeutin darüber gesprochen. Als sie unseren Vater kennen lernte, fand sie es besonders angenehm, dass er sexuell sehr zurückhaltend war. Er war wesentlich älter als sie, hatte gute Manieren und wollte ihr nicht sofort an die Wäsche. Enttäuscht ist sie jedoch gewesen, als in der Hochzeitsnacht nichts passierte. Es dauerte nicht lange, und sie hat herausgefunden, dass er homosexuell ist und noch immer eine Beziehung zu einem Mann hat. Als Inhaber eines Geschäftes erwartete man von ihm, dass er eine bürgerliche Existenz vorweist, also Frau und Kinder hat. Daher musste ein Kind gezeugt werden, was dann auch innerhalb eines Jahres geboren wurde. Dieses Kind warst du.

Du warst also gewollt, im Gegensatz zu mir. Aber ich kann damit leben, ein Kind aus einer Vergewaltigung zu sein.« – »Was?« Allmuth glaubte, ihren Ohren nicht zu trauen. »Ja, schon als du klein warst, wollte unsere Mutter unseren Vater verlassen. Das wollte er verhindern und machte ihr mit Gewalt ein zweites Kind, denn mit zwei kleinen Kindern läuft man nicht so schnell weg. Und das hat dann ja auch erst mal für ihn geklappt«, sagte Reinhild in aller Ruhe und Distanziertheit, während Allmuth fast das Herz stehen blieb. Das Telefongespräch hat keine fünf Minuten gedauert, aber der Inhalt beschäftigte Allmuth noch für den Rest des Tages.

Als sie noch ganz verstört Albert davon erzählte, sagte er: »Das kann nicht sein, das ist ja wie im schlechten Film. So etwas glaube ich nicht.« Auch Allmuth konnte sich nicht mit dem Gedanken anfreunden, allerdings war sie völlig verunsichert, denn durch diese Erklärung konnte sie einige Verhaltensweisen ihrer Eltern besser interpretieren. Warum ist nie darüber gesprochen worden? Erst ein paar Jahre vor ihrem Tod hatte sich die Mutter der Schwester anvertraut, als sie wegen eines Beinleidens für fünf Wochen bei der Schwester im Haushalt lebte.

Nach diesem Schock versuchte Allmuth wieder, sich als Baby zu erspüren, denn das Bild dieses Traums verfolgte sie noch mehrere Tage. Aber es passte in die Erklärung der Schwester. »Erst wollte sie es haben, aber dann machte es zu viel Arbeit und sie hatte kein Interesse mehr daran.« Zunächst ist das Baby willkommen. Das junge Paar braucht ein Baby. Der Vater braucht es für seine bürgerliche Fassade und die Mutter braucht ein Wesen, das sie lieben kann und das ihrer Einsamkeit und Enttäuschung ein Ende bereitet. Die Zeit als Embryo ist vielleicht Allmuths glücklichste Zeit der Kindheit. Vielleicht schläft sie aus diesem Grund auch heute noch in der Embryonalstellung ein.

Als das Baby dann da ist, kann es wider Erwarten die Ehe nicht retten. Es schreit und macht Arbeit. Es schreit so sehr, dass es nach kurzer Zeit am Nabelbruch operiert werden muss. Statt Harmonie und Glück nun Überforderung und maßlose Enttäuschung. Das Baby konnte die Erwartungen nicht erfüllen, es wurde verschenkt. Auch der Vater zeigt kein Interesse mehr am Baby. Beide entfernen sich innerlich von ihm, obwohl es wohl äußerlich nicht vernachlässigt wird. Es wird innerlich verlassen. Der Stress einer unglücklichen Ehe tritt wieder in den Vordergrund. Die innige Verbindung mit dem Kind ist zerbrochen.

Das Baby kann die Gefühlskälte nicht begreifen und schreit nach Liebe. Tilmann Moser hat in seinem Buch »Grammatik der Gefühle« diesem Verlassensein nachgespürt und lässt das Baby sprechen: »*Wohin bist du verschwunden? Warum lächelst du nicht mehr? Warum gibst du mir das Gefühl, ich sei dir lästig? War ich zu gierig? Habe ich dich zu sehr geliebt? Strafst du mich für meine frühe Leidenschaft? Sobald du dich abwendest, wird es dunkel in mir. Aber du hast dich nicht nur abgewandt, du bist verschwunden. Zuerst hat sich nur dein Gesicht verändert. Du hast mich mit einem Mal anders angefaßt als sonst. Ich habe dich angestrahlt, soweit ich es schon konnte, und aus deinen Augen sind Tränen gequollen. Du hast mich morgens begrüßt, aber deine Bewegungen waren träge, matt, dein Gesicht zerfurcht, erstarrt. Die Verwandlung deines Gesichts hat mich erschreckt. Da sie angehalten hat, finde ich in mir nun ein Abbild deines vergrämten Gesichts und fühle: es gilt mir*« (Moser, 1979, S. 18 f.).

Das Leiden der Mutter, ihre Gedanken an Flucht aus der Ehe, ihre tiefe Traurigkeit, ihr Weinen und ihre Angst vor der sozialen Deklassierung bei einer Scheidung spürt das Kind, verstört es und lässt es krank werden. Bis zum Alter von drei Jahren muss es sich täglich übergeben. Tilmann Moser gibt dem verlassenen Säugling seine Stimme: »*Weißt du, was wirklich entsetzlich ist? Wenn ich nicht weiß, ob mein Dasein dich erfreut. Wir haben Zeiten miteinander gehabt, in denen du so traurig, so verzweifelt warst, daß ich dir zur Last wurde. Ich spüre es an deinen Bewegungen, an der Hast, an der Fremdartigkeit deiner Griffe, an den fehlenden Pausen, in denen unsere Augen miteinander spielen, wenn du nur die notwendigen Dinge mit mir tust. Ich fühle mich dann tief tief jämmerlich, verarmt, überflüssig. Ich brauche es so sehr, dich zu erfreuen, und fühle doch: ich kann es nur, wenn es dir gut geht*« (Moser, 1979, S. 45 f.).

Misery

Ich bin mit einer Frau in einem Haus, die einen Tick mit seltsamen Tieren hat, vor allem hat sie Katzen im Haus. Ich bin ein Mann und will der Frau auf die Schliche kommen, ihr Geheimnis lüften. Ich stelle mich ihr vor als ein Journalist, der über sie berichten will. Er wolle sie aber zunächst so gut kennen lernen, dass er dazu mit ihr zusammen unter einem Dach leben muss. Ich bin sowohl der Mann als auch ein Beobachter im Hintergrund, die Stimme aus dem »Off«. Es gibt Filme, die so ähnlich laufen, wo der Fortgang der Geschichte aus dem Off erklärt oder kommentiert wird.

Es ist eine Stimmung ähnlich wie im Film »Misery« von Stephen King: Ein Schriftsteller wird, bedingt durch einen Autounfall, von einer Frau in ihrem Haus festgehalten. Sie pflegt und umsorgt ihn, aber in Wirklichkeit lässt sie ihn nicht los, erpresst ihn und schnürt ihn ein mit ihrer Fürsorge.

Die Frau hält sich für eine Weltverbesserin und fängt bei den Tieren an. Sie meint, besonders gut zu ihnen zu sein, in Wirklichkeit quält sie sie aber und sperrt sie ein. Als zum Beispiel ein Kater mal kurz freigelassen wird, wird er ganz wild und beißt um sich, so dass er schnell wieder eingesperrt werden muss. Ich zeige Interesse an ihr und ihrer Arbeit und sie ist stolz, mir ihre Welt erklären zu können. Vor allem soll ich überzeugt werden, wie gut und edel sie sei.

Sie wacht eifersüchtig darüber, dass ich das Haus nicht verlasse. Ich führe heimlich ein Tagebuch über meine Erlebnisse in diesem Haus. Einmal meine ich, dass sie mich dabei beobachtet hat. Ich verstecke schnell das Buch in einer Handtasche, die aussieht wie meine alte Jagdtasche, die zufällig an der Garderobe hängt. Es herrscht unterschwellig ein gegenseitiges Misstrauen und Auflauern, obwohl wir oberflächlich höflich miteinander umgehen.

Das Tagebuch wurde etwa drei Wochen geführt, aber es ist eine Lücke nach der zweiten Woche, denn es gibt Eintragungen vom Ende des Monats, aber noch nicht von der Mitte. Nun kommt der Off-Erzähler zum Zuge: »Ich will euch erzählen, was passierte, als nichts eingetragen wurde.«

Sie will das Haus verlassen, um ein Tier im Garten zu beerdigen. Sie zeigt es mir. Es ist eine Art Pinguin aus weichem Gummi, vergleichbar einem Spielzeug. Ich bin mir nicht ganz sicher, ob es tot ist, bin aber froh, dass sie rausgeht, damit ich mein Tagebuch ungestört weiterschreiben kann. Die Küche, in der ich sitze, sieht genauso aus wie die Küche unserer ersten Wohnung hinter dem Laden. Sie hatte einen Ausgang zum Garten. Von der Küche aus betrat man erst einen kleinen Flur, von dem das Badezimmer abging. Das Badezimmer hatte schwarzweiße Bodenfliesen, wie ein Schachbrett. Dieses Schachbrettmuster der Bodenfliesen war in dem Traum auch in der Küche. Als ich schreibe, betritt sie unvermutet die Küche und stellt mich zur Rede, denn ihr Weggang war nur ein Vorwand, mir auf die Schliche zu kommen. Sie fängt an zu schreien und zu zetern. Sie trägt noch einen grauen Wintermantel, da sie direkt von draußen hereinkommt. Sie wirft mir vor, dass ich sie aushorchen will. Ich schreie zurück und sage ihr, was für eine eigenartige Frau sie sei, nicht so gut und barmherzig mit jeder Kreatur wie sie meine. Ich schüttele sie, damit sie zu Verstand komme. Meine Gewalt ihr gegenüber wird so heftig, dass ich sie zu Boden stoße und mich auf sie werfe. Ich schreie sie an: »Was willst du von mir? Soll ich dir ein Kind machen, damit du nicht mehr so alleine bist?« Mit dieser quasi Vergewaltigungsszene (sie im Wintermantel auf dem Küchenfußboden und ich auch voll bekleidet) wache ich auf.

Ich schreibe kurz in mein Tagebuch im Halbwachzustand (ich fühle mich noch als »Off«-Erzähler): »Und was denkst du, hat sie daraufhin gesagt?« –»Ja«. Und ich habe ihr dann ein Kind gemacht.

Anmerkung: Ich habe den Traum nachts um zwei Uhr aufgeschrieben und konnte danach nicht mehr einschlafen.

27. Juni 2004

Als Albert am Morgen aufwacht, erzählt Allmuth ihm, sie habe ihre eigene Zeugung geträumt. Das kann er sich nicht vorstellen. Dann überlegt Allmuth, nein, es kann gar nicht ihre eigene Zeugung gewesen sein, denn am Anfang ihrer Ehe lebten die Eltern in einem Zimmer bei einem Onkel, ihrem späteren Taufpaten. Es kann nur die Zeugung der Schwester gewesen sein. Zu dem Zeitpunkt wohnten sie in der Wohnung hinter dem Laden. Reinhild ist im Oktober geboren, also war die Zeugung im Winter, worauf der Wintermantel hindeutet. Allmuth war zu der Zeit ein knappes Jahr alt. Die Zeugungsszene grenzt an Vergewaltigung. Ist es möglich, dass Allmuth als Kind diesen Vorgang mitbekommen hat? Zumindest hat sie die Stimmung zwischen den beiden Eltern gespürt.

»*Der Hass ist die Liebe, die gescheitert ist*« (Søren Kierkegaard). Als Allmuth in einer Zeitschrift diesen Ausspruch las, schrieb sie ihn in ihr Traumbuch mit der Bemerkung: »Das passt auf meine Eltern.« Seit sie sich erinnern kann, ist das Verhältnis ihrer Eltern von Hass geprägt. Die Atmosphäre in der Ehe war für sie unheimlich, bedrückend, traurig, gespannt, denn es konnte jederzeit zu einer Explosion kommen. Allmuth hat nur zwei positive Erinnerungen an die Zeit, als ihre Eltern noch zusammen waren.

Die erste ist eine Erinnerung an die Zeit, als sie noch hinter dem Laden wohnten, also musste Allmuth etwa ein Jahr alt gewesen sein. Sie hat sich die Hand am Bügeleisen verbrannt und schreit. Die Mutter trägt sie in den Laden und setzt sie auf den unteren Teil der Ladeneinrichtung. Zwischen dem unteren Teil und dem daraufstehenden Regal mit Glasschiebetüren und Schubladen ist ein Platz von etwa zwanzig Zentimetern Tiefe. Dort sitzt Allmuth und schreit vor Schmerzen. Vater und Mutter stehen vor ihr und sehen sich besorgt die Wunde an. Der Vater holt aus einer Schublade eine Brandbinde und versorgt die Wunde. In dieser kleinen Szene gibt es Einigkeit zwischen Vater und Mutter, beide haben das gleiche Ziel, sie handeln gemeinsam und nicht gegeneinander.

Die zweite positive Erinnerung ist ein Ereignis etwa vier Jahre später. Sie wohnen in der zweiten Wohnung in Walsum. Allmuth und Reinhild sind frisch gebadet und bereits im Schlafanzug. Vater und Mutter wollen gemeinsam ausgehen und haben sich auch schon fast fertig gekleidet. Es ist eine ungewohnt positive Stimmung, die Eltern wollen etwas gemeinsam unternehmen und scheinen sich sogar darauf zu freuen. Diese gute Stimmung ist neu und überwältigend für die Kinder, so dass sie ganz aufgeregt und aufgedreht sind. Die Freude über die Vorfreude der Eltern lässt sie übermütig werden, sie könnten jubeln und tanzen. Vor lauter Energie und Aufgedrehtheit rennen sie den kurzen Flur immer auf und ab. Sie sind wild und fröhlich. Allmuth gibt das Tempo vor, Reinhild immer hinterher. Ihre Eltern wollen etwas gemeinsam unternehmen, juchuuuuu!! Wie ist es doch schön, solch eine gelöste und freudige Stimmung zu haben! Jetzt wird alles gut! Die Untermieterin wird auf die Kinder aufpassen, wenn die Eltern gemeinsam weg sind. Sie gehen sonst nie gemeinsam aus. Allmuth dreht auf vor Glück, Reinhild lässt sich von ihr anstecken. Dann passiert es. Allmuth ist so wild, dass sie mit dem Gesicht in die Glastür rennt. Ihre Nase blutet und sie hat eine Schnittwunde im Gesicht. Augenblicklich kippt die Stimmung. Die Mutter, schon im Mantel, setzt Allmuth auf den Küchentisch und fängt an, sie zu verarzten. Sie will nun nicht mehr ausgehen, will bei ihren Kindern bleiben, will die Wunde beobachten. Der Vater will trotzdem gehen und die Eltern beginnen wieder zu streiten. Sie gehen dann nicht mehr aus. Der Vater geht alleine weg. Allmuth weint. Sie hat alles kaputt gemacht. Wäre sie nicht so wild gelaufen, wären die Eltern gemeinsam weggegangen. Es ist ihre Schuld, dass jetzt wieder Traurigkeit und Bedrückung herrscht. Dieses Schuldgefühl wird sie lebenslang begleiten.

Allmuth hat sich nie gewünscht, ihre Eltern mögen sich wieder vertragen und zusammenziehen. Wer sich das wünscht, muss zumindest eine Vorstellung davon haben, wie friedliches Familienleben aussehen kann. Allmuth kannte das nicht und jeden Tag sich die Hand am Bügeleisen zu verbrennen, ist schließlich kein guter Vorsatz. Vater und Mutter zusammen zu sehen bedeutete für sie nur Zank, Hass, Streit, Vorwürfe und Gewalt. Für Allmuth war klar, wenn sie noch länger zusammen geblieben wären, hätte das unweigerlich in einer Katastrophe geendet.

Der Hass der Eltern aufeinander war selbst auch nach der Trennung noch spürbar. Für die Mutter war der Vater der Inbegriff des Bösen. Wenn sie besonders wütend auf Allmuth war und sie verbal hart strafen wollte, dann schrie sie: »Dann geh doch zu Papa!« Sie wollte natürlich nicht, dass Allmuth tatsächlich zum Vater ging. Allmuth sollte das als Drohung auffassen in dem Sinne »Ich will dich nicht mehr haben, geh zum Teufel!« Eine Zeit lang verbot sie den Kindern, ihren Vater »Papa« zu nennen, denn das sei ja kein Papa, sondern eine Bestie, die ihnen nur schaden wolle. Ein Papa würde sich anders verhalten.

Als sie noch auf dem Dorf wohnten, gab es die Besuchskontakte in der nächsten Kreisstadt. Da die Kinder noch so klein waren, fünf und sieben Jahre alt, konnten sie noch nicht alleine mit dem Bus dorthin fahren. Also kam die Mutter mit. Treffpunkt war ein Raum beim Deutschen Roten Kreuz. Da sie nicht den ganzen Nachmittag in diesem tristen Raum verbringen konnten, gingen sie in der Stadt spazieren. Allmuth und Reinhild voran, Vater und Mutter hinter ihnen, wieder heftig streitend. Allmuth lenkte den Spaziergang in eine Kirche und kniete sich in die erste Reihe, um zu beten. Wenigstens in der Kirche müssten sie doch aufhören zu streiten.

Allmuth war es unbegreiflich, warum sie überhaupt geheiratet hatten. Nach den Erzählungen der Mutter hatte der Vater ihr schon vor der Hochzeit verboten, ihr Lieblingskleid, ein Dirndl, anzuziehen. Auf die Idee, dass ein Dirndl nicht zu einem Geschäftsmann im Ruhrgebiet passt, ist sie nicht gekommen. Und wenn man Kinder zeugt, dann muss es doch zumindest körperliche Nähe gegeben haben. Die Mutter erzählte ihr, dass sie gerne ein Kind haben wollte, um nicht mehr so alleine zu sein. Das war ein Schock für Allmuth. Sie war also kein Kind der Liebe, sondern sollte von Anfang an eine Funktion für die Mutter erfüllen. Die Eltern haben im April 1951 standesamtlich und am 14. Juni 1951 kirchlich geheiratet. Bei der kirchlichen Trauung in einer kleinen Kapelle knapp hundert Kilometer von Walsum entfernt war die Braut nicht in Weiß, sondern in Schwarz. Zu der Zeit war der Vater der Braut schwer krank, daher keine Hochzeit in Weiß. So jedenfalls die Erklärung der Mutter. War die Mutter schon in den ersten Ehewochen so einsam? Allmuth wurde im März 1952 geboren.

Im Januar 1958 reicht die Mutter beim Gericht die Scheidungsklage ein. Im Juni 1958 beantragt der Vater Gütertrennung. Die Ehe wurde im April 1961 auf Antrag der Mutter (Klägerin) geschieden. Das Gericht bescheinigt dem Vater, schuld an der Scheidung zu sein. Er muss auch die Kosten des Verfahrens tragen. Im Urteil wird als Tatbestand festgehalten: *»Die Klägerin behauptet, seit Januar 1957 habe der Beklagte ihr grundlos den ehelichen Verkehr verweigert. Sie beantragt, die Ehe aus Verschulden des Beklagten zu scheiden. Dieser stellt keinen Antrag.«* Aus diesen Tatbeständen begründet das Gericht seine Entscheidung: *»Die Klage ist gerechtfertigt. Der Beklagte hat vor Gericht glaubwürdig zugegeben, dass er der Klägerin seit Anfang Januar 1957 entgegen seiner durch Eheschließung begründeten Pflicht zur ehelichen Lebensgemeinschaft mit der Klägerin beharrlich und ohne berechtigten Grund den ehelichen Verkehr verweigert hat. Dadurch hat er schuldhaft eine schwere Eheverfehlung begangen und die Ehe der Parteien unheilbar zerrüttet, da die Klägerin sich nicht mehr mit ihm aussöhnen will. Demgemäß ist die Ehe nach §§ 43, 52 EheGes. aus Verschulden des Beklagten zu scheiden.«*

Dann schließen die Parteien noch folgenden Vergleich: *»1.) Jede Partei verzichtet der anderen gegenüber ab Rechtskraft des Urteils an auf Unterhalt und Beitragsleistungen hieraus und nimmt den Verzicht der Gegenseite an. 2.) Die volle elterliche Gewalt über die Kinder der Parteien soll der Klägerin übertragen werden. 3.) Der Beklagte zahlt an seine ehelichen Kinder Allmuth und Reinhild zu Händen der Klägerin ab Rechtskraft des Urteils monatlich je 150,- DM bis zum dritten eines jeden Monats im voraus; ferner zahlt er für die Kinder die Beiträge für die Krankenkasse wie bisher. 4.) Die Parteien werden sich darüber* *verständigen, dass eines ihrer Kinder eine Drogistenlehre macht, um das Geschäft des Beklagten künftig übernehmen zu können. 5.) Die Hausratsverteilung bleibt besonderer Vereinbarung vorbehalten. 6.) Die Kosten des Vergleichs übernimmt der Beklagte.«* Der Streitwert für den Rechtsstreit und den Vergleich beträgt jeweils 4000 DM.

Im Juli 1961 *»wird die elterliche Gewalt auf übereinstimmenden Vorschlag der Eltern und mit Zustimmung des Kreisjugendamtes der schuldlos geschiedenen Mutter übertragen«* (Beschluss des Amtsgerichts).

In den folgenden Jahren gibt es ständige gerichtliche Auseinandersetzungen um die Besuchsregelung, bei denen mit harten Bandagen gekämpft wird und sich die Eltern gegenseitig nichts schenken. Die Kinder werden psychologisch begutachtet und müssen vor dem Familienrichter aussagen. Im Dezember 1965 beschließt das Amtsgericht, die Besuche für zwei Jahre zu unterbinden, und begründet das mit den bereits eingetretenen psychischen Schäden der Kinder, die sich bei einer weiteren Durchführung des Verkehrsrechtes noch verstärken würden.

»Zur Abwendung dieser Gefahren ist im Interesse der Kinder ein zeitweiliger Ausschluss des Verkehrsrechtes des Vaters geboten. Geringere Maßnahmen wie zum Beispiel eine weitere Beschränkung der Besuche oder ein Zusammensein nur in Gegenwart dritter Personen reichen nicht aus. In diesem Zusammenhang kann nicht unberücksichtigt bleiben, dass möglicherweise beide Elternteile, insbesondere aber der Vater die Vorgänge aus der früheren Ehe und aus der Ehescheidung noch nicht überwunden haben. Zwischen den Eltern bestehen nach wie vor außergewöhnlich starke Spannungen. Wie sehr der Vater noch gegen die Mutter der Kinder eingestellt und wie wenig er sich insoweit in seinen Gefühlsausbrüchen beherrschen kann, zeigt sein an die Mutter gerichteter Brief vom 28. 2. 1965, in dem es unter anderem wörtlich heißt:

›Hättest Du (gemeint ist die Mutter) wirklich Krebs gehabt, dann wäre Deine Todesnachricht für mich der glücklichste Tag meines Lebens gewesen. Ich hätte hier sofort ein festliches Hochamt bestellt mit Gloria, Tedeum und sakramentalem Segen.‹ Es liegt auf der Hand, dass derart starke gefühlsmäßige Spannungen bei einem Zusammentreffen mit

den Kindern diesen nicht verborgen bleiben können und sich nachteilig auswirken. Bei der gegebenen Sachlage liegt es im Interesse aller Beteiligten, insbesondere aber der Kinder, wenn diese zunächst einmal ungestört Abstand gewinnen können, damit sie Gelegenheit haben, ein neues, besseres Verhältnis zum Vater zu finden« (Amtsgericht, Dezember 1965).

Obwohl die Frist für den Ausschluss der Verkehrsregelung am 15. Dezember 1967 abgelaufen ist, wird der Antrag des Vaters, ihm Besuchsrecht für den zweiten Weihnachtstag 1967 zu gewähren, kostenpflichtig abgelehnt. Das Gericht müsse noch weiter prüfen. So geht der Zank und Streit über die Kinder weiter.

Als der Vater im Dezember 1974 an Krebs gestorben ist, regeln Allmuth und Reinhild als seine nächsten Angehörigen und Erben die Beerdigung. Die Mutter will unbedingt an der Beerdigung teilnehmen. Ihrem zweiten Mann erzählt sie, sie fahre zu Allmuth, um auf Christina aufzupassen, weil Allmuth mitten im Examen stecke. Christina wurde aber bei Bekannten abgegeben und Allmuth musste die Mutter vom Zug abholen, damit sie gleich weiterfahren konnten zur Beerdigung. Es war eine knappe Stunde Autofahrt. Unterwegs mussten sie anhalten, damit die Mutter sich die schwarzen Strümpfe anziehen konnte. Im Trauergottesdienst saß dann die Mutter mit ihren beiden Töchtern in der ersten Reihe in der Kirche. Als der Sarg hinausgetragen wurde, gingen Allmuth und Reinhild als Erste hinter dem Sarg her. Da drängte sich die Mutter an ihnen vorbei und platzierte sich an die erste Stelle hinter dem Sarg. Allmuth und Reinhild sahen sich verdutzt an, ließen es aber geschehen, denn sie fühlten sich in dieser Situation ohnehin nicht wohl und waren froh, nicht an solch einer exponierten Stelle stehen zu müssen. Am Grab wurde dann die Situation für Allmuth noch unverständlicher, als die Mutter anfing zu weinen. Für Allmuth waren das Krokodilstränen. Wie konnte sie jetzt nur weinen, wo sie ihn doch ihr ganzes Leben lang gehasst hat? Jetzt hasste Allmuth ihre Mutter dafür. Allmuth kannte ja nicht den Brief ihres Vaters aus dem Jahre 1965: »*Hättest Du (gemeint ist die Mutter) wirklich Krebs gehabt, dann wäre Deine Todesnachricht für mich der glücklichste Tag meines Lebens gewesen. Ich hätte hier sofort ein festliches Hochamt bestellt mit Gloria, Tedeum und sakramentalem*

Segen.« Jetzt war es genau umgekehrt. Die Mutter war Sieger und konnte als Erste hinter seinem Sarg hergehen. Allmuth wurde das Gefühl nicht los, dass die Mutter ihre Rachegefühle befriedigte. Hass und Rache bis zum Grab. Beim anschließenden Beerdigungskaffee blühte die Mutter auf, war gut gelaunt, redete und plauderte mit den Leuten wie mit guten Bekannten, die sich lange nicht gesehen hatten. Allmuth fühlte sich äußerst unwohl, denn außer ihrem Onkel, ihrem Cousin und der Cousine kannte sie keinen.

Allmuth hat ihre Mutter nie wieder mit nach Walsum genommen, obwohl sie mehrfach darum gebeten hatte. Sollte sie doch mit dem Zug fahren.

Neben dem Hass und der Gewalt zwischen den Eltern thematisiert der Misery-Traum auch die Frage, wie es dazu kommen konnte. Im Mittelpunkt steht die Misery-Frau und wie sie durch ihr Verhalten die Gewalt heraufbeschwört. Allmuth will sich der Frau nähern, ihr auf die Schliche kommen, ihr Geheimnis lüften, sie besser kennen lernen und dazu mit ihr unter einem Dach zusammenleben. Im Traum ist Allmuth sowohl Beobachtende als auch Beteiligte an der Handlung. Es ist eine Art Selbstbeobachtung, Selbstdialog.

Die Frau im Traum, die Misery-Frau, hat ein positives Selbstbild, das aber mit ihrer tatsächlichen Handlung nicht übereinstimmt. Seht her, wie gut ich bin! Tatsächlich quält sie aber die Geschöpfe, die ihr anvertraut werden. Dann die Stimmung und Atmosphäre: gegenseitiges Misstrauen und Auflauern. Sie will die totale Kontrolle über die andere Person, die ihr Tagebuch, ein Zeichen von Individualität und Intimität, vor ihr verstecken muss. An der Oberfläche werden Normalität und Höflichkeit vorgegaukelt. Sie wird nicht gewalttätig, sondern hält die Ordnung und die Konventionen aufrecht. Sie ist die Hüterin des Hauses, die sich um alles kümmert. Wie könnte man auf die Idee kommen, ihr Fehlverhalten oder Schuld vorzuwerfen? Böse sind die anderen, vor denen man auf der Hut sein muss, denn sie wollen ihre Qualitäten nicht anerkennen. Sie kultiviert eine Haltung, die von Margarete Mitscherlich so beschrieben wird: »*Als Frauen neigen wir nach wie vor dazu, unsere untergründigen Aggressionen in Vorwurfs- und Opferhaltungen umzuwandeln und dadurch eine für uns wie für die Betroffenen wenig erfreuliche passive Aggression aus-*

zuüben« (Mitscherlich, 1989, S. 9). Diese passiv-aggressive Haltung wird durch die geschlechtsspezifische Sozialisation begünstigt, die der Frau die Rolle der sich Anpassenden, Gefühlvollen und Dienenden zuweist. Besonders in den 1950er Jahren war dieses Bild der Hausfrau und Mutter für viele Frauen Pflicht. So konnten Frauen auf ihre engsten Angehörigen subtile Gewalt ausüben, ohne nach außen gewalttätig zu wirken. Speziell in der Opferrolle konnten sie auf Mitleid und Achtung von Außenstehenden zählen.

In einer Szene hat Allmuth genau solch eine Haltung miterlebt. Als der Vater schon sterbenskrank in der Klinik lag, wollte die Mutter ihn unbedingt mit Allmuth zusammen besuchen. Widerwillig nahm Allmuth die Mutter mit. Der Vater, schon vom Tod gezeichnet, konnte nur noch mit großer Mühe sprechen. Als Allmuth und die Mutter nach etwa einer Stunde gehen wollten, wurden sie von der Nonne, die auf der Station arbeitete, ins Schwesternzimmer gebeten. Angesichts des bevorstehenden Todes hatten die Nonnen vergeblich versucht, den Vater von der Notwendigkeit der letzten Ölung (Krankensalbung) zu überzeugen. Er wollte ohne die Tröstungen der Kirche sterben, das ließ den Nonnen keine Ruhe. Sie baten die Mutter um Unterstützung ihres Anliegens. Die Mutter, die sich den Nonnen gegenüber als seine Frau bezeichnete und daher von ihnen als nächste Angehörige angesprochen wurde, wollte den Wunsch der Nonnen erfüllen. Wenn der Vater mit der letzten Ölung einverstanden sei, versprach sie, noch zu bleiben, bis das Sakrament gespendet worden sei. Allmuth willigte widerspruchslos ein, denn die Mutter redete auf sie ein, wie wichtig das Sakrament jetzt sei. Allmuth war zwar nicht überzeugt, wagte aber nicht zu widersprechen. Für eine Stunde weniger Alleinsein vor dem Tod willigte der Vater dann ein. Erleichtert holte die Nonne einen Priester, der zehn Minuten später am Bett stand. Dann begann er mit seiner Zeremonie. Die Miene des Vaters dabei verriet, dass er das Ganze als Hokuspokus empfand, das er nur über sich ergehen ließ, um die Wegfahrt des Besuches hinauszuzögern. Allmuth hasste ihre Mutter in diesem Augenblick, wie sie selbstzufrieden der Zeremonie folgte. In ihren Augen hatte sie ein gutes Werk getan, für das sie Lob und Anerkennung von den Nonnen bekam. In Allmuths Augen war es aber eine Vergewaltigung des Vaters, der diese Zeremonie nicht wollte und überhaupt nichts damit anfangen konnte. Noch auf dem Rückweg im Auto wiederholte die Mutter ständig, welch ein gutes Werk sie vollbracht habe. Allmuth schwieg und schluckte ihre Wut hinunter. Sie schwor sich, ihre Mutter nie wieder zum Krankenbett des Vaters mitzunehmen. Vierzehn Tage später war er tot und die Mutter setzte ihren Triumphzug als trauernde Witwe hinter dem Sarg fort.

Lampen anmachen

Ich bin mit meiner Mutter und meiner Schwester in einer Wohnung. Wir hören, dass jemand durch die Wohnungstür hereingekommen ist. Wir sind uns sicher: Papa ist zurückgekommen. Wir kauern in ängstlicher Erwartung zusammen: Was wird jetzt wohl geschehen? Papa, es könnte auch eine andere Person sein, ist wohl direkt an der Wohnungstür ins Badezimmer gegangen und wir hören, wie er sich dort die Zähne putzt. Eigentlich müsste er schon längst fertig sein, aber vielleicht lauert er genauso ängstlich und skeptisch hinter der Badezimmertür wie wir davor. Ich löse mich von meiner Mutter und meiner Schwester und gehe Richtung Badezimmertür. Auf dem Weg dorthin mache ich Lampen an, sowohl Decken- als auch Wandlampen. Unsere Wohnung ist plötzlich wie ein Lampengeschäft, ich sehe immer mehr unterschiedliche Lampen, so auch ein Lesezimmer mit Ohrensessel, Hocker und vielen Lampen, die alle brennen. Ich mache ständig neue Lampen an und gedimmte Lampen stelle ich heller. Wir reden noch darüber, was passieren könnte, wenn er aus dem Badezimmer kommen würde. Ich sage zu meiner Mutter, dass es nicht ausgeschlossen ist, dass sie sich gegenseitig umbringen. Aber sie hätten es dann doch wenigstens versucht.

Anmerkung: Am Abend vorher den Film »Kein Himmel über Afrika« gesehen. Darin streiten sich die Eheleute oft heftig, wobei er ihr gegenüber auch gewalttätig wird. Dabei ist er immer betrunken. Die etwa vier- bis fünfjährige Tochter liegt im Bett und hält sich die

Ohren zu, um den Streit nicht zu hören. Der letzte Satz des Traums wird auch in dem Film gesprochen.

25. Februar 2005

Die Filmszene versetzt Allmuth wieder in die Situation, wie sie als Kind dem Streit der Eltern ausgesetzt ist. Das Kind hält sich die Ohren zu, um dem Streit akustisch zu entfliehen. Allmuth zwischen Vater und Mutter, ausgesetzt dem Hass und der Unfähigkeit, miteinander friedlich umzugehen. Allmuth spürt, dass es nicht ausgeschlossen ist, dass sie sich gegenseitig umbringen. *»Die Bedingungen, unter denen die Eltern mich und meine Geschwister großgezogen haben, waren hart, und sie hatten dabei so gut wie keine Hilfe, schon gar nicht eine Hilfe im Verstehen. Sie selbst waren von ihren Eltern nie wirklich verstanden worden. Sie waren geübt im Gehorsam und im Verzicht. Sie haben ihr Leben den Kindern geopfert, vielleicht ohne wirklich eine Wahl zu haben. Es ist bedrückend, seine Eltern zu hassen, nicht, weil sie böse, sondern weil sie nicht ›groß‹ oder erfolgreich waren. Glücklicherweise lässt sich diese Form des Hasses am leichtesten in Dankbarkeit auflösen, sobald nur die Zusammenhänge aufgedeckt sind. Ohne ihre Opfer wäre nichts aus mir geworden«* (Moser, 1974, S. 28 f.).

Allmuth befindet sich in einem Prozess der Aufdeckung der Zusammenhänge. Sie bringt Licht in das Dunkel ihrer Vergangenheit, in das Dunkel der Beziehungen der Eltern, in das Dunkel der gegenseitigen Abhängigkeiten. Allmuth kauert mit ihrer Mutter und der Schwester in der einen Hälfte der Wohnung zusammen in ängstlicher Erwartung und lähmender Erstarrung und der Vater ist in einem anderen Raum der Wohnung, wahrscheinlich im Bad, und beschäftigt sich mit seiner Körperpflege. Beide Parteien belauern sich gegenseitig. Sie besetzen unterschiedliches Terrain und versuchen, die Kinder jeweils ihrem Terrain zuzuschlagen.

*»Vater ist für mich ein abstrakter Begriff, der überhaupt keinen realen Sinn ergibt, denn **Vater** gehört zu Mutter, und in meinem Leben sind diese beiden Personen voneinander getrennt, die eine ist weit von der anderen entfernt. Wie zwei Planeten, die beharrlich auf der jeweils eigenen, unveränderlichen Bahn ihrer Existenz kreisen. Ich war auf dem Planet Mutter, und in regelmäßigen, wenn auch sehr ausgedehn-*

ten Abständen kreuzten wir den Planet Vater, der mit einem Nimbus, einem ungesund schillernden Lichthof umgeben war. Man befahl mir, zwischen den beiden hin und her zu pendeln, bis ich dann wieder im Königreich Mutter Fuß faßte. Und kaum hatte sie mich zurückgewonnen, beschleunigte sie ihren Lauf, um mich schnellstens vom unseligen Planeten Vater zu entfernen« (Cardinal, 1979, S. 51).

Der entscheidende Satz im Traum: »Ich löse mich von meiner Mutter und meiner Schwester und gehe Richtung Badezimmertür.« Distanzierung, Lösung von der Mutter, Annäherung an den Aufenthaltsort des Vaters. Der Weg dorthin, der Prozess des Erwachsenenwerdens, ist bestückt mit Lampen, die von Allmuth angeschaltet werden. Das Beziehungsgeflecht der Familie wird beleuchtet, Zusammenhänge werden klarer, heller, bewusster, verständlicher. *»Dem Helden beziehungsweise Traum-Ich soll ein Licht aufgehen. Ein Problem wird bald durch einen Geistesblitz beziehungsweise Einfall gelöst«* (Vollmar, 2000, S. 174).

Vater

Grüne Bettcouch

Mein Vater ist gestorben und ich wohne in seiner relativ großen Wohnung, die fast ausgeräumt ist. Der Ort ist mir fremd. In einer Kneipe fragt eine Frau, die den Ort auch nicht kennt, wo sie ein Hotelzimmer finden könne. Ich sage ihr, was ich von dem Ort weiß, und lade sie ein, doch bei mir zu übernachten, denn in der halb leeren Wohnung steht noch ein zweites Bett. Die Szene hat Ähnlichkeit mit einer Szene am Morgen im Hotel, wo ich einer Französin aus Marseille Tipps für ihren Aufenthalt in Paris gegeben habe. Ich gehe also mit der fremden Frau in die Wohnung meines Vaters. Seine Nachbarn kommen und wollen einige der alten Möbel haben. Sie untersuchen eine Kommode. Ich habe nichts dagegen und lasse sie gewähren. Sie wollen auch die grüne Bettcouch und ziehen sie aus zu einer großen Liegefläche. Die Couch ist dieselbe, die wir in der zweiten Wohnung in Walsum hatten. Ich sage, sie könnten alles haben, nur die grüne Bettcouch nicht.

Frankreich, 8. April 2004

Allmuths Vater ist am 5. Dezember 1974 gestorben. Bis kurz vor seinem Tod stand er noch in seiner Drogerie. Nach dem Aufkommen der Drogeriemärkte und der Discounter sind solche kleinen Läden fast überall verschwunden. Die Drogerie war knapp dreißig Quadratmeter groß, davon war noch ein Vorbereitungs- und Lagerraum von etwa acht Quadratmetern durch eine Regal- und Schrankwand abgetrennt. Die Einrichtung war aus Rosenholz. Als er den Laden eröffnete, gab es noch den Beruf des Drogisten, etwa eine Vorstufe des Apothekers. Es gab in der Drogerie viele Flaschen mit Essenzen, die von Drogisten selbst gemischt wurden. Auch wurde in der Drogerie Gift verkauft, worüber in einem Giftbuch über jedes verkaufte Gramm Rechenschaft abzulegen war.

Die Holzregale hatten in der oberen Hälfte Glasschiebetüren, die untere Hälfte war etwas tiefer und war mit Holzschiebetüren oder Schubladen versehen. Solche Einrichtungen sieht man heute noch original in ganz alten Apotheken. Auf einem Verkaufstresen mit Glasoberfläche, ähnlich wie sie heute noch in Schmuck- und Uhrengeschäften zu sehen sind, standen die Apothekerwaage und einige Bonbongläser. Dann gab es noch zwei Stühle in dem Laden, denn einige Leute blieben Stunden, um ein Pflaster zu kaufen. Es war ein typischer Tante-Emma-Laden und Allmuths Vater kannte alles und jeden aus seinem Ortsteil. In seinem weißen Drogeriekittel stand er tagaus, tagein in seinem Laden, auch als dieser sich längst nicht mehr rechnete. Der Laden war sein Lebensinhalt. Was sollte er auch sonst machen, als im Laden stehen und mit den Leuten zu reden. Sein Verdienst war so gering, dass Allmuth beim Studium den vollen Bafög-Satz bekam.

Hinter dem Laden befand sich seine Wohnung. Der Laden war quasi ein Zimmer dieser Wohnung. Vom Laden kam man direkt in sein Wohnzimmer und vom Wohnzimmer ging man direkt ins Schlafzimmer. Hinter dem Eingang der Wohnungstür gab es einen winzigen Flur, von dem man geradeaus ins Wohnzimmer und in den Laden ging, links war die Küche, von der aus man ins Badezimmer und in den Garten ging. Die gesamte Wohnung war etwa vierzig bis fünfzig Quadratmeter groß.

In diese Wohnung zogen Allmuths Eltern einige Monate nach ihrer Hochzeit. Das Schlafzimmer war so schmal, dass die zwei Betten hintereinander stehen mussten. Im Wohnzimmer standen ein Wohnzimmerschrank und ein runder Tisch mit zwei Sesseln. Die Küche war als Wohnküche mit rotem Sofa eingerichtet, wie es zu Beginn der 1950er Jahre üblich war. In dieser kleinen Wohnung verbrachte Allmuth ihr erstes Lebensjahr. Als das zweite Kind unterwegs war, zogen sie aus dem Ortsteil fort in einen anderen Teil des Ortes. Die zweite Wohnung war etwa sechzig Quadratmeter groß und hatte zwei Wohnzimmer. Im ersten Wohnzimmer stand eine grüne Bettcouch.

Nach der Scheidung zog Allmuths Vater wieder in die kleine Wohnung hinter dem Laden und stellte die Möbel wieder an ihren alten Platz. Die Möbel aus der zweiten Wohnung, die er nirgendwo mehr hinstellen konnte, sowie die Küchenmöbel, welche die Mutter mit in die Ehe gebracht hatte, wurden per Lastwagen nach O. gefahren, darunter befanden sich ein Schrank aus dem zweiten Wohnzimmer und die grüne Bettcouch. Beim ersten Wohnungswechsel verkaufte die Mutter diese Couch.

Kurz vor ihrer Hochzeit 1972 besuchte Allmuth zusammen mit Albert und ihrer Schwester ihren Vater zum ersten Mal wieder nach der Scheidung. Sowohl der Laden als auch die Wohnung waren ihr sofort wieder vertraut, denn es hatte sich trotz vierzehn Jahren nichts geändert.

Seinen Tod vorausahnend, regelte Allmuths Vater alles Notwendige: Beerdigungsinstitut bestellen, Sarg aussuchen, Konten außerhalb des Erbganges überschreiben, damit die Beerdigung bezahlt werden konnte, und nach mehreren gemeinsamen Friedhofsspaziergängen die Grabplatte bestellen. Da er in den 1960er Jahren bei einer Geldanlage auf Empfehlung einer Bank einmal viel Geld verloren hatte, misstraute er allen Banken und unterhielt nur noch Konten bei einer Sparkasse. Am meisten traute er aber sich selber und daher versteckte er an vielen Stellen seiner Wohnung und auch seines Geschäftes jeweils hundert Mark in unterschiedlichen Scheinen. Auf einige Verstecke machte er seine Kinder bereits vor seinem Tod aufmerksam.

Nach seinem Tod standen Allmuth und Reinhild dann unerfahren vor der Hinterlassenschaft ihres Vaters. Wo sollten sie mit der Ladeneinrichtung hin? So etwas Altmodisches wollte keiner mehr haben. Und das ganze Inventar? Ihr Vater hatte noch für das Weihnachtsgeschäft eingekauft. Selbst konnten sie von dem Inventar wenig gebrauchen, außer Sanitärartikeln und Babykost.

Nach der Beerdigung klebten sie einen Zettel ins Schaufenster, dass sie in zwei Tagen wiederkämen zum Räumungsverkauf. Alles halber Preis! Dann kamen die Leute, der Laden war so voll wie noch nie. Alles alte Nachbarn und Bekannte des Vaters. Er hatte wohl viel von seinen Töchtern erzählt und einige kannten Allmuth noch als Kleinkind. »Ach, du bist die Allmuth, als ich dich das letzte Mal sah, warst du so klein«, und sie zeigten mit den Händen bis zur Taille. Es war ein ziemliches Chaos im Laden und einige haben auch wohl Sachen mitgenommen, ohne zu bezahlen. Dafür kamen einige mit Hundertmarkscheinen, die sie hinter Schubladen fanden, und gaben diese Allmuth oder Reinhild.

Allmuth und Reinhild waren mit dieser Situation völlig überfordert, aber das war ihnen egal. Sie hatten die Wohnung mit dem Laden zu Ende Dezember gekündigt und alles musste irgendwie weg. Die Möbel wurden von einer sozialen Einrichtung abgeholt, bis auf den Wohnzimmertisch, den Allmuth noch gebrauchen konnte.

Die Kleidung konnte ein Verwandter gleich nach der Beerdigung mitnehmen. Beim Ausräumen des Schrankes fand Albert das Scheidungsurteil und las es Allmuth vor. Für sie war es ein Hammer, ganz neue Perspektiven. Aber es war keine Zeit, sich damit zu beschäftigen. Allmuth und Reinhild nahmen sich je einen Regalschrank aus dem Laden als Andenken mit, die noch heute in ihren Kellern stehen. Den Rest bekam ihr Cousin, der einen Bauernhof hatte und alles gebrauchen konnte. Die schöne Apothekerwaage hatte sich ihre Cousine ausgesucht, die selbst Drogistin war. Allmuth schenkte sie ihr. Aber was sollte sie mit all dem Gift aus dem Giftschrank machen? Mit dem Arsen und dem E 605 konnten viele Menschen ins Jenseits befördert werden. Allmuth ging zur Gemeinde und fragte, wo sie das Gift entsorgen könne. Dort auf der Gemeinde hatte wohl jemand Geburtstag und alles war am Feiern. Es interessierte keinen, wo Allmuth mit dem Gift bliebe. Da bot sich noch einmal ihr Cousin, der Bauer, an, der das Gift notfalls für die Ratten brauchen könnte. So verschenkte Allmuth Mengen tödlichen Giftes, behielt aber das Giftbuch ihres Vaters, in dem er über jedes Gramm Buch führte.

Bis Ende Dezember schafften Allmuth und Reinhild es, den Haushalt und das Geschäft aufzulösen. Von der Beerdigung am 12. Dezember an fuhren sie fast jeden zweiten Tag nach Walsum, um alles zu erledigen. Dazu steckte Allmuth noch mitten im Examen. Alle drei Examensklausuren waren im Dezember, die erste am Todestag des Vaters. Und die viermonatige Christina musste auch noch versorgt werden.

Was blieb außer den Erinnerungen von ihrem Vater? Das Giftbuch, ein paar Fotos, ein Zylinder, eine Aktentasche, der Schrank im Keller mit Original-Apothekerflaschen, in denen immer noch die Original-Inhalte wie beispielsweise Rosenwasser sind, eine Babywaage, die in der Drogerie ausgeliehen wurde und noch ein Aktenordner mit Papieren und Dokumenten.

Entführung

Ich bin mit einer Frau, die ich nur sehr oberflächlich aus der Kommunalpolitik kenne, entführt worden. Sie ist etwa in meinem Alter. Wir sind schnell wieder frei. Ich komme zurück und will erzählen. Die andere Frau soll mich dabei unterstützen, aber sie ist nicht mehr da, obwohl wir zusammen befreit worden sind.

23. Mai 2004

Es ist der erste Weihnachtstag 1958. Nach dem Frühstück streiten sich Allmuths Vater und ihre Mutter in der Küche. Allmuth weiß nicht, warum sie streiten. Der Vater schreit die Mutter an, droht, sie zu schlagen. Die Mutter weint, lehnt gegen den Küchenschrank und versucht sich zu schützen. Allmuth lehnt auch am Küchenschrank und verharrt in der gleichen Stellung wie die Mutter. Reinhild drückt sich in die Ecke. Dann fordert die Mutter ihre beiden Töchter auf, sich hinter ihrer Körperdeckung in den Flur zu begeben, dort die neuen gelben Wintermäntel von der Garderobe zu nehmen und anzuziehen und zu den Nachbarn zu fliehen.

Das sind die Nachbarn, die eigentlich von der Mutter gering geschätzt werden, weil es Arbeiter aus einer Bergbausiedlung sind. Aber in der Not sind sie die einzige Rettung, da ist der Standesdünkel vergessen. Allmuth und Reinhild schnappen sich die Mäntel und laufen in Hausschuhen und ohne die Mäntel anzuziehen, zu den Nachbarn, froh, der bedrohlichen Situation entkommen zu sein.

Bei den Nachbarn dann stimmungsmäßig das genaue Gegenteil. Die Familie sitzt friedlich am Weihnachtsmorgen im Wohnzimmer und die Kinder probieren die neuen Spielsachen aus. Es ist gemütlich, die Kinder sind noch im Schlafanzug. Allmuth und Reinhild werden sofort aufgenommen. Ihr Weinen und Zittern lässt allmählich nach, das Spiel mit den Nachbarskindern lenkt die Mädchen ab.

Nach einer halben Stunde klingelt es Sturm. Der Nachbarsvater öffnet die Haustür und Allmuths und Reinhilds Vater stürzt in das Reihenhaus. Fast wäre er über den Flurläufer gestolpert. Reinhild hat ihn als Erste gesehen und versteckt sich hinter einen Sessel. Da Allmuth mit dem Rücken zur Eingangstür sitzt, begreift sie nicht so schnell die Situation. Schon greift ihr Vater sie, hebt sie hoch, presst sie gegen seinen Körper und stürmt wieder aus dem Haus.

In dem Augenblick sieht Allmuth ihre Mutter ganz langsam aus ihrem gegenüberliegendem Haus kommen, weinend und humpelnd. Die Nachbarsmutter läuft zu ihr hin, stützt sie und nimmt sie mit in ihr Haus. Der Nachbarsvater, selbst noch im Unterhemd, stürzt hinter Allmuths Vater hinterher. Allmuth schreit wie am Spieß: »Hilfe, Hilfe!« So rennt Allmuths Vater mit seiner schreienden und sich mächtig wehrenden Tochter die Straße entlang, gefolgt von dem Nachbarsvater. Das Geschrei weckt die ganze Siedlung. Am Weihnachtsmorgen sind alle zu Hause und so füllen sich die Fenster und Haustüren mit neugierigen Eltern und Kindern. Wo will Allmuths Vater hin? Ohne Mantel und Schuhe in der Kälte. Will er sie entführen?

Nach etwa zweihundert Metern hat der Nachbarsvater Allmuths Vater eingeholt und ihm Allmuth entrissen. Der Nachbarsvater beschimpft Allmuths Vater und hält ihm eine Gardinenpredigt vor versammelter Nachbarschaft.

Allmuth versteht kein Wort, spürt nur die Spucke der Männer, die sich gegenseitig anschreien und beschimpfen. Sie krallt sich an dem Nachbarsvater fest und weint. Dann bringt der Nachbarsvater sie wieder zurück in seine Wohnung, wo inzwischen Allmuths Mutter von der Nachbarsmutter getröstet wird. Kurze Zeit später sehen sie durch das Wohnzimmerfenster Allmuths Vater mit einem Gebetbuch in der Hand zur Kirche gehen. Er geht sonst nie zur Kirche. Wollte er sich vor der Nachbarschaft als reuig zeigen? Der Nachbarsvater fand das jedoch nur scheinheilig.

Im Laufe des Tages kehrte Allmuth mit ihrer Mutter und Schwester wieder in ihre eigene Wohnung zurück. Der Vater war nicht mehr da. Er war oft nicht zu Hause, aber dieses Mal war sie besonders froh, ihn nicht zu sehen.

Am nächsten Morgen, dem zweiten Weihnachtstag, verließen sie frühmorgens das Haus, um zum Elternhaus der Mutter zu fliehen. Allmuth und Reinhild mit ihren Puppenwagen, in denen ihre Sachen verstaut waren, und ihre Mutter mit zwei Taschen. Sie kamen nie wieder in diese zweite Wohnung in Walsum zurück.

Obwohl die Entführung nur kurz war, hat dieses Trauma des »Geraubtwerdens« Allmuth noch jahrelang verfolgt und nachhaltig das Bild geprägt, das sie sich von ihrem Vater gemacht hat.

Als Allmuth acht Jahre alt war und noch auf dem Dorf wohnte, sah sie von weitem fremde Leute auf ihr Haus zukommen. Diese sahen aus wie Zigeuner und Allmuth bekam Panik, weil sie Angst hatte, die Zigeuner würden sie entführen. Sie wollte sich im Haus verstecken. Ihre Mutter hatte jedoch das Haus abgeschlossen und war weg. Reinhild und Allmuth sollten solange draußen im Sandkasten spielen. In der ebenerdigen Wohnung war ein Oberlicht geöffnet, und Allmuth überlegte, ob sie durch das Oberlicht klettern könnte. Da es zu hoch war und keine Leiter in Sicht, lief sie dann hinter das Haus, um sich zu verstecken.

Als sie dann in der Stadt wohnte, versteckte sie sich vor jedem Mann auf einem Fahrrad, der wie ihr Vater einen Hut trug. Gott sei Dank gab es davon nicht viele, denn der Humphrey-Bogart-Hut war bereits aus der Mode. Die Silhouette »Mann auf Fahrrad mit Hut« löste bei ihr einen Fluchtinstinkt aus wie bei einem wilden Tier, das die Silhouette des Raubtieres erkennt und dann die Flucht ergreift.

Schwester im Keller

Ich bin mit meinen Kollegen im Elternhaus meines Vaters. Ich sitze mit einer Gruppe von Kollegen in einem Raum und esse. Die anderen Kollegen sitzen nebenan und haben eine bessere Stimmung. Sie singen ein selbstgedichtetes Lied auf einen Kollegen, der in die »Upper-class« (es ist die Schulleitung, in der ich schon mit den anderen Kollegen bin) aufgestiegen ist oder es noch will. Ich höre den Gesang und gehe in den anderen Raum. Viele Kollegen sind nicht mehr in dem Raum, unter anderem auch meine Schwester nicht mehr. Die zurückgebliebenen Kollegen sagen, die anderen seien gegangen, das Haus zu erkunden. Ich sage, dass ich doch eine Führung hätte machen können. Ich suche meine Schwester und rufe die Kellertreppe runter ihren Namen. Ich höre eine leise Antwort. Dann rufe ich immer lauter ihren Namen in den Keller hinein, bekomme aber keine Antwort mehr.

Im Urlaub, 13. Juli 2004

Allmuth im Elternhaus des Vaters. Im Laufe der Therapie ist ihr klargeworden, dass sie als Kind oft in diesem Haus mit ihrem Vater war. Nur ihr Vater und sie, ohne Mutter und Schwester. Als sie noch hinter dem Laden wohnten, nahm ihr Vater sie an die Hand und ging die etwa fünfhundert Meter bis zu seinem Elternhaus mit ihr zu Fuß. Später nahm er sie auf seinem Fahrradsitz mit. An dieses Elternhaus hat Allmuth viele positive Erinnerungen, obwohl sie zu Beginn der Therapie überzeugt war, außer zwei Ereignissen keine positiven Erinnerungen an Walsum zu haben. Die negativen Erinnerungen hatten die positiven zu sehr in den Schatten gestellt. Außerdem war sie so von ihrer Mutter gepolt gewesen, dass positive Erinnerungen in Verbindung mit dem Vater unmöglich gemacht wurden. Jetzt erlaubte sie sich eigene Erinnerungen, die nicht mehr durch die Brille der Mutter gefärbt waren.

Das Elternhaus des Vaters war eine Dorfkneipe mit einer Wacholderbrennerei. Da sie gegenüber der Kirche lag, bildete sie den Mittelpunkt des Dorfes bzw. des ältesten Stadtteiles von Walsum. Die Familie war sozusagen alteingesessener Bürgeradel, die Firma existierte seit 1715. In der Gaststätte war Leben und gute Stimmung. Allmuth genoss es, sich stundenlang dort aufzuhalten. Es gab in der Gaststätte einen neu hergerichteten Nebenraum mit einer Fototapete, was zu Beginn der 1950er Jahre der neueste Chic war. Das Motiv der Tapete: Waldlandschaft mit wildem Bach. Dann war da noch das rote Ledersofa, Allmuths Lieblingsplatz. Jeden Sonntag spendierte der Vater einen Groschen für den Erdnussspender und eine Sinalco. Und was gab es alles unter der Theke zu entdecken! Sie probierte alles aus mit der Folge, dass sie in frühester Kindheit schon eine Alkoholvergiftung hatte, denn sie war noch so klein, dass keiner gesehen hatte, wie sie die Reste aus den Flaschen probierte. Der Vater war mächtig stolz auf seine Tochter, denn das quirlige Mädchen mit den blonden Locken war oft Mittelpunkt der Gäste.

Allmuth hatte Narrenfreiheit in dem Haus und sie fühlte sich dort wohl und gut aufgehoben. Sie durchstöberte das ganze Haus, und in der Brennerei zeigte man ihr gerne, wie die Destillation funktionierte. Im Erdgeschoss waren links der Haustür die Gaststube und geradeaus die Privaträume. Diese bestanden aus einem großen zentralen Raum mit riesigem Esstisch, an dem sich das ganze Familienleben abspielte. Von diesem Raum gab es eine Verbindungstür zur Gaststube, zur Brennerei, zur Küche, zur guten Stube, zur Treppe nach oben und zum Keller. Der Keller war der unheimlichste Raum, in den Allmuth auch nicht alleine gehen durfte. Es gab dort tiefe dunkle Kellergewölbe und Lagerräume für die Brennerei. Im ersten Stock waren die Schlafräume. Es gab kein Bad, nur einen Wasserkran für kaltes Wasser auf dem Flur und eine Toilette.

Die Erinnerung an das Elternhaus mischt sich im Traum mit aktuellen Ereignissen aus dem Kollegium. Die Kollegen sitzen in einem Raum nebenan, sind guter Stimmung und singen ein selbstgedichtetes Lied. Allmuth gehört nicht zu dem Kreis der fröhlichen Kollegen, sondern zu den ernsthafteren, zu der Schulleitung. Ein ähnliches Gefühl des Ausgeschlossenseins und Nicht-Dazugehörens gab es vor einiger Zeit, als das Kollegium einen Kilmerstuten wegbrachte. Wenn ein Kind geboren wird, bekommen die Eltern von Kollegen oder Nachbarn einen Rosinenstuten mit Butter, Schinken, Käse und Kaffee geschenkt. Dieser Stuten, auf dem der Name des Kindes steht, wird auf einer Leiter durch den Ort getragen, dabei wird gesungen und getrunken. Es ist die Wiederbelebung alten Brauchtums, bei dem die Eltern aus Anlass der Taufe (Kilmer) einen Stuten gebracht bekommen haben. Aufgrund eines Missverständnisses fehlten für die Feier die Liederzettel. Allmuth dachte, die Kollegin würde diese kopieren, und die Kollegin dachte das Gleiche von Allmuth. Allmuth hatte ein schlechtes Gewissen und fühlte sich unwohl. Die Kollegin fuhr mit dem Auto nach Hause und druckte ein paar Liederzettel vom Computer aus. Die übrigen Kollegen waren guter Stimmung, gingen in eine Kneipe und fingen an, selbst spontan Sauflieder zu dichten. Allmuth stand draußen vor der Tür und wartete auf die Kollegin. Als die Kollegin mit den Liederzetteln kam, gingen beide in die Kneipe und sangen noch das selbstgedichtete Lied. Danach verließen alle die Kneipe und trugen den Kilmerstuten durch den Ort. Allmuth ging zwar mit, fühlte sich aber überflüssig und schuldig, obwohl keiner ihr einen Vorwurf gemacht hatte. Sie hätte ja noch für die Kollegen im Traum eine Führung machen können, aber die Kollegen hatten kein Interesse daran. Allmuths Angebot war überflüssig.

Zum Ende des Traums kommt das Elternhaus wieder näher ins Blickfeld zurück. Die Schwester ist in den Keller gegangen. Der Keller, ein Ort, »*an dem man nach C. G. Jung sein Bewußtsein verliert oder es wieder neu entdeckt. Das Unterbewußte, Dunkle, Undurchschaubare und Verdrängte*« (Vollmar, 2000, S. 157). Die Schwester ist noch im Dunkeln und Verdrängten versteckt und gefangen, ihr Unterbewusstes dringt nur sehr leise und dann auch gar nicht mehr an die Oberfläche. Aber die Schwester wird auch nicht gefragt, denn den Weg zur Neuentdeckung ihres eigenen Unbewussten will Allmuth selbst und alleine gehen.

Tod und Auferstehung

Erster Traum
   Erste Szene: Alberts Vater und Klara [das jüngste Kind] sind tot.
   Alberts Vater wohnt als alter kranker Mann allein in einem verwahrlosten Haus. Albert hat Klassentreffen, und alle seine Klassenkameraden, die ankommen, werden eingeteilt zur Arbeit in dem Haus, wie zum Beispiel aufräumen und Holz hacken. Wer nicht im Haus arbeitet, wird zur Betreuung des kranken Vaters eingeteilt. Dieser liegt im Sterben und keiner meldet sich freiwillig für seine Pflege. Unsere Schulassistentin weigert sich mitzuhelfen. Ich unterstütze zwar Albert, bin aber eher Zuschauerin der Szene. Zwei ankommende

Klassenkameraden werden von Albert gebeten, auf der Orgel Sterbe-musik zu spielen. Dann gehen wir zu dem sterbenden alten Mann. Wir stehen um sein Bett, aber keiner mag ihn berühren. Dann legt eine unbekannte Frau – es ist seine Haushälterin oder seine Geliebte – seinen Kopf in ihren Schoß, so dass sich daraus das Bild einer Pieta ergibt. Alberts Mutter lebt noch, ist aber nicht dabei. Ich frage mich, warum sie sich nicht um ihn gekümmert hat, das passt so gar nicht zu ihr. Albert geht darauf aber nicht ein.

Zweite Szene: Ein paar Tage später kommt die Nachricht, dass Alberts Vater tot ist. Damit war ja zu rechnen. Aber gleichzeitig ist Klara gestorben. Sie war noch ganz klein. Beide liegen zusammen wie abgelegt auf dem Fußboden in Alberts Arbeitszimmer. Ich bin in Klaras Zimmer daneben und schreie und weine mir die Seele aus dem Leib und beklage dabei Klaras Tod. Albert, Christina und Carl sind um mich herum und versuchen, mich zu trösten. Ich bin aber untröstlich, weine und schreie Klaras Namen. Es geht das Telefon oder das Handy. Albert spricht. Es ist meine Nichte. Ich bin jedoch nicht in der Lage, den Apparat zu nehmen und zu antworten.

Zweiter Traum

Ich bin in einem frisch renovierten Haus. Wir sind gerade einge-zogen. Vieles ist noch nicht fertig, nichts steht an seinem Platz. Es ist noch viel zu tun, wie nach einem Umzug. Ich muss noch zum Arzt. Die Ärztin untersucht mich auf einer Liege. Ich muss verschiedene Drehungen machen. Bei einer Drehung sieht sie, dass ich eine falsche Bewegung mache, und sie fragt mich, ob ich huste. Ich bejahe.

Dann wieder zu Hause will ich Essen machen. Plötzlich steht Klara hinter dem Gerümpel, frisch geduscht und fröhlich. Sie ist so alt wie in Wirklichkeit. Ich stolpere über das Gerümpel, um sie überglücklich zu umarmen. Sie ist also doch nicht tot. Dann beginne ich mit dem Kochen.

Im Urlaub, 15. Juli 2004

In dem ersten Traum werden Erlebnisse beim Tod des Vaters wieder lebendig. Allmuths Vater wie auch Alberts Vater sind beide mit 69 Jahren gestorben. Beide starben an Krebs innerhalb eines Jahres nach

Ausbruch der Krankheit. Im Traum verschmelzen die beiden Tode in das Erleben eines Todes. Allerdings gibt es im Traum auch noch eine zweite Tote, nämlich Klara. Alberts Vater ist zu Hause in der fürsorgenden Umgebung seiner Familie gestorben, wofür das Bild der Pieta und die verschiedenen Versorgungsaufgaben rund um das Totenbett, die von verschiedenen Personen übernommen werden, stehen mögen. Allmuths Vater starb im Krankenhaus.

Es ist der 5. Dezember 1974. Allmuth weiß, dass ihr Vater im Sterben liegt. Bevor er ins Krankenhaus kam, wohnte er alleine in der Wohnung hinter dem Laden. Er versorgte sich bis dahin immer noch selbst, so gut es eben ging. Er konnte natürlich die Wohnung nicht mehr putzen (alter Mann allein in einem verwahrlosten Haus). Sein Neffe fand ihn dann auch zusammengebrochen in der Wohnung und ließ ihn ins Krankenhaus bringen. Allmuth bat ihren Cousin, sie anzurufen, wenn es zu Ende gehen würde. Da sie mitten im Examen stand und einen Säugling versorgen musste, konnte sie nicht jeden Tag zwei Stunden mit dem Auto zum Krankenhaus fahren. Jedes Mal, wenn das Telefon klingelte, schrak sie zusammen und meinte, das sei ihr Cousin.

Am 5. Dezember war die erste von drei Examensklausuren. Nach der Klausur versorgte sie ihr Kind und fuhr dann mit Albert nach Walsum. Christina gab sie bei Verwandten ab und dann fuhren sie in die Klinik. Der Vater lag mit einem Schlaganfallpatienten auf dem Zimmer. Beide waren ohne Bewusstsein und atmeten schwer und laut. Die Nonne eröffnete ihnen, dass es jetzt wohl zu Ende gehen würde. Daraufhin verließ Albert das Zimmer, um vom nahegelegenen Elternhaus des Vaters Reinhild anzurufen, damit sie auch kommen könne. Dann war Allmuth mit den beiden Männern allein im Zimmer. Der Vater starrte mit leerem Blick an die Decke, jeder Atemzug war eine Kraftanstrengung. Allmuth sagte sehr laut: »Papa, ich bin da, Allmuth.« Keine Reaktion. Dann noch mal, etwas lauter noch, damit der Ton in ihn dringen kann. Keine Reaktion. Sie berührt seine Hand, will sie halten. Lässt sie aber sofort wieder los, weil sie ganz kalt ist. Sie sitzt neben dem Bett, beobachtet seinen Atem, zählt die Sekunden zwischen den Atemzügen. Zwischendurch immer wieder: »Papa, ich bin da, Allmuth.« Etwa eine halbe Stunde sitzt sie so in dieser Stille, die nur von den schweren Atemzügen durchbrochen wird.

Die Abstände zwischen den Atemzügen werden immer länger. Dann ein kurzes Aufbäumen und Schlucken, bei dem sich das Gesicht schmerzhaft verzieht, und das Atmen hört auf. Allmuth starrt ihren Vater an, verharrt ein paar Minuten neben ihm und horcht, ob er nicht doch noch wieder anfangen wird zu atmen. Dann springt sie auf und läuft zur Nonne und schreit:»Er ist tot.« Beide stürzen ins Zimmer zurück. Die Nonne nimmt ihm das Gebiss aus dem Mund, schließt seine Augen, segnet ihn und fängt an zu beten. Allmuth hält es nicht mehr aus. Plötzlich fällt ihr ein, dass Reinhild ja nicht mehr zu kommen braucht. Hals über Kopf stürzt sie aus dem Krankenhaus. Vielleicht hat Albert ja Reinhild noch nicht erreicht. Atemlos kommt sie beim Elternhaus an und sagt zu Albert:»Du brauchst nicht mehr anzurufen. Er ist schon tot.« Albert hatte inzwischen schon Reinhild erreicht, die vermutlich bereits im Zug saß und noch von ihm mit dem Auto vom Bahnhof einer benachbarten Stadt abgeholt werden musste.

Dann kam ihre Cousine und überreichte ihr ein kleines Päckchen von ihrem Vater. Sie sollte es ihr in seinem Auftrag geben, falls er Weihnachten nicht mehr erleben würde. Allmuth öffnete das Päckchen und fing an zu weinen. Es war ein Weihnachtsgeschenk ihres Vaters für Christina: eine Stoffwindel, ein Baumwollhemdchen und ein kleines grünes Strickkleidchen. Allmuth war wie gelähmt. Hätte ihr Vater hundert Mark eingepackt, hätte sie damit umgehen können. Das hätte zu ihm gepasst, oder besser, zu dem Bild, was sie von ihm hatte. Jetzt musste sie das Bild revidieren. Ihr Vater hat die drei Geschenke persönlich ausgesucht für sein Enkelkind. Allmuth hatte immer den Eindruck gehabt, er habe sein Enkelkind kaum wahrgenommen und habe sowieso nichts damit anfangen können. Was soll auch ein fast 70-jähriger Mann mit einem Säugling machen? Nun geht er in ein Kaufhaus und lässt sich eventuell beraten oder sucht selbst Geschenke aus. Er machte sich also Gedanken, wollte etwas Passendes schenken. Die Teile sind inzwischen viel zu klein für Christina. Aber das spielt keine Rolle. Allmuth ist gerührt. Diese Seite ihres Vaters war ihr völlig fremd, hat sie erst jetzt entdeckt.

Allmuth kannte keine persönlichen Geschenke des Vaters. Das wäre auch unmöglich gewesen, denn die Mutter hätte alle Geschenke verworfen und nicht gestattet, sie zu nutzen. Deshalb waren Geldgeschenke für den Vater die einzige Art des Schenkens. Allmuth erkennt durch dieses Geschenk, dass ihr Vater das Enkelkind sehr wohl wahrgenommen und auch geliebt hat. Ihr fällt es wie Schuppen von den Augen, dass ihr Vater Eigenschaften hatte, die sie sich nie hätte vorstellen können. Dieses Weihnachtsgeschenk ist eine Liebeserklärung an sein Enkelkind.

Das allerschlimmste jedoch, was Allmuth richtig niederschmettert, ist die Tatsache, dass sie ihrem Vater nicht mehr Danke dafür sagen kann. Er ist vor einer Stunde gestorben. Die Chance ist unwiderruflich vorbei. Es ist zu spät. Verpasste Gelegenheiten, die so wichtig gewesen wären.

Dann musste Allmuth ihr Kind abholen und versorgen, während Albert Reinhild vom Zug abholte. Da der Vater ein halbes Jahr vor seinem Tod alle Regelungen für seine Beerdigung getroffen hatte, brauchte der Cousin nur noch den Bestatter anzurufen. Dieser kam auch sofort und Allmuth sagte ihm, er solle alles so machen, wie ihr Vater es sich ausgesucht hatte, obwohl er alles kurz vor seinem Tod wieder rückgängig gemacht hatte. So blieb es Allmuth erspart, Sarg und Sargwäsche auszusuchen. Nachdem mit dem Bestatter alles geregelt war, fuhren Allmuth und Albert mit Christina nach Hause. Reinhild blieb im Elternhaus, um am nächsten Tag die restlichen Regelungen für die Beerdigung zu treffen.

Warum ist im Traum gleichzeitig auch Klara gestorben? Klaras Tod kann Allmuth betrauern, all ihren Schmerz darüber rausschreien, sie weint sich die Seele aus dem Leib. Sie lässt den Trauerschmerz zu, was beim Vater so nicht möglich war.

Warum träumt Allmuth vom Tod, vom doppelten Tod? Der Tod ist nach C. G. Jung ein Symbol der Wandlung und des Neuanfangs. In der christlichen Religion sind Tod und Auferstehung die Basis der Glaubenswahrheit, der Ursprung des Neuen, das elementare Glaubenserlebnis. Das wird auch durch die Schlussszene des Traums deutlich: Umzug in ein neues Haus, Auferstehung von Klara und Zubereiten einer Mahlzeit. Alles Zeichen von Neuanfang und Stär-

kung. In dieser starken seelischen Umwälzung und Neuorientierung
begleitet Allmuth immer noch ihr Husten, sowohl in der Realität als
auch im Traum.

Elternhaus des Vaters

Ich bin mit meiner Verwandtschaft mit vielen Kindern, etwa zwanzig
Personen, im Elternhaus meines Vaters. Alle werden in verschiedene
Zimmer einquartiert. Eine Frau kommt herein und ich sage: »Du
musst meine Cousine M. sein.« Sie bejaht, ist aber eher genervt als
erfreut, uns zu begrüßen. Sie ist abgearbeitet, hat dünne Haare und
sieht übernächtigt aus. Ich erkläre den Kindern, dass ich ihnen morgen alles zeigen werde. Ich beschreibe die Aussicht auf den Rhein,
wie ich sie aus meinen Kindertagen kenne. Die Kinder schieben den
Vorhang zur Seite und wollen jetzt schon den Rhein sehen. Doch die
Sicht aus dem Fenster ist ganz anders als in Erinnerung. Es erstreckt
sich eine riesige Sumpflandschaft bis direkt ans Haus. Es ist alles
renaturiert worden und meine Cousine ist nicht gut auf die Natur-
schützer zu sprechen.

6. Oktober 2004

Das Elternhaus des Vaters. Zurück zu den Wurzeln. Bilder der Erinnerung. Allmuth will ihrer Verwandtschaft das Haus zeigen. Sie
kennt sich dort aus. Fühlt sich zu Hause. Nimmt verlorengegangenes
Terrain wieder in Besitz. Führt sich als Hausherrin auf. Ihr geht es in
dem Haus gut, während die Cousine übernächtigt und abgearbeitet
ist. Die Rückkehr ins Elternhaus des Vaters ist nur für Allmuth und
ihren Anhang ein erfreuliches Ereignis. Die Cousine, die in diesem
Elternhaus aufgewachsen ist, ist genervt und will sie nicht begrüßen.
Allmuth lässt sich von der schlechten Stimmung der Cousine nicht
anstecken, will den Kindern alles zeigen. Besitzerstolz: Das kenne
ich und kann es zeigen und erklären.
    Allmuth ist beseelt von einem Heimatgefühl. »*Der Kern des Hei-
matgefühls ist ein positives Grundgefühl von Geborgenheit, Zugehö-*

rigkeit, Aufgehobensein und Wärme« (Psychologin Beate Mitzscherlich, in: Nuber, 2003, S. 126). Das Wort »Heimat« versetzte Allmuth immer einen Stich. Auf die Frage nach ihrer Heimat antwortete sie immer mit ihrem Geburtsort, relativierte es aber sofort durch den Ort, an dem sie die meiste Zeit ihrer Kindheit und Jugend, vom dritten Schuljahr bis zum Abitur, verbracht hat. Aber weder der eine noch der andere Ort bedeutete für sie Heimat. Bei der Frage nach ihren Wurzeln musste sie oft mit den Tränen kämpfen. Sie konnte und durfte nicht zu ihren Wurzeln stehen. Die Familie des Vaters war tabu, die Familie der Mutter empfand sie als ablehnend, fremd und verletzend. Wo war sie zu Hause? – Nirgends. Inzwischen hat Allmuth sich eine neue Heimat geschaffen in dem Ort, in dem sie seit 1977 lebt. Heimat als »*etwas, was man sich selbst geschaffen hat und wofür man selbst verantwortlich ist, worauf man infolgedessen auch stolz sein kann: eine Familie, ein verlässlicher Freundeskreis, ein sicheres Einkommen, Wohnung, Einbindung in soziale Zusammenhänge*« (Mitzscherlich, in: Nuber, 2003, S. 128). Aber es fehlte immer die Basis, das Bewusstsein der eigenen Wurzeln.

Nun kommt Allmuth mit ihrem Anhang, mit ihrer Verwandtschaft in das Elternhaus des Vaters zurück, will sich ihrer Wurzeln vergewissern, Erinnerungen daran auffrischen, alte Gewissheiten, wie den Blick auf den Rhein, überprüfen. Alte erinnerte Bilder haben sich jetzt verändert. Der Blick auf den Rhein, auch vielfach als »Vater Rhein« bezeichnet, ist nicht mehr direkt und frei, sondern es hat sich eine Sumpflandschaft entwickelt. Undurchdringlicher Sumpf, der Zugang zum Rhein ist dadurch nicht mehr möglich. »*Man kommt nicht weiter und hat Angst, im Unbewußten stecken zu bleiben. Angst vor Gefühlen und der ›Rückschlingung ins Weibliche‹ (Erich Neumann), d. h., daß der männliche Anteil im Mann und der Frau (Animus) befürchtet, durch den Sog der Gefühle und des Unbewußten seine erkämpfte Bewusstheit zu verlieren. Hiermit ist die Sehnsucht nach und zugleich die Angst vor dem Gefühlschaos angesprochen*« (Vollmar, 2000, S. 251).

Sumpf und Rhein haben für Allmuth nicht nur symbolische Bedeutung. Allmuth und Reinhild haben von ihrem Vater einen Teil einer Wiese geerbt, die direkt am Rhein liegt und mehrfach im

Jahr vom Rhein überschwemmt wird. Die andere Hälfte der Wiese gehörte dem Bruder des Vaters. Diese Wiese hatte in der Beziehung von Allmuths Vater zu seinem Bruder, der das elterliche Haus und die Brennerei geerbt hatte, eine große Bedeutung. Dieser Bruder, Allmuths Onkel, hat Allmuths Vater jahrelang an Wochenenden oder Abenden in seinem Haus bewirtet und geduldet in der Hoffnung, als Dank von seinem Bruder den Teil der Wiese vermacht zu bekommen. Welch eine Enttäuschung für den Onkel, als sich nach dem Tod herausstellt, dass Allmuth und Reinhild die Wiese von ihrem Vater vererbt bekommen haben. Der Onkel wollte ihnen die Wiese sofort nach dem Tod des Vaters abkaufen, denn er erhoffte mit dem Abbau von Kies eines Tages gutes Geld zu machen. Wegen der Überschwemmungen zahlte der Bergbau jedes Jahr für diese Wiese Flurschädenentschädigung und Allmuth und Reinhild kamen überein, die Wiese zu behalten. Ein paar Jahre später starb der Onkel und vermachte seinen Anteil an der Wiese seinem Sohn. Dieser Cousin von Allmuth hat kein Interesse an dem Rest der Wiese, denn aus Naturschutzgründen wird wahrscheinlich direkt am Rhein nie Kies abgebaut werden.

Internet

Ich habe geträumt, ich hätte eine Internetadresse gefunden, die Zugang zu meinem Vater gibt. Wenn ich sie anklicke, erfahre ich alles über ihn.

Anmerkung: Heute ist der Geburtstag meiner Schwester.

26. Oktober 2004

Allmuth will ihren Vater kennen lernen, alles über ihn erfahren. Gäbe es doch nur die Möglichkeit, seinen Namen bei Google einzugeben und alles über ihn zu erfahren. Allmuth spürt schmerzlich, dass sie so wenig von ihrem Vater weiß. Außer ein paar Gegenständen, einem Aktenordner mit geschäftlichen und privaten Dokumenten sind ihr nur die Erinnerungen geblieben, die jedoch überwiegend negativ sind. »*Für mich besaß er nur die Fähigkeiten, die meine Mutter ihm zugebilligt hatte; sonst keine. Mein Vater ist für mich ein total fremder Mensch, der nie an meinem Leben teilgenommen hat*« (Cardinal, 1979, S. 52). Hatte ihr Vater auch positive Seiten? Wenn sie im Fernsehen Männer sieht, die eine gewisse Ähnlichkeit mit ihrem Vater haben, fragt sie sich: »Könnte dieser Mann auch sympathisch sein?«

Es gibt zwei Dokumente aus den Gerichtsakten, die Aussagen über den Charakter oder über Eigenschaften des Vaters machen. Die Mutter hat im Scheidungsprozess ein graphologisches Gutachten anfertigen lassen, das genau ihre Sichtweise, die sie auch den Kindern weitergegeben hat, widerspiegelt: »*Der Schrifturheber gehört zu den Menschen, die sich etwas schwer leben. Ihm fehlt jene Leichtigkeit und Geschmeidigkeit, welche den meisten Menschen eigen ist, mit welcher sie sich an die jeweiligen Verhältnisse anpassen. Er ist wenig sensibel und wenig einfühlend. Seine seelische Trockenheit und seine Nüchternheit in Gefühlsdingen machen es ihm schwer, Sympathien zu finden. Auch dürfte er einigermaßen erregbar sein und leicht hochgehen.*

Es ist kaum möglich, die Dinge anders als in subjektiver Sicht zu sehen. Er neigt zur Verbitterung. Er ist herb, kühl und kritisch. Vergeben und Vergessen ist nicht sein Fall. Man kann mit ihm nur schwer, wenn überhaupt, warm werden. Er urteilt streng.

Seine Verschlossenheit erschwert zusätzlich die Kontaktfindung und das Kontakthalten. Er kann sich nicht freimütig und ohne Verklemmungen aussprechen. Das schließt allerdings nicht aus, dass er dem einen oder anderen durchaus seine Meinung sagen kann. Aber über sein Inneres vermag er nicht zu sprechen. Eine Verständigung in der privaten Sphäre, also etwa in der Ehe, ist infolgedessen schwer.

Geistig und bildungsmäßig ist der Schreiber zu den einfachen Naturen zu rechnen. Sein Denken läuft in gleichbleibenden Bahnen. Er erfasst nur ganz Reales und Diesseitiges mit befriedigender Deutlichkeit. Für Hintergründe und Imponderabilien hat er keinen Sinn. Man kann sich mit ihm nicht über vieles unterhalten. Sein Interessensspielraum ist nicht groß.

Er macht sich einige Illusionen. Obwohl er keine Phantasie im eigentlichen Sinne hat, spielt diese ihm doch ab und zu einen Streich, weil sie ihm Möglichkeiten vorgaukelt, die es nicht gibt usw. Er hat nicht selten die Neigung, seine falsche Sicht der Dinge auch anderen aufzunötigen.

Es kommt nun ganz auf die Ehepartnerin an, also auf deren geistiges und charakterliches Niveau, ihre Reife und ihre Eigenart, um sagen zu können, ob und inwieweit ein Zusammenleben mit dem Schrifturheber zumutbar ist. Ganz allgemein kann man aber feststellen, dass der Schrifturheber nicht leicht zu nehmen ist. Er ist eigenwillig und einfältig zugleich, für vieles Schöne unempfänglich und schwer zu beeinflussen.«

Das Gutachten trägt das Datum vom 19. April 1960, aber keine Unterschrift. Ein Begleitzettel, auf dem der Urheber des Gutachtens wahrscheinlich steht, ist abgetrennt. Dieses Gutachten ist vielleicht ein Grund, weshalb dem Vater bei der Scheidung alle Schuld gegeben wurde. Wie man aus der Schrift solche Charakterzüge herauslesen kann, ist Allmuth schleierhaft.

Aus der Begründung des Gerichtes aus dem Jahre 1965 über den Ausschluss des Verkehrsrechtes findet Allmuth folgende Information über den Vater: »*Es kommt hinzu, dass sich aus den von dem Vater der Kinder an ihre Mutter gerichteten Briefen und auch aus den vom Beschwerdeführer (Vater) zu den Akten überreichten Schriftsätzen, insbesondere auch aus seiner Beschwerdeschrift, ein abgrundtiefer Hass des Vaters gegen seine frühere Frau ergibt, der sich nur ungünstig auf die Kinder auswirken kann.*

Schließlich kann auch die Feststellung des Dipl. Psychologen in seinem Gutachten, dass stark mit der Möglichkeit gerechnet werden müsse, dass die Kinder durch ihren Vater sittlich erheblich gefährdet sind, nicht von der Hand gewiesen werden. Der Sachverständige hat vor Anfertigung seines Gutachtens ein etwa eineinhalbstündiges Gespräch mit dem Vater der beiden Mädchen geführt, während dessen er, ohne danach gefragt worden zu sein, fast ausschließlich über sexuelle Angelegenheiten gesprochen habe. Er habe sich dabei der ungehemmtesten und ordinärsten Worte bedient. Versuche, die Unterredung auf andere Themen zu lenken, seien fehlgeschlagen. Gedanken- und Assoziationsbrüche hätten ihn immer wieder auf kürzestem Wege auf sexuelles Gebiet gebracht. Er lasse in diesem Bereich keinerlei Zurückhaltung und nicht die geringsten Ansätze von Scham- und Taktgefühl erkennen.

Der Sachverständige hat in diesem Zusammenhang abschließend ausgeführt, dass ein derart ungehemmtes Verhalten zu dem Schluss führen müsse, bei dem Beschwerdeführer handele es sich um eine pathologische Persönlichkeitsvariante. Er hat hinzugefügt, dass bei der Persönlichkeitsstruktur des Beschwerdeführers die Behauptung der Mutter der Kinder, der Beschwerdeführer habe sich während der Ehe sexuell ungehemmt und abnorm verhalten, im Bereich des Möglichen liege. In diesem Zusammenhang fällt auch auf, dass der Beschwerdeführer bei der Mutter der Mädchen angefragt hat, ob bei Allmuth bereits die Menstruation eingesetzt habe, und er dann, als er keine Antwort erhielt, die Frage an das Vormundschaftsgericht gerichtet hat, ob er seine Tochter danach fragen dürfe. Das Vormundschaftsgericht hat ihm unter dem 22. 6. 1965 mit Recht mitgeteilt, dass bei der gegebenen Sachlage eine derartige Frage unangebracht sei.

Offenbar fehlt dem Beschwerdeführer selbst auch die richtige Einstellung gegenüber seinen beiden Töchtern, wie sich aus seiner Anfrage an das Vormundschaftsgericht ergibt, ob er das Recht habe, seine Kinder zu schlagen. Im Zusammenhang mit dieser Frage teilte er dem Vormundschaftsgericht mit, die Kinder hätten ihn bei einem Besuch am 17. 6. 1965 nicht mit ›Papa‹ begrüßt und verabschiedet. Er meinte, beide Kinder hätten deswegen eine Tracht Prügel verdient. Abgesehen davon, dass die Erziehung der Kinder und damit auch das Züchtigungsrecht grundsätzlich nur der Mutter zusteht, weil ihr das Sorgerecht übertragen worden ist, wie dem Beschwerdeführer vom Amtsgericht auch mitgeteilt worden ist, wäre es auch völlig fehl am Platze, wenn der Beschwerdeführer die Kinder aus dem genannten Anlass schlagen würde. Derartige Maßnahmen würden sich zudem nur ungünstig auf die sowieso schon vorhandene negative Einstellung der beiden Kinder gegenüber ihrem Vater auswirken.«

Sämtliche Kontakte mit dem Vater nach der Trennung waren überschattet von dem gegenseitigen Hass der Eltern und nur durch diese Brille konnte Allmuth ihren Vater wahrnehmen. War das auch ihr wahrer Vater oder erlebte sie ihn nur immer durch die Spiegelung der Mutter? Wenn die Mutter in der Beziehungssituation zum Vater keine Rolle spielte, dann war der Vater für Allmuth harmlos. Wenn Allmuth mit ihrem Vater in seinem Elternhaus war, war ihr Verhältnis unverkrampft, nah und sogar liebevoll. Bei späteren Besuchskontakten war die Ausfragerei über die Mutter zwar nervig, aber ansonsten war die Beziehungssituation eher entspannt und auch hilflos. Was sollten sie nur miteinander anfangen! Der Vater hat in seiner Aktentasche Spiele mitgebracht und Allmuth und er haben »Mühle« oder »Dame« gespielt. Mit Reinhild wurde dann auch noch zu dritt »Mensch ärgere dich nicht« gespielt.

Hat Allmuth auch Eigenschaften vom Vater geerbt? Sie kann sich nicht vorstellen, welche. Nur die Krankheit der Speiseröhre, ihre Refluxkrankheit, ist eindeutig ein Erbe des Vaters. Ist das alles?

Da Allmuth in der letzten Zeit schon zwei Mal vom Elternhaus des Vaters geträumt hat und in diesem Internet-Traum das Bedürfnis nach dem Kennenlernen des Vaters wieder deutlich wird, entschließt Allmuth sich, in den Herbstferien einen Tag nach Walsum zu fahren, um nach Spuren zu suchen. Am 15. Oktober fuhr sie mit Klara los, um ihr das Elternhaus des Vaters, seinen ehemaligen Laden und ihre ersten Wohnungen zu zeigen. Aber dann erlebte sie die große Irritation: Es gab zwar die Straße, wo der Laden und ihre erste Wohnung waren, aber alle Häuser waren verschwunden. Die Straße wirkte nur noch wie ein Feldweg zwischen den inzwischen wild zugewachsenen Grundstücken. Die ursprüngliche Dorfstruktur war einfach weg, musste der Industrie weichen. Das Grab des Vaters war auch nicht mehr zu finden, es war inzwischen schon wieder neu belegt. Alles spurlos verschwunden! Das große Elternhaus des Vaters mit der Gaststätte und der Brennerei wurde nur noch von einer Person, Allmuths Cousin, bewohnt. Er ist der Letzte, danach kommt nur noch der endgültige Niedergang.

Abends besuchten Allmuth und Klara noch die Cousine, die im Elternhaus des Vaters aufgewachsen ist. Sie hat zwar in Walsum noch ein kleines Geschäft, wohnt aber in einer Nachbarstadt in einer großen Villa mit Garten. Sie erzählte Allmuth, ihr Vater sei sehr stolz auf seine zwei Töchter gewesen, habe immer viel von ihnen erzählt und sie auch sehr geliebt. Ein Aspekt, der Allmuth völlig neu war. Außerdem erfuhr sie von der Cousine, dass ihr Vater in der Verwandtschaft nur Hupaz beziehungsweise Onkel Hupaz genannt wurde. Eine völlig befremdliche Vorstellung für Allmuth: ihr Vater und der Name Hupaz. Das klingt ja so harmlos, ja sogar witzig. Hat die Cousine eine Ahnung davon, ob ihr Vater homosexuell gewesen sei? – Nein, keine Ahnung, schwer vorstellbar, aber nicht auszuschließen. Die Cousine hatte auch keine Ahnung, warum die Ehe auseinanderging. Ihres Wissens hatten sich die beiden durch eine Heiratsanzeige kennen gelernt.

Allmuth erkennt, dass sie durch die Fahrt doch ein wenig Neues über ihren Vater erfahren hat, dass sie ihn zeitlebens einseitig erlebt und wahrgenommen hat und dass viele Aspekte seiner Persönlichkeit ihr wohl für immer verschlossen bleiben werden. Sie sind verschwunden wie die Straße, wie der Laden, wie die Wohnung hinter dem Laden, wie das Grab. Ihr Vater ist Jahrgang 1904 und die meisten, die ihn näher gekannt haben, bereits verstorben. So muss Allmuth es akzeptieren, dass ihr Vater für sie ein Fremder bleibt und dass sie sich über lange Zeit ein einseitiges, vielleicht auch falsches und höchst unvollständiges Bild von ihm gemacht hat.

Ihre Therapeutin beschreibt diese Erfahrungen in ihrem Gutachten vom November 2004 so: *»Es gelang der Patientin eine deutlich verbesserte Separation von der Mutter, das ebenfalls negativ komplex behaftete Bild des Vaters haben wir in den vergangenen Wochen angefangen, vollständiger werden zu lassen. Die letzten Ferien nutzte die Patientin, um in den Heimatort zu fahren und Familienmitglieder der väterlichen Familie aufzusuchen, sie ist auf der Suche nach Wurzeln, die ihr Bild vom Vater objektivieren und die Fragen nach seiner Person beantworten können. So traut sie sich heute realistische Überlegenheitsgefühle gegenüber der Mutter zu entwickeln, die Suche nach dem Vater jedoch ist noch offen.«*

Mann im Sarg

Ich kümmere mich um einen älteren Mann, der in einer Art Verlies mit Gittern liegt und gelähmt ist. Ich muss ihn nicht pflegen und füttern, sondern mit ihm reden und mich um ihn kümmern, dass es ihm gut geht und er ein wenig Unterhaltung hat. Der Mann ist dankbar für jede Zuwendung von mir, ist gut gelaunt und beklagt sich nicht über sein Schicksal.

Als ich aufwachte, überlegte ich noch, worin er gelegen haben könnte. Eingefallen sind mir Katakomben oder auch: Er liegt in seinem eigenen Sarg. Er hat auch sonst nichts zu seiner Zerstreuung, außer ein Handy.

5. Januar 2005

Wieder eine Annäherung an den Vater. Der ältere Mann ist gelähmt und kann sein Verlies nicht verlassen. Er ist gefangen in seiner Welt, seiner Denkweise, seiner Tradition, seinen Gewohnheiten, seinen Trieben und seiner Umgebung. Er kann sich nicht bewegen, weder körperlich noch geistig. Gitter zwängen ihn ein, umzingeln seine Beengung. Er ist krank, redet aber nicht über seine Schmerzen.

Kurz vor ihrer Hochzeit hat Allmuth ihren Vater zum ersten Mal zusammen mit Albert in seiner Wohnung hinter dem Laden besucht. Von Freunden hatten sie erfahren, dass der Vater in der Nachbarschaft von Alberts Eltern Erkundigungen über ihn und seine Familie einholte. Das war für Allmuth und Albert das Signal, mit offenen Karten dem Vater gegenüber zu spielen, ihn zu besuchen und ihm die Gelegenheit zu geben, alle Fragen selbst zu stellen. Der Vater war über den Besuch hoch erfreut. Albert wurde sofort als Schwiegersohn akzeptiert. Zwischen ihnen entstand ein fast vertrautes Verhältnis, keine Verkrampfungen oder Angst wie bei Allmuth, höchstens Verlegenheit und Unsicherheit. Sie begegneten einander eher als Fremde, die aber irgendwie zusammengehören. Mit diesem Besuch endete faktisch die gerichtlich festgesetzte Verkehrsregelung. Beim nächsten Besuch wurde Reinhild mitgenommen. Jetzt hatte das Gericht nichts mehr zu bestimmen. Als Allmuth ihrer Mutter von den Besuchen erzählte, fiel für sie eine Welt zusammen. Sie war verletzt und sprachlos. Keine Schimpfkanonade, nur noch Tränen.

Ein knappes Jahr nach der Hochzeit wurde der Vater schwer krank. Krebs. Er ist nie zum Arzt gegangen und als er dann endlich ging, war es schon zu spät. Man wollte ihn operieren. Der Vater fürchtete die Operation und war überzeugt, er würde nach der Operation nicht wieder aufwachen. Daher regelte er alle Formalitäten für den Fall seines Todes, damit die Kinder sich nicht mehr darum zu kümmern brauchten. Bei den Besuchen gingen sie über Friedhöfe, um Grabsteine auszusuchen. Als er ins Krankenhaus kam, war alles für seine Beerdigung und sein Grab geregelt. Allmuth und Albert besuchten ihn in der Klinik und erfuhren, dass er doch nicht mehr operiert werden würde. Der Krebs war schon zu weit fortgeschritten. Der Vater glaubte, jetzt wieder gesund zu sein, und machte alle Regelungen zu seinem Tod wieder rückgängig. Er kam wieder nach Hause, aber sein Zustand verschlimmerte sich sehr schnell. Trotzdem hat er sich noch kurze Zeit selbst versorgt, bis er in der Wohnung zusammenbrach und wieder ins Krankenhaus kam. Als Allmuth und Albert ihn besuchten, hat er nie über seine Krankheit geklagt, obwohl er kaum noch essen oder trinken konnte. Er sprach nicht über seine Krankheit und auch nicht über den Tod. Nie hat er von Allmuth verlangt, ihn zu pflegen oder zu füttern. Erst bei dem Besuch bei der Cousine dreißig Jahre nach seinem Tod hat Allmuth von ihr erfahren, dass ihr Vater zum Schluss nur noch kleine Stücke Milka-Schokolade lutschen konnte. Der Vater hat wohl bei den Besuchen von Allmuth alles Negative beiseitegeschoben, um ihr gut gelaunt begegnen zu können. Für ihn zählte nur Allmuths Zuwendung, für die er unendlich dankbar war und auf die er so lange verzichten musste.

In ihrer Ausbildung zum Verfahrensbeistand wagt Allmuth sich jetzt an das Thema Scheidungsfamilie und spielt in einem Rollenspiel den Vater. Spielanweisung: Kinder verbringen das Wochenende beim Vater und bei der Übergabe der Kinder an die Mutter kommt es zum Streit, der dermaßen in Gewalt eskaliert, dass die Polizei gerufen wird. Allmuth spielt den Vater so intensiv, dass sie fast zittert vor Erregung und auch nach dem Rollenspiel noch von diesem Vatergefühl durchdrungen ist. Allmuth spürt fast körperlich, wie ihm die Kinder entgleiten, wie sich die Kinder ihm entziehen, wie er keinen »Draht« zu den Kindern aufbauen kann, wie er sich in eine Ausweglosigkeit hineinmanövriert, die zwangsläufig in Gewalt eskaliert, wie er gegenüber der Mutter keine Chance hat, wie er sich unverstanden fühlt und wie er letztlich verzweifelt in sich zusammensackt. Der Vater kämpft um die Kinder und macht dabei alles falsch. Er verliert bei Gericht und auch alle Sympathien sind bei der Mutter. Der Vater ist eifersüchtig auf die Mutter, weil sie scheinbar mehr Einfluss auf die Kinder hat. Als die Ausbilderin Allmuth in der Pause noch einmal zu verstehen gibt, wie gut sie den Vater im Rollenspiel dargestellt habe, sagt Allmuth: »Ich kenne das.«

Wie musste sich ihr Vater gefühlt haben nach jeweils drei Besuchsstunden am zweiten Weihnachtstag, am zweiten Ostertag und am letzten Sonntag in den Sommerferien! Auf dieser Basis konnten doch keine Beziehungen entstehen! Wie musste es ihn geschmerzt haben, als seine Kinder sich weigerten, ihn »Papa« zu nennen! Was geht in einem Mann vor, der ein Gericht um Erlaubnis fragt, seine Kinder deswegen schlagen zu dürfen! Er liebte doch seine Kinder, aber es war unmöglich, sie zu erreichen. Nach dem Rollenspiel war Allmuth erschöpft und traurig.

Allmuth sieht im Traum den alten Mann/Vater in einem Sarg. Erst den toten Vater kann sie richtig kennen lernen. Unmittelbar nach seinem Tod erfährt sie Eigenschaften von ihm, die ihr ganz neu sind: Er kauft seinem Enkelkind drei Weihnachtsgeschenke. Ein Handy im Sarg ist auch ein Requisit, das so gar nicht zu ihm passt, hat er doch weder in seinem Laden noch in seiner Wohnung ein Telefon gehabt. Neue und unerwartete Attribute tauchen erst im Sarg auf.

Vaterhaus

Meine Schwester und ich beschließen, unseren Vater zu besuchen. Nach verschiedenen Verkehrsmitteln müssen wir die letzte Strecke des Weges über ein abgeerntetes Feld zu Fuß gehen. Wir gehen durch matschigen Ackerboden und sehen in der Ferne schon die Reihe Häuser, wo auch die Wohnung und das Geschäft unseres Vaters sind.

Wir erwarten einen schwerkranken beziehungsweise sterbenden Mann in einer dunklen und düsteren Wohnung. Auf mein Klingeln öffnet er die Tür und ich trete in den Flur, der relativ groß und frisch mit weißer Farbe gestrichen ist. Ich bin erstaunt über den hellen Raum, gehe ungläubig prüfend mit der Hand über die Tapete und sage: »Du hast ja alles renoviert. Es ist jetzt so hell und sauber.« Er ist mir gegenüber misstrauisch, packt mich an den Schultern und schüttelt mich: »Warum besucht ihr mich?« Er vermutet Spionage und die Absicht, ihm zu schaden. Ich sage: »Wir wollten nur mal sehen, wie es dir so geht.« Er lässt mich los, ist aber immer noch etwas misstrauisch. Ich betrete die Wohnräume. Sie sind größer als in der Erinnerung und mit neuen Büromöbeln und vielen Bücherregalen ausgestattet. Allmählich wird mein Vater zutraulicher. Wider Erwarten ist er auch nicht krank, sondern gesund und noch relativ jung. So langsam nähern wir uns im Gespräch.

Eine junge Frau mit einem Säugling taucht auf. Sie versorgt das Kind und füttert es. Ich frage, ob sie in der ersten Etage wohnt. Nein, sie wohne hier in den Räumen. »Aber die Wohnung ist doch zu klein. Es fehlt das Kinderzimmer.« Sie bestätigt meine Aussage. Noch geht es, weil das Kind klein ist. Wir haben uns für eine größere Wohnung beworben auf einer Fähre in Dresden. Sie zeigt mir das Bild von einem Schiff, auf dem auch eine Wohnung sein soll. Es ist ein prachtvolles, teilweise vergoldetes Schiff. Noch hätten sie allerdings keine Zusage für die Wohnung. Sie wohnt also noch einige Zeit mit Mann und Kind in den Wohnräumen meines Vaters hinter seinem Geschäft. Die junge Frau studiert noch. Da ich mich gut mit der jungen Frau verstehe, taut mein Vater auch so langsam auf und holt alte Dokumente.

Ich sage: »Wir müssen mal richtig miteinander sprechen.« Zwischen Tür und Angel teile ich ihm mit, dass ich zwischenzeitlich promoviert habe und jetzt Frau Dr. Pott bin. Ich will noch etwas holen und gehe in den Hinterraum des Geschäfts. Aus der Erinnerung ist das ein kleines Kabuff, aber jetzt ist es ein großer getäfelter Raum von etwa hundert Quadratmetern, der mit Möbeln in einzelne Bereiche eingeteilt ist.

Dort leben auch junge Leute so wie in einer Kommune oder Wohngemeinschaft. Eine junge Frau fragt mich, wo wir heute übernachten wollten. Ich sage, entweder bei meinem Vater oder wir suchen uns ein Hotel. Sie macht ein skeptisches Gesicht und deutet damit an, dass sie etwas Negatives über meinen Vater weiß und uns davor warnen will, bei ihm zu übernachten.

Ich bedränge sie, mir alles zu sagen, was sie über meinen Vater weiß, auch Negatives. Nach einigem Zögern gibt sie nach, holt ein Tonband aus einem Safe und spielt es mir vor, denn so direkt mochte sie mir nichts sagen. Ich höre das Band, aber es ist nur allgemeines Gelaber darauf, nichts Konkretes über meinen Vater. Ich hatte erwartet, etwas über seine angebliche Homosexualität zu erfahren. Ich hörte das Band nicht zu Ende, bedankte mich bei den jungen Leuten und ging wieder in die Wohnräume meines Vaters.

10. Juni 2006

Allmuth liest in der Zeitschrift »Publik Forum« Nr. 12 vom 30. 6. 2006 den Artikel von Martin Bauschke: »Vom Sündenfall zum Fischer und seiner Frau ... oder Abraham und Aschenputtel: Was biblische Gestalten mit denen aus Märchen gemeinsam haben.« Das Gleichnis vom verlorenen Sohn und Hänsel und Gretel sind Geschichten vom Verlieren und vom Finden des Vaterhauses und von der Zeit »Jenseits von Eden«. Als Verwandelte kehren die Protagonisten heim, sie sind reifer/erwachsener geworden. »Die Rückkehr ins Vaterhaus« ist ein lebenslanger Weg. So ist das Leben eben. Immer gibt es diese drei Möglichkeiten: Die einen gehen diesen Weg alleine, die anderen gehen ihn zu zweit als Partner, wieder andere verweigern jede Entwicklung und bleiben, wo und was sie sind, wie der ältere Bruder im Gleichnis. Sie wagen sich nicht unter den Fittichen naiver Gottesbilder oder der Rockschürze ihrer Mutter hervor.

Der Artikel stellt für Allmuth die Verbindung zum letzten Traum her. In ihrem grünen Buch schreibt sie dazu: »Ich komme im Traum in mein Vaterhaus zurück, das zwar noch den gleichen Rahmen (Aufteilung der Zimmer, Laden) hat, aber inhaltlich von meinen Bedürfnissen geprägt ist, das heißt, es gibt eine Wohngemeinschaft junger Leute und viele Bücher. Ich stelle Fragen und eigne mir das Vaterhaus langsam an. Es hat nichts Bedrohliches mehr, eher etwas Vertrautes, das sich noch positiv erweitert. Ich bin angekommen und finde neue Aspekte, die mir gefallen. Ich entdecke Teile meines Vaters, die für mich neu sind, so zum Beispiel dass er einen intellektuellen Eindruck macht und sehr viele Bücher hat. Es hat eine Veränderung stattgefunden.«

Allmuth kehrt mit ihrer Schwester zu ihrem Vater zurück. Der Weg ist lang, nur mit verschiedenen Verkehrsmitteln zu bewältigen. Allmuth war schon in mehreren Träumen mit ihrer Schwester unterwegs, nun haben sie ein Ziel: das Haus ihres Vaters. Back to the roots.

Die letzte Strecke des Weges führt zu Fuß (Erdung) über ein abgeerntetes Feld. Das Feld, »*Symbol für Frauen*« (Vollmar, 2000, S. 96),
ist bestellt worden und die Ernte ist eingebracht. Allmuth und ihre
Schwester haben die Kindererziehung auch abgeschlossen, sie sind
jetzt im reifen Alter, die Zeit der Fruchtbarkeit ist vorbei. Sie gehen
durch matschigen Ackerboden, »*Symbol der furchtbaren Frau beziehungsweise Mutter*« (Vollmar, 2000, S. 21), den sie bald hinter sich
lassen. An diesem Boden grenzt das Geschäft des Vaters, dahinter
die Skyline mit den Fördertürmen des Ruhrgebietes.

Allmuth und Reinhild erwarten einen Mann, so wie sie ihn zuletzt
in Erinnerung hatten: schwer krank und vom Tode gezeichnet in
einer dunklen, kleinen Wohnung. Aber alles ist anders: Die Wohnung ist groß, hell, sauber, mit Büromöbeln und sogar Bücherregalen
bis zur Zimmerdecke ausgestattet. Allmuth kann sich nicht daran
erinnern, ihren Vater jemals mit einem Buch gesehen zu haben. Der
Mann macht einen gebildeten Eindruck und ist vornehm gekleidet. Das misstrauische Verhalten passt gar nicht zu seiner eleganten
Erscheinung. Es resultiert wohl aus seinen schlechten Erfahrungen
mit den Besuchskontakten, bei denen gegenseitiges Ausspionieren
unterschwellig immer eine Rolle spielte mit dem Ziel, dass sich die
verfeindeten Eheleute gegenseitig Schaden zufügten. Diese Erfahrung
sitzt bei ihm so tief, dass er Allmuth zunächst nur mit Misstrauen
und sogar körperlicher Aggression begegnet.

Allmuths Wunsch an den Vater: »Wir müssen mal richtig miteinander sprechen.« Sie haben in ihrem Leben nie richtig miteinander
gesprochen. Sie kennen sich gegenseitig überhaupt nicht. Ergebnis:
Sie begegnet einem Vater, der weder in seinem Aussehen noch in
seinem Verhalten ihren Vorstellungen entspricht. Ihr begegnet ein
völlig fremder Mensch, der aber trotzdem ihr Vater ist. Das wird von
ihr nie in Frage gestellt: Er ist es, aber ich kenne ihn nicht. Ich kenne
nur Umrisse seiner Existenz: sein Geschäft, den Grundriss seiner
Wohnung und seine schlechten Erfahrungen mit Besuchskontakten.
In seiner Wohnung beherbergt er ein junges Ehepaar mit Baby und in
seinem Geschäft wohnen viele junge Leute. Der Vater, den sie kannte,
hätte das nie zugelassen. Hatte ihr Vater vielleicht Eigenschaften, auf
die sie nie gekommen wäre?

Wer ist die junge Frau mit Baby, die noch studiert? Ist es Allmuth selbst, die, als Christina geboren wurde, noch studierte? Ihr Vater schenkte ihr zur Taufe von Christina ein Essgeschirr und hat sie auch in ihrer Wohnung am Studienort besucht. Unter der Obhut des Vaters kann das Baby versorgt werden. Der Hinweis auf die größere Wohnung auf einem Schiff, das über den Fluss des Lebens sicher trägt. Ein prachtvolles, teilweise vergoldetes Schiff. Die Aussicht auf eine schöne Wohnung und auf Geld, eine gesicherte Zukunft.

Allmuth hofft, dem Geheimnis ihres Vaters, seiner angeblichen Homosexualität, auf die Spur zu kommen. Dieses Geheimnis ist sicher in einem Safe verschlossen. Doch das Tonband enthüllt kein Geheimnis, sondern enthält nur allgemeines Gelaber, keine konkreten Informationen über den Vater. Ist die Homosexualität nur ein Gerücht? Allmuth will es am Ende gar nicht mehr genau wissen, sie hört das Band nicht bis zum Schluss.

Eine Woche nach dem Traum sieht Allmuth den Film »Dem Himmel so fern«, ein Drama über Homosexualität in den USA der 1950er Jahre. Sie schreibt dazu in ihr grünes Buch: »In dem Film habe ich Parallelen zu der Ehe meiner Eltern gesucht und gefunden: Homosexualität ist nicht anerkannt und muss verheimlicht werden. Dadurch starker innerlicher Druck, der einerseits zu Aggressionen sich selbst und anderen gegenüber führt, aber auch ein noch größerer Anpassungsdruck an die Normen der bürgerlichen Gesellschaft. Verzweiflung, Nicht-verstanden-Sein, sich verstecken müssen, nicht man selbst sein zu dürfen. Die Differenz zwischen Schein und Sein ist besonders groß. Anpassungsdruck. War der Siegelring meines Vaters, den meine Mutter hasste, ein Zeichen seiner Homosexualität?«

Die Traumbegegnung mit ihrem Vater in seiner Wohnung, ihrem Geburtsort, lässt Allmuth mit den Gedanken zurück, dass sie ihren Vater nie richtig kannte und auch nicht mehr kennen lernen wird. Die meisten Fragen nach seiner Geschichte werden nie beantwortet werden können und es hat auch keinen Zweck mehr, weiter zu suchen oder zu forschen. Es reicht die Erkenntnis, dass er anders war/ist als ihre Vorstellungen von ihm und dass er viele Geheimnisse mit ins Grab genommen hat.

Angst

Meine Schwester

Meine Schwester Reinhild wurde entführt. Ich habe die Entführer aufgespürt und sie aus einem Versteck heraus beobachtet: Die Szene spielte sich in einer alten Lagerhalle ab. Reinhild war gefesselt und eingewickelt wie ein Produkt von Christo. Sie wurde von mehreren Männern gezwungen, eine Erklärung in ein Mikrofon für einen Radiosender zu sprechen. Der Text war auf Französisch. Nach der Erklärung hat man sie gefoltert, indem man ihr etwas in den Mund eingeflößt hat. Dann wollte man sie gebunden und verschnürt in einem Kleintransporter abtransportieren. Ich habe Hilfe gesucht und eine große Gruppe schwarz gekleideter Sicherheitsleute gesehen, die auf die Szene zukamen. Ich war erleichtert und erzählte ihnen, was ich beobachtet habe. Dann habe ich sie aufgefordert, meine Schwester zu befreien. Sie waren aber an der Geschichte nicht interessiert und entpuppten sich als religiöse Sekte. Aus Höflichkeit mir gegenüber sprachen sie die Leute, die meine Schwester gerade ins Auto luden, an. Diese tischten ihnen eine harmlose Version auf und die Sicherheitsleute glaubten ihnen. Ich war völlig verzweifelt, dass keiner – auch ich nicht – meine Schwester retten konnte.

Frankreich, 20. März 2004

Die Reinhild im Traum ist sowohl Reinhild selbst als auch ein Teil von Allmuth. Allmuth wird fähig, sich selbst zu beobachten und Hilfsstrategien zu entwickeln und zu erproben, ist aber nicht in der Lage, Reinhild zu befreien.

Sowohl Reinhild als auch Allmuth haben die gleichen Erfahrungen gemacht: gefesselt und eingewickelt sein, sich nicht rühren können.

Gezwungen werden, etwas zu sagen, was andere vorformuliert haben. Ihre Mutter fesselt sie durch ihre Übergriffigkeit, wickelt sie ein wie eine Spinne im Netz. Wie oft mussten sie hören: »Wenn Papa dich fragt …, dann sagst du …«. Bevor die vom Gericht festgesetzten Besuchstermine des Vaters anstanden, wurde intensiv jede Eventualität eines Gespräches durchexerziert. Es wurde genau eingeschärft, was zu sagen war, und vor allen Dingen, was nicht gesagt werden durfte. Wie in der Schule wurden Sätze geprobt und abgefragt. Beim Abfragen gingen die Lippen der Mutter mit und oh wehe, eine vorgegebene Formulierung wurde nicht richtig wiedergegeben. Dann wurde mit beißender eindringlicher Stimme und Zornesfalten auf der Stirn das Ganze noch mal wiederholt oder Schläge sollten der Formulierung Gewicht und Einprägsamkeit geben.

Diese Einschwörung auf ein ganz bestimmtes Rollenverhalten führte bei Reinhild dazu, dass sie sich schon eine Woche vor dem Besuchstermin täglich übergeben musste. Dann kam die Strafe für sie: Iss den Teller leer oder iss das Brot auf, denn schließlich sollte sie nicht krank oder abgemagert aussehen, damit der Vater keinen Anlass zur Kritik hatte. Für Reinhild war Essen die reinste Folter. Reinhild war immer dünn und untergewichtig, im Vergleich dazu war Allmuth fast dick. Und so nannte ihr Vater die beiden bei den Besuchen: unsere Dicke, damit meinte er Allmuth, und zu Reinhild Spillewipp.

Wenn Essen nicht als Strafe eingesetzt wurde, so hatte es allenthalben nur Nützlichkeitswert als Nahrung. Die Mutter hatte nicht viel Spaß am Kochen und kochte daher auch nicht lecker. Es war eben pure Notwendigkeit zum Überleben. Allmuth und Reinhild waren schon früh Schlüsselkinder und mussten ohne die Mutter essen, die in der Fabrik im Schichtdienst arbeitete. Dann musste Allmuth nach der Schule mit einer Tasche am Fahrrad zur Fabrik fahren und in der Kantine die Töpfe füllen lassen für Reinhild und für sich. Meistens wurde das Essen dann kalt gegessen, weil die Kinder keine Lust hatten, es aufzuwärmen. Als die Mutter im Krankenhaus der Stadt arbeitete, kochte sie oft eine Schüssel voll mit Vanillepudding. Das sei nahrhaft und gesund. Die Kinder sollten dann als Mittagessen die Schüssel leer essen. Da beide aber keinen Vanillepudding mochten, wanderte er immer ins Klo. Im Jahre 2003 las Allmuth über Elke Heidenreich in der Süddeutschen Zeitung vom 5. Juni: »Elke hatte einen Schlüssel. Sie war immer allein. Und jeden Mittag nach der Schule hat sie den Inhalt des schwarzen Töpfchens mit dem vorgekochten Essen ins Klo gekippt. ›Ich musste aufpassen, dass die ekligen Speckstückchen nicht oben schwimmen blieben.‹« Dann beschreibt sie, dass sie immer nur gelesen, gelesen, gelesen hat, um »so die blöde Bude zu vergessen, das eklige Essen, die Mutter, mit der sie nicht klar kam, die Schläge, den Streit.«

Elke Heidenreich ist meine Schwester im Geist, denkt Allmuth. Einmal kam die Mutter nach Hause, und die Schüssel war nicht abgewaschen und die Schürze nicht weggehängt. Da ist die Mutter so ausgerastet, dass sie Allmuth grün und blau schlug. Später tat es ihr leid, aber Allmuth hatte den Eindruck, das sei nur deswegen, weil die blauen Flecken, die beim Sportunterricht nicht zu verstecken waren, ihr peinlich waren.

Im Traum werden Rettungsversuche unternommen. Die schwarz gekleideten Sicherheitsleute müssten eigentlich helfen können, denn sie sind für Sicherheit und Schutz zuständig. Leider entpuppen sie sich als religiöse Sekte, was für Abhängigkeit und Ausbeutung der Gefühle steht. Der erste Versuch des Kindes, Sicherheit und Schutz zu finden, sind die Eltern, denn sie sind für das Kind zuständig. Selbst ein von den Eltern geschlagenes Kind will Schutz und Trost von eben diesen Eltern. Es hat ja sonst niemanden. Die Sicherheitsleute glauben der Version der Erwachsenen, die Version des Kindes wird nicht ernst genommen.

Allmuth ist verzweifelt, da keiner hilft. Die, die eigentlich helfen könnten, versagen. Es geht sogar eine noch größere Gefahr von ihnen aus. Das Gefühl der Verzweiflung, der Ausweglosigkeit, des Nicht-ernst-genommen-Werdens, der Hilflosigkeit, der Angst, des Ausgeliefertseins, des Alleinseins, der Aufopferung und der Enttäuschung lässt Allmuth nicht los.

Zu Beginn ihrer Therapie sagt sie. »Ich habe keine Eltern. Da sind zwar eine Mutter und ein Vater, aber Eltern, nein Eltern, die habe ich nicht.«

Nebelwand

Ich bin mit einer Reisegesellschaft unterwegs und schlafe in einem Zimmer mit mehreren Betten. Eine Gruppe von Reiseteilnehmern, unter ihnen zwei mir bekannte Frauen aus dem Partnerschaftskomitee für die französische Partnerstadt, unterhält sich. Ich werde wach, und es ist eine Art Nebelwand zwischen mir und den anderen. Meine Stimme ist fremd und zu leise. Ich frage nach der Uhrzeit. Ich habe das Gefühl, ganz lange geschlafen zu haben. Aber alle bestätigen, dass es erst zehn vor elf ist.

Wir sollen in einer Speisekarte ankreuzen, was wir zu Mittag essen wollen. Ich komme mit den Frauen nicht ins Gespräch, obwohl ich mit ihnen über die Speisekarte reden will. Dann sind Albert und ein gemeinsamer Freund auch dabei. Die Speisekarte ist jetzt handschriftlich und noch erweitert. Alle Gerichte auf der Karte sind zu teuer (27,50 Euro). Bis auf einen Eintopf für sieben Euro. Der sieht aber nicht gut aus. Es ist so eine Art dicke Linsensuppe mit Wurststücken.

23. Mai 2004

Der Traum vermittelt Allmuth das ihr bekannte Gefühl des Ausgestoßenseins, des Nichtdazugehörens. Zwischen ihr und den anderen ist eine Nebelwand. Nebel ist etwas Verschwommenes, es ist nicht deutlich, muss noch geklärt werden. Im Nebel kann man sich verfahren, Nebel löst die Orientierung auf. Das Ziel ist nicht mehr zu finden. Nebel gibt Unsicherheit und Täuschung. Es wird etwas nicht verstanden oder es verwirrt und macht orientierungslos. Aus dem Nebel kann aber auch etwas Positives entstehen, wenn er sich lichtet, kommt die Sonne. Die Wand ist etwas Trennendes, aber auch etwas Schützendes.

Die Kommunikation mit den anderen der Gruppe ist fremd und leise. Die Nebelwand gibt Allmuths Stimme einen unnatürlichen Klang. Sie will mit den anderen in Beziehung treten, schafft es aber nicht, bei ihnen anzukommen. Sie ist da und auch wiederum nicht da. Sie hat das Gefühl, lange geschlafen zu haben, sie war also abwesend, hat etwas verpasst, hat etwas getan, was die anderen nicht getan haben. Jetzt ist Allmuth aufgewacht und empfindet ihre Situation als

»im Abseits Stehende«. Haben die anderen die Nebelwand errichtet oder sie selber? Wahrscheinlich sehen die anderen die Nebelwand gar nicht. Das Wachwerden ist ein Schritt der eigenen Bewusstwerdung und der Beschäftigung mit der Frage: Wie sehe ich die anderen, in welcher Beziehung stehe ich zu ihnen und wie sehen sie mich? Es ist noch nicht zu spät, sich damit zu beschäftigen. Es ist erst zehn vor elf und nicht fünf nach zwölf.

Die Nebelwand steht zwischen Allmuth und zwei Frauen aus dem deutsch-französischen Partnerschaftskomitee. Die Städtepartnerschaft mit der französischen Stadt wurde Mitte der 1980er Jahre gegründet. Allmuth war zu der Zeit Mitglied des Stadtrates und des Verwaltungsausschusses, offiziell gehörte sie also zur politischen Führung der Stadt. Obwohl sie das einzige Mitglied des Stadtrates war, das französisch sprach, wurde sie nie angesprochen, bei der Leitung des Komitees mitzuarbeiten. Es schmerzte sie, dass man sie nicht als kompetente Romanistin wahrnahm. Sie fühlte sich übergangen, ausgegrenzt und missachtet. Sie war zwar kompetent, gehörte aber nicht zur »Gesellschaft« ihrer Stadt. Zudem war sie politisch in der falschen Partei. Sie hatte im Stadtrat Bürgermeister und Mehrheitsfraktion durch ihren Aktionismus, ihre Direktheit, ihren Fleiß und durch ihre Besserwisserei genervt. Sie hatte sogar einen politischen Skandal heraufbeschworen, als sie beantragte, die Stadt möge Hitler die Ehrenbürgerschaft aberkennen. Nein, solch ein »Schmuddelkind« wollte man nicht im Partnerschaftskomitee, mag es auch noch so kompetent sein und gut französisch sprechen.

Warum mutete sich Allmuth das alles zu? War sie nicht genug ausgefüllt mit Beruf, Haushalt und drei Kindern? Warum dieser unermüdliche Einsatz, diese Sucht nach Anerkennung, Erfolg und Teilhabe? Nach außen wirkte sie auf andere energisch, forsch, patent und machte den Eindruck, dass sie weiß, was sie will, im Innern fühlte sie sich jedoch gehetzt, schuldig an der Unvollkommenheit und der Ungeborgenheit ihrer selbst und der Welt.

So entwickelt sie eine kritisch-intellektuelle moralische Instanz, die sie hart gegen sich selbst und auch gegen andere sein lässt. Das Lebensgefühl des einfachen Seindürfens ist ihr nicht erlaubt, das wäre Zeitverschwendung. *»So entsteht aus dem Gefühl heraus, kein* *gutes Ich zu sein, kein gutes Selbst zu sein, ein Mensch, der durch das Erbringen einer Leistung immer wieder beweisen muß, daß er oder sie doch eine Daseinsberechtigung hat«* (Kast, 1994, S. 263).

Nun zeichnet sich Allmuth in dem Traum nicht durch Leistung aus, sondern durch das Gegenteil, sie schläft. Sofort hat sie das Gefühl, etwas verpasst zu haben, etwas Unerlaubtes getan zu haben. Die anderen beruhigen sie, es ist erst zehn vor elf. Keiner verurteilt sie, aber es kommt auch kein gemeinsames Gespräch zustande, obwohl gemeinsamer Gesprächsstoff, nämlich die Speisekarte, vorhanden ist. Ihre Isolation wird erst aufgehoben, als Albert mit einem Freund kommt. Dadurch erweitert sich für sie auch das Angebot des Lebens, die Speisekarte wird handschriftlich erweitert. Das Angebot ist jedoch zunächst unerreichbar, es ist zu teuer. Warum kosten die Gerichte 27,50 Euro? Mit 27,5 Jahren bekam Allmuth ihre Verbeamtung auf Lebenszeit. War der Preis dafür zu hoch?

Der Eintopf kostet nur sieben Euro. Mit sieben Jahren hat sie oft unschmackhaftes Essen zu sich nehmen müssen. Hauptsache satt. Dieser Preis ist auch nicht akzeptabel.

Vergessen

Meine Kollegin hat ihren Hund bei uns vergessen. Ich entdecke ihn und spiele mit ihm. Dann in der Schule normaler Alltag. Meine Kollegin und ich haben uns zu einer Tagung angemeldet. Sie vergisst es aber und ich fahre alleine zu der Tagung.

Anmerkung: Ich frage meine Kollegin in der Schule, ob etwas mit ihrem Hund sei. Sie verneint. Dafür habe ich aber meinen Schulschlüssel nicht dabei und leihe mir einen Ersatzschlüssel vom Hausmeister.

2. Juni 2004

Etwas vergessen. Hund vergessen, Tagung vergessen, Schlüssel vergessen. Vergangen – vergessen – vorbei. Ach, vergiss es, Schwamm drüber.

Bewusst vergessen? Unbewusst vergessen? Was vergesse ich, was behalte ich? Vergessen, nicht dran denken, wegdrücken, verstecken, nicht mehr wahrhaben wollen. Etwas vergessen dient der Entlastung, ich kann nicht immer alles mit mir rumschleppen. Lebe weiter und vergiss. Nur, wenn etwas vergessen ist, dann ist es ja noch da, es ist nur nicht am richtigen Platz. Vergessene Dinge tauchen wieder auf, vielfach zur Freude, aber auch manchmal zur Last. Glücklich ist, wer vergisst, aber nicht auf Dauer.

Als Erstes soll Allmuth den Hund Mecki vergessen. Sie hatte doch so gerne mit ihm gespielt! Aber sein Verschwinden und sein angeblicher Tod durften nicht hinterfragt werden. Es sollte so getan werden, als sei alles ganz normal, als sei der Hund nie da gewesen. Auch keine Trauer, kein Grab. Vergiss ihn.

Dann wird eine Tagung vergessen. Tagung ist Pflicht, Beruf, Weiterbildung. Das darf aber nicht vergessen werden. Wer ist denn da pflichtvergessen! Allmuth doch nicht. Sie fährt dann eben allein zu der Tagung. Eine Vernachlässigung von Arbeit und Pflicht kommt für Allmuth nicht in Frage.

Dann verliert sie ihren Schlüssel. Wunschdenken? Nicht mehr den Schlüssel benutzen zu müssen, sondern die Türen sind offen oder mir wird geöffnet!

Vergessen als Überlebensstrategie, freiwillig gewählt und aufgezwungen. Vor allem soll Allmuth ihre Angst vergessen. Stell dich nicht so an! Reiß dich zusammen!

Es war Heilig Abend. Das Fest der Familienidylle. Das sollte natürlich auch fotografisch festgehalten werden. Allmuth war knapp zwei Jahre alt. Zu der Zeit hatten sie noch kein automatisches Blitzlichtgerät. An einem Besenstil, der zwischen Tür und Wand geklemmt war, hing ein Faden, der angesteckt wurde und dann herunterbrannte. Wie eine Lunte, die zur Explosion führt, so war es auch bei diesem Faden. Als die Flamme den Besenstil erreichte, knallte und blitzte es. In dieser Sekunde musste bei dem Fotoapparat der Auslöser gedrückt werden. Allmuth hatte panische Angst vor diesem Feuer mit Knall und Blitz. Sie schrie wie am Spieß. Das vermasselte natürlich das Fotografieren. Die Eltern wollten kein Foto mit einem schreienden Kind, erst recht nicht unterm Weihnachtsbaum.

Zur Strafe sperrten sie Allmuth vor die Haustür, ein Stockwerk tiefer. Allein in der Kälte ohne Mantel und in der Dunkelheit der Weihnachtsnacht vor der verschlossenen Haustür, wurde die Panik natürlich noch größer. Die Eltern oben in der Wohnung im ersten Stock in der Wärme und im Licht und sie ausgesetzt in der Dunkelheit und Kälte. Sie schrie, so laut sie konnte, in der Hoffnung, die Eltern könnten sie doch noch hören. Dieses Wut- und Angstschreien machte aber auch die Nachbarn auf die Familie aufmerksam. Aus diesem Grund wurde Allmuth wieder hereingeholt. Was sollten bloß die Nachbarn denken!

Nach dieser Strafaktion nun der zweite Versuch eines Weihnachtsfotos. Allmuth wurde eingeschärft, ruhig zu sein und nicht zu schreien. Reiß dich zusammen! Stell dich nicht so an! Unterdrücke deine Angst, sperr sie weg, lache fürs Foto.

Allmuth lernte ihre Lektion. Angst wegsperren, Maske aufsetzen. Es gibt noch die Fotos, die dann noch gemacht wurden, auf denen Allmuth mit unbewegtem Blick und starren Augen in die Kamera blickt.

Seitdem hat Allmuth nicht mehr laut geschrieen vor Angst, Wut, Enttäuschung, Not oder Schmerz. Schreien nach außen weckt die Nachbarn, ist verboten. Schrei leise, weine leise oder schreie nach innen! Das ist noch erlaubt und fällt nicht auf. Lass deine Angst nicht zu, zeige sie nicht, das will keiner sehen, das stört, es ist ja sowieso keiner da, der dir hilft oder dich tröstet! Sperr die Angst weg! Vergiss sie! Reiß dich zusammen! Stell dich nicht so an!

So entstanden mit der Zeit ihre Abwehrmechanismen wie »*Verdrängung, Verschiebung, Reaktionsbildung, Intellektualisierung, Rationalisierung, Affektisolierung, Kontrollieren und Idealisierung/Entwertung*« (aus dem Gutachten ihrer Therapeutin).

Leerer Einkaufskorb

Ich will einen leeren Einkaufswagen im Flur hinter der Haustür unterbringen. Der Platz ist zu gering, die Tür geht nicht mehr ganz auf.

Dann ist es ein leerer Einkaufskorb, den ich auf einem Steinbeet aus Feld- und Pflastersteinen in einer Ecke des Flures platziere.

10. Juni 2004

Der Einkaufswagen und der Einkaufskorb sind leer. Wann ist der Einkaufskorb leer? Entweder zu Beginn meiner Einkäufe, wenn ich den Einkaufskorb noch füllen kann, oder der Einkaufskorb bleibt für mich immer leer, ich habe keine Möglichkeit, ihn zu füllen. Entscheidend ist, über wie viel Geld ich verfügen kann.

Geld spielte in Allmuths Kindheit immer eine große Rolle. Geld war immer knapp. Der Vater musste für seine beiden Töchter Unterhalt zahlen, über dessen Höhe es ständig Auseinandersetzungen gab. Wie konnte man sich dem Vater gegenüber möglichst bedürftig erweisen, damit er einen höheren Unterhalt zahlte? Manchmal mussten die Kinder zu den Besuchsterminen kaputte Schuhe anziehen, damit der Vater ihnen spontan Geld für neue Schuhe zusteckte. Es war immer ein Balanceakt zwischen Armut zeigen, aber dabei nicht verwahrlost zu wirken, damit der Vater nicht gegen die Mutter beim Jugendamt argumentieren konnte. Bei einem Besuchstermin musste Reinhild alle dreißig Minuten zur Toilette. Jedes Mal kassierte sie vom Vater dafür einen Groschen. Diese Groschen sammelte sie und wurde anschließend von der Mutter dafür gelobt, dass sie dem Vater Geld abgeluchst hatte. Allmuth fand das schäbig, aber Reinhild war stolz, ihrer Mutter einen Gefallen getan zu haben.

Die Mutter bekam vom Vater keine finanzielle Unterstützung. Sie musste arbeiten gehen. Sie arbeitete in der Stadt zunächst als Putzfrau in einer Gastarbeiterbaracke, dann in einer Textilfabrik, dann wieder in ihrem Beruf als Krankenschwester, den sie nach einer Operation zunächst nicht mehr ausüben konnte. Für eine Umschulung fühlte sie sich mit vierzig Jahren zu alt. Es folgten verschiedene Stellen als Verkäuferin. Ihre letzte Anstellung war in einem Altenheim, wo sie ihren zweiten Mann kennen lernte, den sie 1971 heiratete. Ihr Mann war pensionierter Bundesbahnbeamter, der ein gesichertes Einkommen garantierte und jedes Jahr auch für seine Frau ein Freikartenkontingent hatte.

Die Mutter litt sehr an der Armut. Die ersten Wohnungen in der

Stadt waren verrufen als Häuser, in denen »die Asozialen« wohnen. Mit den Kindern aus diesen Häusern spielte man nicht. In dieser Zeit fiel häufiger das Wort »Papenhütte«. Das war wohl der Begriff für die Obdachlosenunterkunft, wahrscheinlich Baracken oder Nissenhütten. Der Satz »Dann müssen wir nach Papenhütte« stand als Drohung im Raum. Allmuth wusste, dass das etwas Schreckliches sein musste. Die Angst vor dem sozialen Abstieg. Im Bewusstsein der Mutter gehörten sie in eine andere Umgebung, sie gehörten der Mittelschicht an und waren nur vorübergehend abgerutscht. Sie war schließlich die Frau eines selbständigen Geschäftsmannes. Auch wenn sie sonst nur Schlechtes über den Vater sagte, sein gesellschaftlicher Status war ihr dennoch wichtig.

Schmalhans war Küchenmeister. In der Woche gab es höchstens einmal Fleisch, und zwar ein Viertelpfund Gehacktes. Das Essen musste nahrhaft und gesund sein. Guter Geschmack war ein Luxus, den sie sich nicht leisten konnten. Die Bekleidung der Kinder wurde immer zu groß gekauft und dann gesäumt, damit sie zwei Jahre halten konnte. So war die Kleidung nie passend, wenn sie die richtige Größe hatte, waren die ausgelassenen Säume sichtbar. Einige Male versuchte sich die Mutter damit, die Kleider für ihre Töchter selbst zu nähen. Allmuth fühlte sich darin sehr unwohl, denn sie saßen schief und unpassend an ihrem Körper. Bei den Schuhen hatte das Kaufen auf Vorrat noch schlimmere Folgen. Nach dem Kauf wurden die zu großen Schuhe mit Papier ausgestopft und wenn sie die richtige Größe hatten, waren sie schief gelaufen. Allmuth hatte Knicksenkfüße und entwickelte einen Gang, der sich negativ auf ihren Rücken auswirkte. Sowohl von der Mutter als auch vom Vater bekam sie zu hören: »Geh gerade«, »Lauf ordentlich«.

Mitte der 1960er Jahre waren Lastexhosen in Mode. Eine Lastexhose war Allmuths größter Traum. Da es eine Steghose war, konnte man sie nicht einsäumen, man musste sie sofort passend kaufen. Daher kamen Lastexhosen für die Mutter nicht in Frage. Allmuth hat ihre Mutter wohl so lange bekniet und mit guten Schulleistungen und absolutem Gehorsam zu erweichen versucht, dass die Mutter schließlich nachgegeben hat und ihr doch noch eine Lastexhose gekauft hat. Allmuth war mit dieser Lastexhose das glücklichste Mädchen der Welt.

Als Allmuth in der fünften Klasse war, zogen sie in ein neues Haus. Es war sozialer Wohnungsbau mit drei Eingängen zu je sechs Wohnungen. Das war zumindest äußerlich ein sozialer Aufstieg, das Gespenst von Papenhütte hatte hier keinen Platz mehr. Die Mutter hatte zuvor wohl Anstrengungen unternommen, eine Eigentumswohnung zu kaufen, aber das war nicht zu finanzieren. Das neue Haus hatte zwar kein soziales Stigma mehr, aber trotzdem fühlte sich die Mutter auch dort fehl am Platz, denn sie gehörte ihrer Ansicht nach in ein besseres Haus. Sie hielt sich den Mitbewohnern gegenüber auf Abstand, denn in ihren Augen war das untere soziale Klasse.

Leisten konnten sie sich weiterhin nichts mehr. Sie mussten zwar nicht hungern, aber die knappe Kasse hielt sie weiter nur am Existenzminimum. Kein Urlaub, kein Restaurantbesuch. Wenn die Mutter mal in der Imbissabteilung eines Kaufhauses etwas ausgegeben hatte, dann war das eine Portion schiere Schlagsahne. Das war nahrhaft fürs Geld. Allmuth war das viel zu fettig. Sie hätte lieber ein Würstchen gehabt. Aber das machte nicht satt genug.

Es kamen Pakete von Verwandten aus Amerika mit abgetragener Kleidung, die umgenäht wurde. Total unmodern und unpassend, aber Allmuth musste das tragen. Erst als Allmuth mit vierzehn Jahren anfing, in den Ferien im Kaufhaus zu arbeiten und sich ihr eigenes Geld verdiente, konnte sie sich Klamotten kaufen, die ordentlich passten und die ihr auch gefielen. Sie kaufte sich als Erstes eine Cordjeans, in der sie sich richtig wohl gefühlt hatte.

Auch wenn die finanzielle Situation später etwas besser war, blieb knappes Haushalten weiter die Devise. Dann wurde das Geld lieber gespart für Notzeiten. Die Gewissheit, ein wenig auf der hohen Kante zu haben, beruhigte ungemein. Das Überleben am Existenzminimum prägt so sehr, dass ein Restaurantbesuch oder eine Taxifahrt als Luxus aufgefasst werden, den man sich nicht leisten kann, obwohl Geld genug dafür da wäre.

Allmuths Mutter hielt immer das Geld fest, gönnte sich auch sonst nichts und sparte am Friseur. Sie kultivierte ihre Armut. Gemeinsame Unternehmungen gab es nach wie vor nicht. Auf Leute im Haus, die sichtbar Geld ausgaben, schaute sie herab. Die waren verschwenderisch und konnten nicht mit Geld umgehen. Sie war vernünftig und hielt das Geld zusammen. Sich etwas gönnen, freigebig sein, feiern oder teure Kleidung hatten für sie etwas Unmoralisches.

In der Wohnung wurden von ihr alte Klamotten aufgetragen und anschließend noch als Putzlappen verwendet. »*Vor uns lässt sie sich vorsätzlich gehen. Ihr Verletztsein, ihr hemmungslos sich durch Arbeit Verbrauchen, ihr offenes Bein, ihre harten Hände, ihre schäbige Unterwäsche, ihre abgetragene Arbeitskluft, ihre materielle Bescheidenheit – einmal müssen wir ein Geschenk, das wir ihr zum Geburtstag kaufen, wieder zurücktragen – sind die uns provokativ vorgehaltenen Zeichen ihrer Aufopferung, sind Teil einer Strategie, um uns für immer an sie zu ketten: seht, was ich für euch tue, seht, wie ich mich für euch verschleiße*« (Delfft, 2003, S. 104).

Zu Beginn ihrer Therapie wurde Allmuth von ihrer Therapeutin gefragt, was für sie in ihrem Leben positiv sei. Woran denke sie oder erinnere sie sich, wenn sie sich selbst trösten oder aufrichten wolle? Was gebe ihr Kraft? Allmuth überlegte lange, denn sie fand auf Anhieb nichts. Nach ein paar Tagen Überlegung meinte sie, Klara könnte das sein, was sie aufrichten könne. Doch dann kamen ihr Bedenken, dass sie Klara für sich funktionalisieren würde. Schließlich fiel ihr ein, was sie der Therapeutin sagen würde: ihre gute und abgesicherte finanzielle Situation.

Der Einkaufskorb kann von Allmuth jederzeit, wenn sie will, gefüllt werden. Geld hat für sie keine existentielle Bedeutung mehr. Der leere Einkaufswagen hat seinen ursprünglichen Schrecken verloren. Er ist jetzt umfunktioniert zu einem Dekoartikel im Hausflur. Allmuth platziert den Einkaufskorb wie ein Kunstobjekt auf ein Steinbeet. Kunst. Lebenskunst.

Treppe ins Bodenlose

Klara ist krank und liegt in einem Krankenhaus. Es ist ein altes, verwinkeltes und unüberschaubares Gebäude mit eigenartigen Treppen. Ich will die Treppen hochgehen, aber sie geben nach und ich bleibe auf der gleichen Höhe bzw. ich sinke ins Bodenlose. Bei den Stufen, die nach unten führen, verhält es sich genauso: Statt Boden unter den Füßen beim Auftreten auf eine Stufe ist es so, als ob ich auf Luft gehen würde und dementsprechend nach unten sacke, aber eigenartigerweise befinde ich mich immer auf der gleichen Höhe.

Ich besuche Klara und versuche, sie übers Wochenende nach Hause mitzunehmen. Die Klinik ist weit von zu Hause entfernt. Klara selbst macht keinen kranken Eindruck. Ich glaube, dass sie stark hustet. Ich horche an der Tür, hinter der Krankenschwester und Arzt besprechen, ob sie Klara übers Wochenende nach Hause schicken können.

25. Juni 2004

Allmuths Gefühl ist, ins Bodenlose zu sinken, keinen Halt mehr unter den Füßen zu haben. Nirgends Halt zu haben. Es geht weder aufwärts noch abwärts, immer auf der gleichen Ebene, obwohl sie Treppenstufen hinaufgeht und hinabgeht. Alles ist wie aus Gummi, gibt nach, wechselt die Konturen. Allmuth ist dem hilflos ausgeliefert, gefangen in einem undurchschaubaren Raum, der nicht verlassen werden kann, weil sie trotz aller Schritte nicht von der Stelle kommt. »*Ich sehe nur noch schwarz, alles ist verschwommen. Metallschranken schließen sich um mich. Ich gerate in Panik. Vollkommene Leere, fehlende Aussicht auf einen Ausweg, Unfähigkeit, sich im Jetzt zurechtzufinden, es überkommt mich pure Angst vor Allem und die niederschmetternde Gewissheit, nichts dagegen tun zu können*« (Labro, 2005, S. 62).

Seit dem Tod der Mutter hat Allmuth ein- bis zweimal im Jahr solche Attacken. Sie kann dann nur noch hemmungslos weinen. Nichts kann sie trösten oder beruhigen. Auslöser sind meist harmlose Bemerkungen von Albert, die Allmuth aber als Anschlag auf ihre Existenz auffasst. Sie zieht sich dann ins Bett zurück und heult, von Krämpfen geschüttelt, stundenlang, bis sie vor Erschöpfung einschläft. Wenn es keiner hören kann, brüllt sie dabei ihren ganzen Schmerz heraus, aber es darf keiner hören. Der Zustand dauert manchmal zwei bis drei Tage. Zwischendurch geht sie ihrer Arbeit nach oder erfüllt ihre Aufgaben so schnell wie möglich, so dass sie sich wieder zurückziehen kann, um wieder zu weinen. In diesen Tagen ist sie müde, erschöpft, lustlos, der einzige Wunsch: alldem entkommen, sich verkriechen, sich am liebsten in Luft auflösen, nicht mehr sein. Alles erscheint kompliziert und unerträglich. Sie fühlt sich zerbrochen, wertlos und zu nichts fähig. Das Vortäuschen von Normalität und von Funktionieren fällt besonders schwer, denn niemand – außer Albert – darf etwas bemerken. »Reiß dich zusammen!« Allmuth empfindet eine gläserne Wand zwischen sich und den anderen, sie ist zwar anwesend, aber nicht präsent. Sie fühlt sich ausgeschlossen von dieser Welt, hinausgeworfen in ein Nichts. Die Vorstufe der Hölle. Sie spürt nichts mehr, was sie in der Welt noch halten könnte. Sie ist der völligen inneren Leere hilflos ausgeliefert und kann ihre Trauer und ihr Weinen nur mit äußerster Anstrengung kontrollieren.

Seit Allmuth selbst Mutter ist, gibt es bei ihr Vorstufen dieser Attacken, die sie aber immer gut verstecken und kontrollieren konnte. Besonders dann, wenn sie eigentlich besonders glücklich sein könnte, etwa im Urlaub mit der Familie, überfiel sie eine tiefe Traurigkeit, ein Gefühl der Leere und eine Sehnsucht nach dem Tod. Sie konnte sich nicht freuen, nicht genießen. Glück war etwas für die anderen, nicht für sie. Sie hatte weder Glück noch Freude verdient. In diesen Momenten fühlte sie sich wertlos und ausgeschlossen. Alle freuen sich, nur sie nicht. Sie tut aber wenigstens so, um den anderen die Freude nicht zu verderben.

Alles schien ihr irreal. Deshalb auch ihr Anliegen, möglichst viel im Foto festzuhalten. Ein Foto dokumentiert schwarz auf weiß die schönen Erlebnisse, die sie selber nicht spüren konnte. So hatte sie wenigstens die Möglichkeit, sich zu vergewissern, dass es tatsächlich so passiert ist. Wenn sie schon kein der Situation angemessenes Gefühl entwickeln konnte, so wurde wenigstens die Situation als solche per Foto dokumentiert. Sie konnte ja unmöglich in den schönsten Augenblicken sagen: »Ich bin so traurig, ich spüre nichts, ich möchte am liebsten heulen oder sterben.« Sie täuschte Freude vor und nervte die Familie mit ihrem Fototick.

Im Traum ist Allmuth auch Klara. Klara ist krank, macht aber keinen kranken Eindruck. Allmuth macht auch in der Realität keinen kranken Eindruck. Außer Albert weiß keiner von ihren Beschwerden. Alle halten sie für stark und für fast unverwundbar. Nur das Husten fällt auf. Tatsächlich hustet Allmuth schon seit sechs Wochen.

Allmuth horcht an der Tür, hinter der sich die Experten wie Arzt und Krankenschwester über ihre Krankheit unterhalten. Allmuth will mehr über sich und ihre Krankheit wissen. Sie forscht nach, liest Aufsätze, kauft sich Fachzeitschriften und Bücher zum Thema Psychotherapie. Sie will durch das Horchen an der Tür teilhaben am Wissen der Fachleute.

Der Traum spielt im Krankenhaus, der Ort, an dem man gepflegt wird, aber auch ein Symbol für »*Hilfsbedürftigkeit in seelischer Not*« (Vollmar, 2000, S. 165). Nach C. G. Jung stellt dieser Ort ein Muttersymbol dar. Allmuth möchte Klara (sich selbst) übers Wochenende nach Hause holen. Der Wunsch, das Krankenhaus zu verlassen, die Hilfsbedürftigkeit in seelischer Not abzubauen und sich vom Muttersymbol zu entfernen.

Rütteln an der Tür

Es geht um einen Hochzeitskranz. An mehreren Stellen ist Draht freigelassen worden und daraus sind provokatorische Motive gedruckt worden. Ich gehöre zu einer Gruppe von drei Frauen, darunter die Braut.

Der Kranz hängt vor der Tür, wir warten, wie die Männer auf die Provokation reagieren. Ich schließe die Haustür zweimal ab, die anderen Frauen sichern die Hintertür. Ich höre die Männer grölend und drohend herbeikommen. Ich stürme nach hinten, um den Frauen zu sagen, dass die Männer nun kommen. Die Frauen stürzen nach vorne. Es klingt bedrohlich. Die Männer rütteln an der Tür und wollen herein, um die Frauen zu verprügeln oder noch mehr Gewalt anzutun. Ich weiß, dass ich die Tür abgeschlossen habe, aber es besteht die Gefahr, dass sie von den wütenden Männern aufgebrochen wird, und dann sind die zwei Frauen in Lebensgefahr. Ich lasse die Frauen nach vorne gehen, warte aber noch ab, selbst auch mitzugehen, und rufe mit einem Handy die Polizei um Hilfe. Sie soll schnell kommen, die Tür drohe einzubrechen.

In der nächsten Szene ist die Polizei – es ist ein Team aus der

Fernsehserie »Großstadtrevier«, die ich zwar kenne, aber mir nie ansehe – bereits da. Die Männer und Frauen haben sich bereits in den Kladden, das heißt, sie streiten und prügeln sich, aber mit Hilfe der Polizei wird die Provokation als harmloser Scherz entlarvt und die Bedrohung löst sich auf.

29. Juli 2004

Rütteln an der Tür. Angst, die Tür hält dem Ansturm nicht stand und bricht auf. Angst vor Gewalt, die dann ausbricht.

Allmuth ist etwa sechs Jahre alt. Tagsüber hat es wieder einen heftigen Streit zwischen den Eltern gegeben. Allmuth versteht nie, warum sie sich streiten, sie spürt nur immer sofort die aufgeladene, bedrohliche und unheimliche Stimmung. Ihr Vater war einige Tage verreist und hat die Weltausstellung in Brüssel besucht. Die Mutter macht ihm eine Szene, weil er den Kindern nichts mitgebracht hat. Die Eltern schlafen schon lange nicht mehr in einem Raum. Der Vater schläft im Schlafzimmer und die Mutter mit den Kindern auf der grünen Bettcouch im Wohnzimmer. Reinhild ist nicht da. Sie ist für einige Zeit bei der Schwester der Mutter, die selbst zwei Söhne hat und gerne mal ein süßes Mädchen verwöhnen will.

Allmuth liegt mit der Mutter auf der Bettcouch. Es ist schon spät, Allmuth ist schon eingeschlafen. Die Mutter schließt immer die Wohnzimmertür ab, wenn sie zu Bett geht. Dann kommt der Vater nach Hause und poltert in der Küche herum. Es hört sich an, als ob Möbel verschoben oder zertrümmert werden. Dabei schimpft er laut vor sich hin. Allmuth wird von den Geräuschen wach und hat Angst. Das Gepoltere wird immer heftiger, an Schlaf ist nicht mehr zu denken. Dann kurze Beruhigung. Der Vater ist in den Keller gegangen und kommt mit Geräten aus dem Heizungsraum wieder. Mit diesen Geräten donnert er gegen die verschlossene Wohnzimmertür und schreit in einer Tour: »Ich bring euch um, ich bring euch um!« Allmuth und die Mutter ziehen sich an, immer mit dem Blick auf die Tür. Falls die Tür durchbrechen sollte, wollen sie sich vom Balkon abseilen. Das dicke Tau der Wäscheleine liegt neben ihnen. Die Mutter hat alle wichtigen Sachen, vor allem Dokumente, in ihre Stadttasche gepackt. Diese Tasche soll beim Abseilen mitgenommen werden. Allmuth war vor ein paar Tagen beim orthopädischen Schuster gewesen, der ihr Einlagen machten sollte. Dazu wurde ein Gipsabdruck der Füße gemacht. Allmuth bestand darauf, dass diese Gipsabdrücke ihrer Fußsohlen unbedingt mit in die Stadttasche sollten. Erst wollte die Mutter nicht, weil sie so zerbrechlich waren, aber dann gab sie nach. Es beruhigte Allmuth ungemein, dass die Gipsabdrücke mit gerettet werden sollten. Das Getöse und Gerüttel an der Tür wurden immer bedrohlicher. Allmuth und die Mutter standen nur starr neben der Bettcouch und starrten zur Tür, die Stadttasche und das Seil griffbereit zur Flucht.

Dann wurde es schlagartig still. Die Untermieterin war gekommen. Diese sollte das Drama nicht mitkriegen und der Vater zog sich ins Schlafzimmer zurück. Am nächsten Tag war alles so wie immer. Nach dieser Erfahrung stand immer die gepackte Stadttasche griffbereit zur Flucht.

Im Traum ist die Gewalt der Männer, die bedrohlich an der Tür rütteln, durch eine Provokation der Frauen ausgelöst worden, die sich im Nachhinein als harmloser Scherz entpuppte. Vielleicht ist der Vater auch von der Mutter provoziert worden, denn jede erlebte Gewalttätigkeit des Vaters hat Allmuth immer nur in Zusammenhang mit der Mutter erlebt. Wenn sie mit ihm alleine in seinem Elternhaus war, hat sie ihn nie gewalttätig erlebt.

Als Allmuth viele Jahre später ihre Mutter und ihren Stiefvater besuchte, zeigte Reinhild ihr ein Messer, das sie zu ihrem Schutz unterm Kopfkissen aufbewahrte. Auf ihren fragenden Blick erzählte Reinhild ihr, dass ihr Stiefvater gelegentlich solche Gewaltausbrüche hatte, dass sie um ihre Sicherheit fürchtete. Es gab Zank und Streit zwischen den Eheleuten, der oft mit körperlicher Gewalt der Mutter gegenüber endete. »So wie bei Papa damals. Es ist jetzt genauso«, sagte Reinhild. Allmuth konnte sich das kaum vorstellen. Ihr Stiefvater war knapp achtzig Jahre alt, siebenundzwanzig Jahre älter als die Mutter. Allmuth kennt ihn als einen gemütlichen Opa, der seine Ruhe genießen will. Der und gewalttätig? Unvorstellbar! Doch das Messer unter Reinhilds Kopfkissen sprach Bände.

Die zweite Ehe der Mutter ist abermals gescheitert. Die Streitereien fingen schon bald nach der Hochzeit an. Die Stimmung war oft zum

Zerreißen gespannt. Nach knapp vier Jahren ging der Stiefvater wieder zurück ins Altersheim. Es war nicht mehr auszuhalten. Auf die Entfernung klappte der Umgang der Eheleute noch einigermaßen. Der Stiefvater hatte dann einen schweren Verkehrsunfall und musste lange im Krankenhaus liegen. Im Jahre 1979 starb er dort.

Einige Jahre danach begann die Mutter eine weitere Beziehung zu einem älteren Mann, die aber auch keine Nähe aushielt. Nach einigen missglückten Versuchen des Zusammenlebens einigten sie sich auf eine Wochenendbeziehung, die bis zu ihrem Tod dauerte.

Seenot und Rettung

Ich bin in Seenot im Wasser, im Meer oder in einem großen See. Ich schwimme um mein Leben. Unter mir ist mein kleines Kind Klara, das ich retten muss. Der Kampf ist ziemlich aussichtslos, denn ich bin keine gute Schwimmerin und das Wasser ist sehr bewegt. Die Not vergrößert sich noch, als der Rumpf eines Segelschiffes oder einer Yacht neben mir mit großer Geschwindigkeit fährt. Es droht, mich und mein Kind zu überfahren oder aufzuschlitzen. Ich rufe, dass es mir nicht so bedrohlich nahe kommen solle, aber man hört mich nicht. Ich kämpfe mit unmenschlichen Kräften und versuche ständig, das bedrohliche Schiff in genügendem Abstand zu halten. Plötzlich habe ich es geschafft. Ich komme an einen Beckenrand wie bei einem Swimming-Pool und stelle das gerettete Kind auf dem Beckenrand ab. In der Realität ist solch eine Geste gar nicht möglich, denn ich hieve das Kind vom Wasser aus auf die Beckenkante und bleibe selbst dabei im Wasser. Ich sage: »So, wir haben es geschafft, jetzt hast du wieder Boden unter den Füßen.« Ich will das Kind noch anschließend trocknen und versorgen, aber es lehnt die Hilfe ab und meint, es sei groß genug, es selber zu machen. Ich suche Albert, um ihm von der Rettung unseres Kindes zu erzählen, aber ich finde ihn nicht.

Anmerkung: Nach diesem Traum wache ich erschöpft auf.

12. Mai 2005

Der Traum ist eine einzige Anstrengung. »*Mein Leben war eine einzige Anstrengung, dich zu ersetzen, dich nicht mehr zu brauchen*« (Moser, 1979, S. 52). In dem Traum verdichtet sich das Lebensgefühl von Allmuth, immer kämpfen zu müssen, sich immer anstrengen zu müssen. Leben als Kampf – struggle of life. Ihre Überlebensstrategie, sich durch Anstrengung und Leistung über Wasser zu halten, da sie ansonsten keinen Boden unter den Füßen hat. Wenn sie aufhört zu kämpfen, sackt sie weg, kann nicht einfach bei sich selbst stehen bleiben oder einfach nur da sein. Wer sich im Wasser nicht bewegt, geht unter. Allmuth muss immer ein Ziel oder eine Aufgabe haben, die sie in Bewegung hält. Erst durch die Begegnung mit der Feldenkrais-Methode lernt sie, dass sie sich fallen lassen kann, ohne unterzugehen. Das fällt ihr jedoch noch sehr schwer, denn das Gefühl, ständig kämpfen zu müssen, um ihr Leben schwimmen zu müssen, ist so tief eingebrannt und so bestimmend für ihre Lebenseinstellung, dass eine Lösung davon nur zögerlich, tastend möglich ist. Allmuth macht zu Hause regelmäßig Feldenkrais-Übungen und nimmt jetzt auch an einem Qigong-Kurs teil, in dem sie das eigene Körpergefühl – auch ohne Kampf – zu spüren trainiert.

Allmuth schwimmt um ihr Leben. Schwimmen war und ist für Allmuth eine Sportart, die mit Anstrengung und Überwindung verbunden ist. Als in der Schule Schwimmen auf dem Lehrplan stand, hat die Sportlehrerin sich nur um die guten Schüler gekümmert. Allmuth klammerte sich gemeinsam mit ihrer Freundin im Nichtschwimmerbecken an den Beckenrand und verharrte dort die ganze Schwimmstunde, sich höchstens einen Schritt vom Beckenrand entfernend. Als Kind ist sie in einem Baggersee nahe ihrem Dorf aus dem Schwimmreifen gerutscht und fast ertrunken. Seitdem hat sie Angst vor dem Wasser. Nach dem erfolglosen Schwimmunterricht, hat Allmuth sich gemeinsam mit ihrer Freundin nachmittags im Schwimmbad getroffen und etwa ein halbes Jahr lang zäh und beständig mit gelegentlicher Hilfe des Bademeisters sich selbst das Schwimmen beigebracht. Nur durch eigene Anstrengung und Überwindung schaffte sie den Freischwimmer. Schwimmen blieb für Allmuth ein ungeliebter Sport, aber für das Leben ist es notwendig, schwimmen zu können.

Allmuths Seenot wird noch durch ein Schiff verschlimmert, das sie zu überfahren droht. Normalerweise ist ein Schiff für einen in Seenot Geratenen ein Zeichen der Rettung, für Allmuth ist es das Gegenteil. Die natürliche Rettung, die erste Sicherheit wären die Eltern, speziell die Mutter gewesen, aber von ihnen geht für Allmuth eine Bedrohung aus. Die Mutter droht sie zu verletzen, zu zerstören, sie muss vor ihr davonschwimmen. »*Tagtäglich mußte ich mich mit ihrer Verbissenheit auseinandersetzen, mit der sie ein nach ihren Vorstellungen vollkommenes Wesen aus mir modellieren wollte. Ich mußte gegen ihre ungeheure Willenskraft anrennen, mit der sie meinen Körper und meine Gedanken verdrehte, um mich auf den Weg zu bringen, den sie mir zugedacht hatte. Zwischen dieser Frau, wie sie sich sie vorstellte, und mir, wie ich eigentlich war, hatte sich die Sache breitgemacht. Meine Mutter hatte mich zu ihrer Puppe gemacht und diese Arbeit so vollkommen geleistet, so tiefgreifend, daß ich mir dessen nicht mehr bewußt war, es mir gar nicht mehr anders vorstellen konnte*« (Cardinal, 1979, S. 57).

Die unmenschliche Kraftanstrengung führt Allmuth letztendlich an ihr Ziel. Plötzlich ist die Gefahr gebannt, das Meer beruhigt sich, wird zu einem Swimming-Pool. Allmuth und Klara sind gerettet, sie hat wieder Boden unter den Füßen.

Therapie

Drei Träume

Wir wollen in ein neues Haus einziehen. Es ist das mittlere Haus in einer Reihenhausreihe, ein weißer Putzbau. Es ist gerade fertig gestellt und die Außenanlagen sind noch nicht fertig. Ich erkunde das Haus von außen mit dem Fahrrad und spreche mit der Nachbarin. Ich kann von außen einen Blick nach innen werfen: Albert hat schon viele Bücher herübergebracht. Im Wohnzimmer stehen teilweise neue Möbel. Es sind keine Kinder im Haus. Es gibt auch keine Kinderzimmer.

Ich bin Teil einer Hochzeitszeremonie am Altar in einer Kirche. Die Kirche sieht so aus wie die Kirche, die zu einem Kinderheim gehörte, in dem ich im Alter von etwa zwölf Jahren für einige Wochen in den Sommerferien war. Ich bin dort als Kind oft allein in diese Kirche gegangen. Im Kirchenraum sind keine Hochzeitsgäste und auch keine Gemeindemitglieder. Nur ein einzelner Mann sitzt in der Kirche. Er ähnelt meinem Vater, zumindest trägt er in der Kirche einen Hut, vor dem ich mich als Kind oft gefürchtet habe. Ich bin ganz in Weiß, wie eine Braut gekleidet. Die Trauungszeremonie wird von einem uns heute gut bekannten evangelischen Pastor gespendet. Nach der Zeremonie stehe ich alleine da. Mein Mann bespricht sich in einem kleinen Pulk von Leuten. Ein ehemaliger Kollege aus der Schule spricht mich an und wir verabreden uns zum Erdbeerpflücken. Nachmittags pflücken wir dann gemeinsam Erdbeeren auf einem großen Erdbeerfeld.

Später gehe ich mit Albert über die Erdbeerfelder. Ich stehle eine Pflanze, um sie in unseren neuen Garten zu pflanzen. Albert hat eine Verabredung mit Männern in einem Auto am Ende der Erdbeerfelder.

Sitzung mit meiner Therapeutin Frau M. in einem Büro im Rathaus. Sie trägt ein blaues Kostüm und hat asiatische Gesichtszüge. Ich will von meinem Hochzeitstraum erzählen. Meine Therapeutin verzieht schmerzhaft das Gesicht, denn sie hat Schmerzen an der Ferse. Ständig betreten Leute (darunter ein Amtsleiter der Kreisbehörde, Herr S.) den Raum, was ich als störend empfinde. Ich bitte sie, den Raum zu verlassen. Sie gehen dann auch, aber die Tür bleibt offen. Frau A., unsere Schulsekretärin, bleibt an einem Tisch sitzen, was mich aber nicht weiter stört. Als ich meinen Traum meiner Therapeutin zu Ende erzählt habe, liegt sie krank und erschöpft auf einer Liege. Ich bringe sie mit dem Auto nach Hause in eine benachbarte Stadt.

Im Urlaub, Ende Dezember 2003

Allmuth ist im Urlaub mit Albert und ihren beiden Töchtern, Christina und Klara. Christina arbeitet im Ausland und hat über Weihnachten ein paar Tage Urlaub. Auf ihren Wunsch geht es für ein paar Tage in den Skiurlaub nach Österreich. Da Klara sich beim Tanzen das Kreuzband gerissen hat, darf sie nicht mit auf die Piste und muss mit Allmuth Langlauf probieren.

Allmuth hat die Nase voll vom alpinen Skifahren. Sie hat drei Anfängerkurse gemacht, aber sie war viel zu ängstlich und verkrampft, als dass Freude auf Skiern entstehen könnte. Für sie war es Arbeit und Anstrengung, aber immer in der Hoffnung, dass irgendwann mal sich der Knoten lösen würde und sich dann der Spaß einstellen würde. Der gute Wille, sich den Freuden der anderen Familienmitglieder anschließen zu können, war da, aber mehr als eine Pflichtaufgabe ist nicht dabei herausgekommen. »Ich will es lernen, die anderen können es ja auch«, das war ihre Devise. An Unterstützung und Ermutigung mangelte es nicht und sie strengte sich immer mehr an. Nachmittags nach dem Kurs dann noch auf dem Idiotenhügel rauf und runter, aber der Groschen wollte nicht fallen. Einmal stand sie oben alleine auf der Piste, die Gruppe war schon ganz woanders, der Skilehrer hatte nicht auf sie gewartet. Der Berg war steil und vereist, alle rasten an ihr vorbei. »Hier kommst du nie runter«, dachte sie angsterfüllt. Nach einer Viertelstunde kam zufällig Albert mit seinem Trupp vorbei, tröstete sie, sprach ihr Mut zu und lotste sie ganz langsam bis zum Lift. Unten angekommen, nach der Dusche, wollte sie sich beim Lesen entspannen. Aber sie konnte kaum richtig durchatmen, so sehr zog sich ihre Brust zusammen. Es waren Seitenstiche, die immer intensiver wurden. Etwa eine Stunde litt sie unter den Herzschmerzen. »Gott sei Dank sind die anderen noch auf der Piste«, dachte sie. Keiner soll sie so sehen. Ganz allmählich entspannte sich ihr Brustkorb und sie entschied, dass die Angst wohl ihr ständiger Begleiter beim Skifahren sein würde. Da hilft kein Kurs mehr. Seitdem hat sie sich von der Piste verabschiedet.

Dann wollte im letzten Jahr ihr Kollegium in den Zeugnisferien gemeinsam zum Skilaufen fahren. Die Idee was faszinierend: das Kollegium gemeinsam auf einer Hütte mit Selbstversorgungscharakter. Das schweißt zusammen und macht bestimmt viel Spaß. Allmuth wollte natürlich dabei sein. Aber Piste – nein danke. Dann machst du eben Langlauf! Als die anderen dann zum Lift stiefelten, ging sie ins Dorf und lieh sich Langlaufskier aus. Es ging allein auf einer herrlichen Langlaufloipe durch Wald und Feld. Hier konnte man für sich sein, die Ruhe genießen und sich an den Naturschönheiten erfreuen. Warum hatte sie sich nur so viel mit dem Abfahrtski gequält? Langlauf, das ist etwas für sie! Zwar war immer noch die Angst vor dem Fallen vorhanden, wenn es etwas bergab ging, aber zur Not schnallte sie die Skier einfach ab und ging zu Fuß den kurzen Abhang hinunter.

Für das Kollegium war die Skifahrt eine richtige Gaudi, wenngleich eine etwas primitive Unterbringung im Jugendherbergsstil der Sechzigerjahre, das muss man sich in dem Alter nicht mehr antun. Als Allmuth die geliehenen Skier wieder zurückgeben wollte, hatte jemand ihre Skistöcke auf die Hütte mitgenommen, so dass sie diese gezwungenermaßen bezahlen, dann auch mit nach Hause nehmen musste.

Jetzt hatte Allmuth die Stöcke in den Urlaub mitgenommen. Christina und Albert verabschiedeten sich nach dem Frühstück und fuhren mit dem Skibus auf die Piste und Klara musste mit weinendem Herzen unten bleiben. Aber sie arrangierte sich mit ihrem Schicksal und machte mit Allmuth Wanderungen und Langlauf.

In dem kleinen Pensionszimmer sitzt Allmuth nun an einem kleinen Tischchen und schreibt auf einem Zettel ihre drei Träume auf.

Seit Mai diesen Jahres ist sie in Therapie, einmal die Woche. Auf Anregung von Albert ist sie selbst hingegangen und hat nach fünf Monaten den ersten Termin bekommen. Das war Anfang Mai 2003. Die ersten Monate waren sehr schwer. »Lieber vier Stunden Zahnarzt als eine Stunde Therapie«, sagte sie zu Albert. Sie kam immer mit hochrotem, erhitzten Kopf nach Hause. Dann zwei bis drei Tage gar nicht an die Sitzung gedacht, alles erst mal wieder weggeschoben, sacken gelassen und dann kam es ihr wieder aufs Bett. Außer Albert und Klara wusste keiner, dass sie in Therapie war, sie funktionierte ja nach außen wie immer. Die Therapeutin meinte, es wäre gut, wenn sie mal träumen würde. Dann hätte man Anhaltspunkte und das wäre gut für den Verlauf der Therapie. Sie konnte aber nicht mit Träumen dienen, denn sie konnte sich an keine erinnern, geschweige denn sie auch noch aufschreiben.

Es war jedoch nicht so, dass sie nicht träumte. Als sie zum ersten Mal schwanger war, hatte sie viele Albträume, in denen ihre Mutter sie immer wieder quälte und folterte. Auch erinnert sie sich, dass sie vor ein paar Jahren wieder eine Phase hatte, in der sie von Albträumen geplagt wurde. Albert schenkte ihr damals ein Buch darüber, wie man mit Träumen arbeitet. Sie erwartete, dort Rezepte zu finden, was ihre Träume bedeuteten. Aber so einfach ging das wohl nicht und sie legte das Buch nach vierzig Seiten wieder weg. Nun, nach einigen Monaten Therapie, kramte sie das Buch wieder hervor und fing an, es systematisch zu erarbeiten. Es ist geschrieben von Montagne Ullmann und Nan Zimmermann: »Mit Träumen arbeiten«. So wollte sie vorbereitet sein, falls sie jetzt auch mal einen Traum haben würde.

Im Urlaub war sie natürlich gar nicht darauf vorbereitet, Träume aufzuschreiben. Aber die drei Traumbilder waren noch am folgenden Tag so präsent, dass sie einen Zettel suchte und sie am Abend aufschrieb.

Die drei Träume bilden den Aufriss für eine Entwicklung, die für Allmuth weitreichende Folgen hat für die Auseinandersetzung mit sich selbst, mit ihrer Vergangenheit und für den Verlauf ihrer Therapie.

Im ersten Traum will sie mit Albert in ein neues Haus einziehen, das keine Kinderzimmer mehr hat. Zwar ist Klara noch im Haus, aber nachdem sie schon ein Jahr als Austauschschülerin in Amerika verbracht hat, ist sie bereits sehr selbständig und lebt ihr Leben, so dass ihr endgültiger Auszug nach dem Abitur in eineinhalb Jahren auch nicht mehr viel verändern wird. Christina lebt in Japan und Carl studiert in einer Stadt etwa zweihundert Kilometer entfernt und kommt nur noch selten nach Hause. Allmuth und Albert sind also jetzt in der Phase, wo die Kinder aus dem Haus gehen und eine Neuorientierung ansteht. Es wird also im Traum ein neues Haus bezogen, welches noch unfertig ist. Eins steht schon fest: Auch das neue Haus wird wieder viele Bücher haben, dazu auch neue Möbel. Da es das mittlere Haus ist, ist es nicht freistehend wie das Haus, in dem sie jetzt wohnen. Es wird also kleiner sein, jedoch nicht isoliert, sondern eng umgeben von Nachbarn, mit denen man auch jetzt schon sprechen kann. Als weißer Putzbau wirkt es hell und freundlich, die Außenanlagen bieten noch Raum für Kreativität. Alles in allem ein wohltuendes Bild, ein Ausblick auf eine glückliche Zukunft.

Im zweiten Traum geht der Blick zurück und nach innen. In ihrer Kindheit war Allmuth in verschiedenen Kinderheimen. Mit sieben Jahren kam sie 1959 in ein Kindererholungsheim auf Wangerooge. So nannte man wohl nach dem Krieg die Heime, in denen die Kinder aufgepäppelt werden sollten. Dort herrschte fast militärische Zucht und Ordnung. Einige Erzieherinnen waren vermutlich schon in der Nazizeit im Dienst und die katholischen Nonnen waren manchmal besonders erbarmungslos.

Dem Alter nach gehörte Allmuth in die Gruppe Braun und dort war sie auch in der ersten Nacht. Dann kam sie ohne Erklärung in die Gruppe Blau, für die sie eigentlich schon zu alt war. Da es im Schlafsaal kein Bett mehr für sie gab, wurde ihr ein Bett in den Waschraum gestellt. Direkt gegenüber vom Bett stand der Eimer für die Notdurft der Kinder. So wurde sie nachts des Öfteren geweckt, denn einige Kinder nahmen keine Rücksicht auf ihren Schlaf.

Morgens nach dem Aufstehen dann in den Keller, nackt ausziehen und im Gänsemarsch in einen großen Waschraum antreten, wo eine Nonne mit großer weißer Gummischürze auf einer Wanne stand und jeden mit einem dicken schwarzen Schlauch einmal von vorne und einmal von hinten mit kaltem Wasser abspritzte. Dabei mussten die Arme hochgehalten werden oder lange Haare mussten mit den Händen festgehalten werden. Die Kinder hatten sich zu beeilen, denn auf diese Weise wurden sämtliche Kinder des Heimes abgespritzt. Einmal war ein Mädchen aus einer anderen Gruppe, das schon einen kleinen Busen hatte und sich sehr schämte, beim Duschen in Allmuths Gruppe. Vielleicht war es eine Strafe oder es hatte zu sehr gebummelt. Aber es gab kein Erbarmen. Das Mädchen musste sich nackt vor den kleinen Kindern der Nonne zum Abspritzen präsentieren.

Wegen der Eile herrschte immer ein Kommandoton. Beim Frühstück gab es gekochte Milch in billigen Plastiktassen, die einen ekligen Geschmack an die Milch abgaben. Zudem bildete sich immer eine Haut auf der Milch, was für Allmuth besonders Ekel erregend war. Nun galt in dem Heim, dass Kinder, die nachts zur Toilette oder auf dem Kübel vor Allmuths Bett gegangen waren, morgens nichts zu trinken bekamen. Sie mussten ihre Tassen umdrehen. Aus Ekel vor der Milch drehte Allmuth immer ihre Tasse um, bis jemand gepetzt hatte: »Allmuth war gar nicht auf dem Klo.« Fortan musste Allmuth allmorgendlich eine Tasse Milch runterwürgen.

Die Postkarten nach Hause wurden zensiert oder von den Erzieherinnen selbst geschrieben. Die erste Karte durfte Allmuth unterschreiben. Die Erzieherin schrieb: »Liebe Mutti, ich bin hier gut angekommen. Die Fahrt war sehr schön. Am Mittwoch schreibe ich einen Brief. Viele Grüße Deine Allmuth.« Auf der Karte war noch ein Stempel: »Besuche im Kinderheim nicht (fett gedruckt) gestattet«.

Regelmäßig vor dem Essen war gemeinsamer Toilettengang angesagt. Wieder in Reih und Glied aufstellen und wenn man dran war, musste man sagen, welche Aktion sich auf der Toilette abspielen würde. Bei »groß« bekam man zwei Blätter Klopapier in die Hand gedrückt und bei »klein« nur eins. Da dies aber nie ausreichend war, kündete Allmuth fast jedes Mal »groß« an und hortete dann jeweils das kostbare Blatt Klopapier in ihren Taschen. Neben der lagermäßigen Abfertigung von Notdurft und Essen war der Tag ausgefüllt mit Laufen, Laufen und nochmals Laufen. Hin und wieder durften sich die Kinder am Strand austoben und sogar ins Wasser gehen. Allmuth ging nicht gern ins Wasser, denn sie hatte einen hässlichen dunkelblauen Badeanzug aus einem sehr altmodischen Stoff. Gelegentlich bekam ein Kind ein Päckchen von zu Hause. Das wurde dann in der Gruppe verteilt, ob das Kind es wollte oder nicht.

Nach sechs Wochen Aufenthalt sollte es für alle ein Abschiedsfest geben. Schon Tage vorher wurden eifrig Spiele aufgebaut und die große Rasenfläche vor dem Haus, heute der Rosengarten auf Wangerooge, für den Festnachmittag vorbereitet. Zur Eröffnung des Festes gab es ein Festessen. Das besonders Festliche an dem Essen war der Nachtisch, ein Schälchen mit grünem Wackelpudding. Diese Schälchen waren schon in der Mitte des langen Tisches, an dem gut dreißig Kinder saßen, aufgereiht. Allmuth saß als Älteste der Gruppe vor dem Tisch. Während des Essens wurde ihr übel und sie musste sich übergeben. Aufstehen vom Tisch war jedoch verboten. In ihrer Not hielt sich Allmuth ihre Hand vor den Mund in der Hoffnung, das Essen würde so nicht den Mund verlassen können. Aber das Unglück ließ nicht lange auf sich warten. Allmuth kotzte einen Schwall in hohem Bogen über den ganzen Tisch und alle Schälchen mit grünem Wackelpudding hatten einen Spritzer abbekommen. Obwohl der ganze Saal auf sie einstürmte und sie beschimpfte, fühlte Allmuth sich jetzt besser. Ihr war nicht mehr übel. Rache ist süß! Zur Strafe musste sie während des ganzen Festes auf ihrem Bett im Waschraum sitzen. Natürlich hat sie aus dem Fenster dem Treiben mit gemischten Gefühlen zugeschaut. Jetzt war endlich mal was los und sie hatte es sich selbst verdorben, obwohl sie es nicht absichtlich gemacht hatte. Sie hat sich die Freude selbst verdorben. Trotzdem war sie nicht unglücklich.

Nach dem Wangerooge-Aufenthalt schwor sie sich: Nie wieder Kinderheim.

Einige Jahre später war ihre Schwester in solch einem Heim. Als Allmuth sie mit ihrer Mutter vom Zug wieder abholte, erschraken sie: Reinhild sah aus wie der Tod, hohlwangig mit tiefen Schatten unter den Augen, fast bis aufs Skelett abgemagert. Essen ist für Reinhild immer eine Strafe gewesen. Für sie musste das Heim die Hölle gewesen sein. Um sie wieder aufzupäppeln, sollte sie so bald wie möglich wieder in ein »Erholungs«heim. Da sie sich mit Händen und Füßen dagegen wehrte, akzeptierte sie es nur, wenn Allmuth auch mitkäme.

Der erbarmungswürdige Zustand von Reinhild machte es Allmuth leichter, noch einem Heimaufenthalt zuzustimmen.

Diesmal ging es im Jahr 1965 nach Klappholttal auf Sylt. Obwohl der Name »Jugendborn-Süd« einiges befürchten ließ, war hier die Atmosphäre etwas entspannter, es gab weniger militärischen Drill und kleinere Gruppen. Allerdings ging es hier besonders darum, die erholungsbedürftigen Kinder zu mästen. Jede Woche musste sich die ganze Gruppe nur mit Unterhose bekleidet vor dem Arzt aufreihen und auf die Waage gehen. Oh wehe, man hatte nicht zugenommen, schlimmer noch, man hatte sogar abgenommen. Dann war gnadenloses Hineinstopfen angesagt. Wer das Pensum nicht mochte oder nicht schaffte und sich deswegen übergeben musste, der durfte vom Tisch nicht aufstehen und musste sein eigenes Erbrochenes wieder aufessen.

Einmal hatte Allmuth zweihundert Gramm abgenommen. Beim anschließenden Frühstück wurde ihr ein besonders großer Teller mit Milchsuppe vorgesetzt. Dazu noch zwei dicke Scheiben Schwarzbrot. Die Milchsuppe war besonders ekelig, da sie voll von Schleimklumpen war. Ganz vorsichtig, um mit viel festem Willen den Würgereflex im Zaum zu halten, löffelte sie die Suppe herunter. Als sie nach einer halben Stunde den Teller glücklich geschafft hatte, wurde ihr wegen der fehlenden zweihundert Gramm ein zweiter Teller vor die Nase gestellt. Alle anderen waren schon längst fertig und machten sich für die Wanderung bereit. Allmuth musste so lange sitzen bleiben, bis auch dieser Teller leer gegessen war. Alleine im Essraum mit der klumpigen und schleimigen Milchsuppe, die kalt noch ekeliger schmeckte, machte Allmuth aus jedem Löffel eine Mutprobe. Etwa alle zehn Minuten einen Löffel in den Mund und ihn dann mit mentalem Training sanft hinuntergleiten lassen, um den Würgereiz zu überlisten. Bis kurz vor dem Mittagessen hat ihr Kampf gedauert. Dann weiter mit dem Mittagessen, das wenigstens nicht so ekelig schmeckte.

Nach dem Mittagessen dann der obligatorische Mittagschlaf. Mit acht bis dreizehn Jahren waren die Kinder zu alt zum Schlafen, denn schließlich waren sie weder Babys noch waren sie krank. Trotzdem: absolute Bettruhe, die von einer Aufsicht in der Tür des Schlafraumes kontrolliert wurde. Lesen war natürlich verboten. Die einzige Möglichkeit, die Aufsicht zu überlisten, bestand darin, sich auf die Seite zu legen mit dem Rücken zur Aufsicht. Das Buch musste dann aufgeschlagen auf dem Gang zwischen den Betten liegen, auf der der Aufsicht abgewandten Seite. So konnte man von der Bettkante aus lesen. Umblättern ging nur, wenn die Aufsicht mal kurz weg war. Insgesamt war Sylt aber nicht so schlimm wie Wangerooge.

Die Post wurde nicht mehr zensiert, trotzdem war der Text nicht viel anders als auf der Wangerooge Karte: »Liebe Mutti! Bin gut angekommen. Reinhild ist in einer anderen Gruppe. Fahrt war langweilig. Um drei Uhr waren wir in Hamburg. Von Westerland bis Klappholttal sind wir mit der Inselbahn gefahren. Viele Grüße Allmuth.«

Allmuth lernte auch Kinderheime kennen, in die Kinder aus sozial zerrütteten Familien kamen oder die keine Eltern mehr hatten. Das waren dann keine Erholungsheime, sondern hier lebten die Kinder, weil sie kein Elternhaus mehr hatten. Allmuth war dort, weil ihre Mutter im Krankenhaus oder in Kur war und sie keinen hatte, der sich um ihre Kinder kümmern konnte. Allmuth war in diesem Heim etwas Besonderes, denn sie ging zur Mittelschule. Alle anderen gingen entweder noch zur Grundschule oder zur Sonderschule.

In ihrer Gruppe gab es einen Ess- und Aufenthaltsraum, zwei Schlafräume mit etwa zehn bis zwölf Betten und einen Waschraum, von dem die beiden Schlafräume abgingen. Die ersten Tage mussten Allmuth und Reinhild in einem Bett schlafen, da alle Kapazitäten ausgelastet waren. An der Stirnseite eines Schlafraumes war ein großer Spiegel. Es war allerdings kein echter Spiegel, sondern nur eine verspiegelte Scheibe. Dahinter hatte die Nonne ihr kleines Zimmer, wo sie auch nachts schlief. Die Kinder dieses Schlafraumes mussten sich also immer beobachtet fühlen.

Kein Kind hat je den Schlafraum der Nonne von innen gesehen und es wurde wie wild spekuliert, was sich dort wohl befinde. Am meisten Interesse zeigten die Kinder an der Frage, wie die Haare der Nonne wohl unter der Haube aussehen würden. Von der Vorstellung, Nonnen würden sich nie die Haare schneiden und dann entsprechend ihre ganze Haarpracht unter dem Schleier verstecken, bis zu der Meinung, unter dem Schleier müssten alle Nonnen Glatze tragen, wurden alle Varianten durchdiskutiert. Keiner wagte es jedoch, die Nonne einfach danach zu fragen.

Jedes Kind hatte ein Bett, einen Hocker und einen kleinen Spind für sich alleine. Außer der Toilette gab es keinen Raum, der unbeobachtet war. Für Intimität gab es keinen Platz. Aus- und angezogen wurde sich umständlich unter der Bettdecke. Als Mittelschülerin genoss Allmuth Vorzugsbehandlung. Zum Vokabellernen wurde ihr erlaubt, sich in dem kleinen Schuhkabuff aufzuhalten. Immerhin hatte sie mit der Schuhkammer fast einen eigenen Raum für sich.

Einmal kamen Allmuth und Reinhild zu spät zum Krankenhaus, um ihre Mutter zu besuchen. Die Nonne hatte Reinhild den Hals so sehr geschrubbt, dass er schon ganz rot war. Dabei hatte sie keinen dreckigen Hals, sondern nur eine etwas dunklere Haut.

Während der Sommerferien wurde das Heim geschlossen. Die Kinder, die nicht zu ihren Familien konnten, wurden mit ihren kleinen Koffern oder Taschen auf einen Pritschenwagen geladen. Jeder saß stumm auf seiner Tasche auf der Ladefläche. Dann wurde das Verdeck heruntergeschlagen und der Wagen fuhr los. Die Stimmung in der Dunkelheit war bedrückend und Angst erregend. Die Nonne konnte die Kinder auch nicht aufheitern. Sie hätte den Kindern zumindest sagen können, was mit ihnen passieren würde. Nach einer guten halben Stunde Fahrt hielt der Wagen an, das Verdeck wurde aufgeklappt und ein Kind aufgefordert, von der Ladefläche zu klettern. Dann verschwand das Kind in irgendeinem Haus. Keiner wusste, in welchem Ort man war. So leerte sich allmählich die Ladefläche und Allmuth wurde als Letzte verteilt. Sie hatte Glück und kam auf einen Bauernhof, auf dem sie sich sehr wohl fühlte. Reinhild hingegen musste ihre sechs Wochen Sommerferien bei einer alten Oma in einem Einfamilienhaus verbringen. Das hat Allmuth aber erst nach drei Wochen herausfinden können. Im nächsten Jahr, 1964, hat Allmuth dann ohne die Vermittlung des Kinderheimes ihre Sommerferien auf diesem Bauernhof verbracht.

Das Jahr davor, es war 1962, kamen Allmuth und Reinhild in ein Kinderheim, das alle Kinder von den in den Sommerferien geschlossenen Heimen aufnahm, die nicht auf Pflegefamilien, die durch einen Aufruf im Gottesdienst gesucht wurden, verteilt werden konnten. Das

Heim war nicht voll besetzt. Hier lernte Allmuth Kinder kennen, die so ganz anders waren. Darunter viele Schaustellerkinder. Besonders beeindruckt war sie von einem Mädchen namens Mercedes. Der Tagesablauf war ganz lässig im Vergleich zu den anderen Heimen. Es waren eben Ferien und man hatte größere Freiheiten. Von hier aus schrieb Allmuth an ihre Mutter ins Mütterheim nach Schönwald im Schwarzwald: »Liebe Mutti! Habe Deine Karte dankend erhalten. Schicke bitte noch elf Briefmarken zu zehn und zwei zu zwanzig. Ich habe keine mehr. Eben waren wir beim Spaziergang ganz nahe bei Tante Magdas Haus. Das war weit. Ich konnte bald nicht mehr. Viele Grüße von Deiner Allmuth.«

Auf dem Gelände gab es eine Kirche, die nicht nur zum Heim gehörte, sondern auch die Pfarrkirche des Ortes war. Allmuth ist oft in diese Kirche gegangen, auch außerhalb der Gottesdienstzeiten. Das Gotteshaus war für sie ein Freiraum, der zum Gebet einlud oder wo man einfach nur sein durfte.

In dieser Kirche ist Allmuth in ihrem Traum am Altar Teil einer Hochzeitszeremonie. Sie heiratet sich selbst, ein Partner existiert nur am Rande oder ist anderweitig beschäftigt. Hier ist sie die Beschenkte, hier geht sie mit sich einen Bund ein. Es ist ein erster Schritt von Selbstwahrnehmung und Selbstakzeptanz, noch unsicher in einem großen Raum.

Nur ein Mann sitzt in dem Gemeindegestühl, ganz offensichtlich ihr Vater. Bei ihrer wirklichen Hochzeit im Jahr 1972 durfte er nicht dabei sein, obwohl er es sich sehr gewünscht hatte. Vater und Mutter waren 1961 geschieden worden und der Hass zwischen den beiden war immer noch so zerstörerisch, dass Allmuth sich für einen von den beiden entscheiden musste. Beide auf ihrer Hochzeit, das wäre nicht gegangen. Für Allmuth gab es keine Überlegung, dass die Mutter dazu gehören musste. Ob ihr Vater von weitem zugeschaut hat, weiß sie nicht, hält es aber durchaus für möglich. Jetzt im Traum wird dem Vater das wiedergegeben, was ihm eigentlich zugestanden hätte. Es ist ein großer Abstand zwischen Allmuth und dem Vater. Er ist aber die einzige Person, die dieser Selbstvermählung beiwohnt. Diese Person wird daher im Selbstfindungsprozess noch eine große Rolle spielen.

Nach der Trauung geht es um die Versorgung mit Erdbeeren und

Erdbeerpflanzen für das neue Haus. Als die Kinder klein waren, hat Allmuth oft auf den Erdbeerfeldern der Umgebung Früchte gepflückt und zu Marmelade verarbeitet. Erdbeeren sind Früchte, die gut schmecken und von denen man das ganze Jahr essen kann. Allmuth trägt folglich Sorge für die Versorgung mit schmackhafter, süßer Nahrung.

Im dritten Traum taucht ihre derzeitige Therapeutin auf, allerdings in einer anderen äußeren Erscheinung als in der Realität. Blaues Kostüm und asiatische Gesichtszüge geben der Therapeutin eine neutrale Distanz und etwas Fremdes, Verschlossenes, Unnahbares.

Aber auch sie hat Probleme, zumindest Schmerzen an der Ferse. Es ist somit ein Gegenüber in der Therapie zugegen, das gleichzeitig nah und fern ist.

Die Therapiesitzung findet im Rathaus statt, wo Allmuth von 1981 bis 1991 Mitglied des Stadtrats war. Dann läuft ein Amtsleiter der Kreisbehörde durch das Traumbild, welchen Allmuth von 1991 bis 2001 durch ihre Mitgliedschaft im Kreistag kennen gelernt hat. Die Schulsekretärin ist Teil ihres beruflichen Alltags. Zu allen drei Bereichen bleibt die Türe offen, denn Allmuth hat noch heute mit den Behörden zu tun.

Der Verlauf der Therapie, die im Wesentlichen durch das Erzählen von Träumen bestimmt wird, macht die Therapeutin krank und erschöpft. Allmuth muss sie sogar am Schluss mit dem Auto nach Hause bringen. Irgendetwas geschieht also auch mit der Therapeutin, es ist ein sich gegenseitig beeinflussender Prozess.

Im Juni 2006 schreibt die Therapeutin in ihren Abschlussbericht: *»Der Wunsch nach Beendigung der Therapie ging von Frau Pott aus, nachdem sich unsere gemeinsame Arbeit für wesentliche neue Einsichten erschöpft hatte. Der Eindruck, dass wir uns dennoch in weiteren Treffen immer noch etwas zu sagen haben, zeigt die prinzipielle Unvollständigkeit einer Therapie, die uns hilft, nicht nach narzisstischer Vollkommenheit zu streben, ein Arbeitsthema, das die letzte Therapieeinheit begleitet hat und in latenten Rivalisierungen Ausdruck fand.*

Ein wenig Traurigkeit bleibt beim Abschied nach so intensiver gemeinsamer Zeit zurück, doch mich tröstet, dass aus Trauer Neues entstehen kann.«

Sektkorken

Beim Mittagschlaf hatte ich einen Sekundenschlaf mit einem eigenartigen Traum. Den Inhalt des Traums weiß ich nicht mehr, nur das Gefühl, mit dem ich aufgewacht bin: Es gab eine kleine Explosion, vergleichbar mit dem Öffnen einer Sektflasche, wobei der Korken an die Decke fliegt oder vergleichbar mit einer abgefeuerten Kanonenkugel. Ich bin der Sektkorken oder die Kanonenkugel. Ich habe das Gefühl, aus etwas herausgeschleudert worden zu sein. Das Gefühl war nicht unangenehm. Ich weiß auch nicht, ob oder wo ich gelandet bin. Das Gefühl war nur eine kurze Irritation, etwa wie: hups, was ist denn jetzt mit dir passiert? Es war kein Schmerz, aber Unsicherheit und auch ein bisschen Befreiung, weil ich ja vorher irgendwie eingezwängt war.

10. März 2004

Nach dem Mittagschlaf hallt der Knall des Sektkorkens in Allmuths Kopf nach. Während der nachmittäglichen Dienstbesprechung verspürte sie eine Beklemmung in der linken Brust beim Atmen. Abends in der Sauna gingen die Beschwerden nicht weg. Allmuth war weder krank noch erkältet. Also schob sie die Beklemmungen auf die Aufregung, denn in vier Tagen sollte sie für drei Wochen zu einem Hospitationspraktikum nach Frankreich fahren. Vorher musste noch so viel geregelt werden, dass ein wenig Panik nur zu verständlich war. Da am nächsten Morgen immer noch kein Durchatmen möglich war, kam doch die Befürchtung auf, dass etwas mit dem Herzen ist. Also ging sie lieber zum Arzt, um ein EKG machen zu lassen. Das Ergebnis zeigte, dass alles in Ordnung war. Durch Abtasten hat der Arzt dann die Ursache gefunden: Unter dem Schulterblatt war ein Nerv eingeklemmt und der Schmerz hat die ganze linke Brust eingeschnürt. Mit Hilfe einer Spritze und Wärme klangen die Beschwerden relativ schnell wieder ab.

Allmuth ist überzeugt, dass der Traum die Beschwerden ausgelöst hat. Die Explosion des Sektkorkens hat den Körper so erschüttert und erschreckt, dass der Nerv durch eine ruckartige falsche Bewegung eingeklemmt wurde. Im Bruchteil einer Sekunde wird etwas herausgeschleudert aus einer einengenden Umgebung: das Geburtserlebnis. Allmuth fühlt sich wie frisch geboren, irgendwie frei und angekommen. Es hat »flopp« gemacht.

Als Allmuth 1999 in einer Kur war, hat sie Gespräche in der Mittagspause mitbekommen, in denen sich Frauen gegenseitig vorschwärmten, sie seien jetzt neu geboren. Diese Frauen waren in der psychosomatischen Abteilung. Allmuth dachte damals: »Die spinnen, die Frauen. So etwas kann man doch nicht ernst nehmen.« Und jetzt denkt sie dasselbe wie diese Frauen.

Eigentlich wollte Allmuth auch in die psychosomatische Abteilung. Jahrelang hatte sie Beschwerden mit dem Magen und der Speiseröhre. Immer ein Gefühl der Übelkeit, ohne sich übergeben zu können. Das Essen machte keinen Spaß mehr, manchmal eine Sehnsucht nach dem Hungergefühl. Den Alkohol vertrug sie nicht mehr und Reiswaffeln wurden ihr zum Grundnahrungsmittel. Sie probierte viele Magenmedikamente aus, aber es war ein Teufelskreis: Wegen zu niedriger Eisenwerte nahm sie Eisenpräparate, die wiederum auf den Magen schlugen. Entweder war sie müde und schlapp oder ihr ätzender Magen verdarb ihr die Stimmung.

Dazu kamen chronische Rückenprobleme und Nackenverspannungen. Da Magen- und Rückenprobleme bestimmt auch seelisch bedingt sind, meldete sich Allmuth in der psychosomatischen Abteilung der Klinik an. Sie war noch nie in einer Kur gewesen und meinte, jetzt sei es an der Zeit. Schließlich habe sie sich lange genug abgerackert und die Beschwerden wurden mit der Zeit auch immer schlimmer.

Die Amtsärztin, die Allmuth von ihrer politischen Tätigkeit her kannte, war erstaunt, dass sie eine Kur beantragt hatte. »Sie doch nicht, Frau Dr. Pott.« Schließlich machte Allmuth ja keinen kranken Eindruck, sondern wirkte immer taff und aktiv. Aber die Ärztin legte ihr keine Steine in den Weg und bewilligte die Kur, denn man weiß ja von Frau zu Frau, welchen Belastungen man als berufstätige Frau mit Familie ausgesetzt ist.

Einige Tage vor Antritt der Kur rief Allmuth bei der Klinik an und fragte, ob auf der inneren Station noch Betten frei seien, sie wolle lieber doch nicht auf die psychosomatische Station. Also doch Muffensausen, dass man ans Eingemachte gehen würde. Dann doch lieber erst mal versuchen, mit Ruhe und Entspannung die Symptome aufzulösen. »Wenn ich mal vier Wochen keinen Stress habe, dann wird es mir schon besser gehen«, so ihre Überzeugung.

Dann hatte sie die vier Wochen nur für sich und fand doch keine Ruhe. Als sie an den Räumen der psychosomatischen Station vorbeikam und die Schuhe vor den Türen sah, dachte sie: »Gott sei Dank muss ich keine Urschrei-Sitzung mitmachen.« Sie wollte einfach nur ihre Ruhe. Das obligatorische Gespräch mit der Psychologin dauerte keine halbe Stunde. Dann war alles gesagt, Probleme gab es nicht. Alles in Ordnung. Ich will nur mal richtig entspannen, dann wird es schon wieder. Der Psychologin war das ganz recht, hatte sie doch dadurch früher Feierabend. Die meisten Patienten der inneren Abteilung waren so krank, dass sie gar nicht aus ihren Zimmern kamen, so dass Allmuth bei Tisch nur mit Frauen aus der onkologischen Abteilung saß. Die Frauen waren zwar alle sehr nett, aber außerhalb der Tischzeiten hatte sie keinen Kontakt mit ihnen. Zudem waren Gespräche über die Krebstherapien nicht gerade aufbauend.

Der Arzt der inneren Abteilung schien nicht besonders interessiert an Allmuth zu sein. Er empfahl allen Patienten, sein Buch zu kaufen. Allmuth kaufte es natürlich auch. In der Sprechstunde hat er dann nur auf die entsprechenden Kapitel seines Buches verwiesen. Seiner Meinung nach mussten Allmuths niedrigen Eisenwerte als Erstes bekämpft werden. Dazu habe sie jetzt ein Medikament, das den Magen nicht angreifen würde. Aber genau das, was Allmuth befürchtete, trat ein. Das Eisen ruinierte den Magen noch mehr und am Ende der Kur ging es ihr schlechter als zu Beginn.

Auch die verordnete Rückengymnastik brachte keine Besserung, denn Allmuth machte zu Hause schon seit Jahren ähnliche Übungen im Kneipp-Verein. Das ernüchternde Ergebnis der Kur für Allmuth war: Keinen Stress zu haben ist zwar ganz schön, bringt aber noch keine Heilung. Trotzdem bereute sie nicht, nicht doch auf der psychosomatischen Station gewesen zu sein, denn was sie dort mitbekam, sagte ihr nicht zu, war ihr zu fremd.

Einmal ging sie zum Mantra-Singen, was anscheinend sehr in Mode war. Es hatte zwar etwas wohlig Einschläferndes, aber eine halbe Stunde immer nur denselben Satz zu singen fand sie denn doch zu dämlich. Begeisterung kam bei ihr auf, als sie eine Ankündigung las, die zu einer Meditation gegen den Kosovo-Krieg einlud. Dahin zu gehen, war für die politisch interessierte und engagierte Allmuth genau das Richtige. Was geschah? – Gar nichts! Ganz allmählich trotteten die Leute in den Raum und setzten sich in einen Kreis. Alle saßen still und stumm, schlossen teilweise die Augen. Allmuth wartete gespannt auf einen kurzen Text, ein Gebet, ein Gedicht oder eine Musik. Keiner rührte sich oder sprach. Nach einer halben Stunde verließen alle wieder langsam den Raum. Mit solch einer stummen Meditation konnte Allmuth überhaupt nichts anfangen.

In der Klinik wurden auch Vorträge über Ayurveda angeboten, die Allmuth mit großem Interesse verfolgte. Nicht alles sagte ihr zu, vor allem konnte sie sich nicht vorstellen, dass man sich wohl fühlt, wenn man den ganzen Körper mit Öl einreibt. Aber ihre Neugier war geweckt. Sie verließ das Haus mit dem Gedanken: Sollte ich noch einmal wieder eine Kur machen, dann will ich es mal mit einer Ayurveda-Kur versuchen.

Mit ihrem Sektkorken-Traum und ihrer eigenen Reflexion fühlt sich Allmuth vielleicht jetzt so wie die Leute nach sechs Wochen Kur in einer psychosomatischen Klinik: »Ich bin neu geboren. Ich habe einen entscheidenden Schritt voran gemacht. Jetzt ist etwas an- oder aufgebrochen, was sich weiterentwickeln kann.«

Wolfgang Kubicki

Wolfgang Kubicki ist tot. Er starb plötzlich und unerwartet. Neulich habe ich ihn noch auf dem Roten Sofa im Fernsehen gesehen. Erklärungsversuch: Es gibt Briefumschläge mit Kärtchen drin, etwa so groß wie Karteikarten, zur Lebenshilfe. Man kann nur durch die Benutzung dieser Kärtchen leben. In einem Umschlag sind Karten, die das Rationale, Sachliche, Kognitive beinhalten. In einem anderen Umschlag sind die Karten mit Gefühlen. Es gibt noch einen dritten Umschlag, aber ich weiß nicht, welche Karten sie beinhalten. Kubicki hat sich nur aus dem Umschlag mit den rationalen Karten bedient

und ist letztlich daran gestorben, weil er die Karten mit den Gefühlen nicht haben wollte.

29. Mai 2004

Tatsächlich hat Allmuth den Politiker Kubicki vor einiger Zeit in
einer Magazinsendung im Fernsehen gesehen. Allmuth ist kein
Anhänger dieses Mannes, dennoch hat sie sich das Interview mit
ihm angesehen. Dieser Mann wirkte auf sie korrekt, emotionslos,
glatt und maskenhaft. Ein Mann ohne Ecken und Kanten, wohl aber
auch verlässlich und klug. Im Traum ist dieser Mann gestorben, weil
er die Bedeutung der Gefühle für sein Leben unterschätzt hat, weil
er meinte, sie vernachlässigen zu können, und sich bewusst für die
Ratio und die Sachlichkeit entschieden hat.

Allmuth hat sich für die gleiche Überlebensstrategie wie Wolfgang Kubicki entschieden, fängt aber jetzt an zu spüren, dass die
lebenslang unterdrückten oder gebändigten Gefühle für ihr Leben
überlebensnotwendig sind, denn sonst wird sie das gleiche Schicksal
wie Wolfgang Kubicki ereilen.

Jetzt, in der Therapie, spürt sie nach, wo ihre Gefühle geblieben
sind. »*Ich habe Sehnsucht nach der Liebe. Dass mich jemand lieb
ansieht, mich in die Arme nimmt. In unserer Familie wird man nicht in
die Arme genommen. Wir drücken manchmal einen trockenen, flüch-
tigen Kuss auf die Wangen von Vater und Mutter, wenn wir ins Bett
gehen*« (Delfft, 2003, S. 96). Allmuths Sehnsucht nach körperlicher
Nähe, nach Lachen und Unbeschwertheit findet keine Resonanz.
Die Mutter ist mit sich selbst und ihrem Unglück beschäftigt und
hat keine Wärme mehr zu verschenken. Der Überlebenskampf zur
Wahrung der bürgerlichen Fassade lässt sie innerlich verarmen. »*Sie
wird die Frau, bei der sich nur Härte, Unfreundlichkeit und Schroff-
heit sichtbar machen können. Gefühle trocknen ihr vor der Härte des
Lebens, das sie sich selbst schafft, weg. […] Sie ist eine Frau ihrer Zeit,
angepasst und begrenzt, und dann hat sie ihre Seele für den eigenen
Gebrauch radikal einschrumpfen lassen, hat sich alle Weichheit weg-
geätzt, um sich dem Schmerz zu entziehen*« (Delfft, 2003, S. 46). Bei
ihrer Mutter konnte Allmuth mit ihren Gefühlen nicht landen. Der
Vater durfte sich ihr nicht zu sehr nähern, ohne dass die Mutter

eingeschritten wäre. Wie oft erzählte die Mutter, ihr Vater habe sie als Kleinkind in der Badewanne ertränken wollen. Allmuth sei mit dem Kopf unter Wasser gedrückt worden und schon blau angelaufen. Nur dank ihres Einschreitens sei Allmuth am Leben. Allmuth selbst hat daran keinerlei Erinnerung. Wenn das wahr gewesen wäre, dann hätte sie doch zumindest eine Angst vor Wasser entwickeln müssen. Wahrscheinlich hatte der Vater nur mit ihr wild in der Badewanne geplanscht, was die Mutter eifersüchtig machte.

Während sich die positiven Gefühle nur eingeschränkt entfalten konnten, waren die negativen Gefühle regelrecht verboten. Jede Form von Aggressivität und Wut wurde im Keim erstickt und bestraft. Meist geschah das subtil, unausgesprochen drohte die Mutter an negativen Gefühlsäußerungen ihrer Kinder zu zerbrechen. »Oh, mein Herz!« Aus dem Gespür heraus, die existentielle Bedrohung zu vermeiden, entwickelte sich im Laufe der Zeit eine Gefühlssperre, so dass weder gegen den Vater, aber vor allem gegen die Mutter Widerspruch oder Auflehnung möglich war. »*Der Versuch, gemeinsam zu überleben, schließt uns zusammen. Eine fundamentale Treue bildet sich, die zu wechselseitiger Identifizierung zwingt und uns oft hindert, spätere Konflikte untereinander beherzt auszutragen. Wir sind zu eng verkettet im Exil, um aneinander zu reifen. Wo die Erde nicht sicher trägt, hilft nur ein enger Zusammenschluss, trotz mancherlei Unversöhnlichkeit der Temperamente*« (Moser, 1979, S. 96).

Mit der allmählichen Distanzierung von der Mutter kommen verschüttete Gefühle wieder zum Vorschein, ihre Existenz wird erst bewusst.

Die Weisheit des Traums: Wer seine Gefühle nicht kennt und nicht zu ihnen steht, lebt nicht echt, sondern er stirbt an dieser Haltung. Für das Leben braucht man aber auch die anderen Umschläge aus dem Traum. Was ist wohl im dritten Umschlag? Der Traum verrät es nicht. Es bleibt neben Gefühl und Ratio immer noch ein dritter Umschlag, dessen Inhalt man nicht kennt. Das Geheimnis des Lebens wird nie voll entschlüsselt sein.

Schlange und Brot

Ich bin in einem Krankenhaus mit eigenartigem Personal. Ich erinnere mich nur noch an den roten Faden des Traums: Ich beiße von einer Art Schlange ab, die noch lebt und sich bewegt. Es gibt so etwas auch als Süßigkeit. Die Schlange ist unendlich lang, aber zum Schluss ganz kurz. Ich kann sie mit einer Hand umfassen. Sie sieht aus, als ob sie aus Sand gebacken ist. Alle anderen finden das ekelig, dass ich sie esse, denn sie bewegt sich beim Abbeißen. Sie schmeckt nach Brot.

Im Urlaub, 11. August 2004

Es ist der zweite Traum in dieser Nacht. Im ersten Traum das ständige Bemühen um das richtige Geschenk und die Angst vor dem Versagen, die hohen Erwartungen der anderen nicht erfüllen zu können. Der zweite Traum ist ein Gegenstück zum ersten Traum. Allmuth baut sich wieder auf, nährt sich mit einer Schlange, lässt sich nicht durch die Meinung anderer beirren und wird letztlich mit dem Geschmack von Brot belohnt.

Der Ort ist wieder ein Krankenhaus, das Symbol für die Mutter und für die seelische Hilfsbedürftigkeit. Die zeitliche Nähe des Geburtstagsdatums der Mutter macht die Erinnerungen an die missglückten Geschenke und die nicht einzuhaltenden Erwartungen wieder lebendig. Mutter und seelische Verletzungen. Allmuth reagiert auf diese Gefühle mit dem Essen einer Schlange.

Die Schlange ist in erster Linie ein Angstsymbol. Darüber hinaus kann sie auch ein Symbol sein für Ouroboros (Schwanzfresser, die Schlange, die sich selbst in den Schwanz beißt), Sexualität, Vollkommenheit, Wandlung, Wiedergeburt, Triebe, Lebenswasser, geheime Weisheit, Enthüllung des Verborgenen, Totengeister, Weiblichkeit und Falschheit, Weisheit und List oder für etwas Wichtiges im Unbewussten. »*Im Tempelheiligtum des Asklepios krochen auf dem Boden des Schlafsaals Schlangen. Sie sollten den Traum zur Heilung hervorrufen. [...] Schlangen tauchen unvermittelt aus dem Unbekannten auf und erregen Angst. Dem Menschen ist es nicht möglich, mit ihnen in eine sinnvolle Kommunikation zu treten, sie sind geheimnisvoll und angsterregend wie das Unbewußte*« (Vollmar, 2000, S. 236 f.).

Indem Allmuth sich die Schlange einverleibt, verliert diese ihre Bedrohlichkeit. Die Angst wird angefasst, sichtbar gemacht und entpuppt sich als harmlos, als Süßigkeit oder aus Sand gebaut. Sie kann gefahrlos gegessen werden. Die Schlange erscheint unendlich lang, das Ende ist nicht absehbar. Doch durch das Essen ist der Schluss der Schlange auf einmal sichtbar, er ist nur noch kurz. Die Angst wird überwunden, ein Ende ist absehbar.

Die anderen finden es ekelig, in die sich noch bewegende, lebendige Schlange, hineinzubeißen. Das kostet Überwindung und auch Mut. Wenn die Schlange gegessen ist, ist die Gefahr gebannt. Da auch das Ende der Schlange sichtbar ist, ist die Gefahr, dass sie wiederkommt (Ouroboros), nicht mehr gegeben.

Die Schlange, obwohl aus Sand, schmeckt nach Brot. Der Sand ist wahrscheinlich ein Bild aus dem Urlaub, denn Allmuth ist jeden Tag am Strand. Im Urlaub findet sie also das Material, das die Schlange formt und damit handhabbar macht. Allmuth umfasst die Schlange mit einer Hand. Die Schlange wird berührt, in die Hand genommen. Allmuth bekommt Gewalt über die Schlange. Der Geschmack des Brotes gibt ihr ein Gefühl von Sicherheit und Sättigung.

Fallschirmspringer auf Skiern

Ich bin mit Albert und anderen Menschen zusammen. Wir sind im Garten beschäftigt. Plötzlich sehe ich nach oben in den Himmel und sehe einen Fallschirmspringer mit Skiern an den Füßen. Er trägt einen Sturzhelm und genießt den Sprung über einer herrlichen Landschaft. Ich denke: schon wieder eine neue Trendsportart. Ich mache Albert darauf aufmerksam. Der Springer sieht aus wie eine Art Batman, nur seine Skier wundern mich.

Der Springer kommt uns immer näher. Kurz über der Erde sehe ich, dass sein Fallschirm nicht mehr funktioniert. Er ist zwar noch da, ist aber eingeklappt. Ich höre die Schreie des Springers, der kurz über dem Boden den Tod vor Augen hat. Ich sage zu Albert, er solle schon mal den Notarzt mit dem Handy anrufen, denn der Aufprall steht kurz bevor. Und tatsächlich schlägt er auf. Die schöne Landschaft ist einer Autobahn gewichen. Der Springer schlägt genau auf der Kante, der Leitplanke, auf. Ich will loslaufen, denn er ist nur einige Meter von mir entfernt. Erstaunt sehe ich, dass der Springer gar nicht tot ist, sondern sich nach dem Aufprall aufgerappelt hat und sich verletzt davonmacht. Um ihn herum sind Reporter, die ihn ausfragen wollen.

Anmerkung: Vom 10. bis 12. September habe ich an einem Seminar zur Feldenkrais-Methode teilgenommen, auf dem das »Sich-fallen-Lassen« eingeübt wurde.

14. September 2004

Das Seminar hat das Thema »Feldenkrais-Methode und Präsenz«, Wochenende für Frauen in Kooperation mit Pax Christi und dem Referat Frauenpastoral/-verbände. Allmuth hat noch nie etwas von der Feldenkrais-Methode gehört. Die Ausschreibung im Programm eines Bildungshauses macht sie neugierig: »*In Bewusstheit durch Bewegung Feldenkrais-Methode – so benannt nach ihrem Gründer Moshe Feldenkrais – werden einfache, anstrengungsfreie Bewegungen angeleitet. Achtsames Ausführen und gerichtete Aufmerksamkeit lassen das feine Zusammenspiel von Muskeln und Gelenken bewusster, den Atem freier und die Bewegungen leichter und fließender werden. Da sich die Selbstwahrnehmung vertieft und klärt, können Gelassenheit und Offenheit wachsen. Indem wir mehr wir selbst sind, sind wir mehr da, mehr präsent. ›Wenn du willst, was du tust, kannst du tun, was du willst‹ (Moshe Feldenkrais). Übungen, Kurzvorträge und unser persönlicher Austausch werden sich ergänzen.*«

Allmuth hat an dem Wochenende Zeit und will sich von der für sie neuen Methode überraschen lassen. Nach dem Urlaub geht es ihr gesundheitlich immer noch nicht besser und Allmuth sucht nach Wegen, ihrem Körper und damit sich selbst Gutes zu tun. Sie sucht eine Praxis für Traditionelle Chinesische Medizin auf und lässt sich von einer chinesischen Ärztin untersuchen. Die Diagnose nach der chinesischen Untersuchungsmethode (Fragebogen, Augen, Puls, Zunge) stellt eine unzureichende Nierenfunktion fest. Durch Akupunktur, Schröpfen und Moxakasten sollen der Körper wieder in Harmonie gebracht werden, die Blockaden aufgehoben und die Lebensenergie Qi wieder frei und ungehindert fließen können. Die Symptome ihrer Allergie bessern sich ein wenig, der Allgemeinzustand bleibt aber schlecht. Allmuth fühlt sich weiter müde und schlapp, daher sehnt sie sich nach körperlicher Entspannung, Ruhe und auch nach Vergessen. Da wird ihr sicherlich ein Feldenkrais-Wochenende gut tun, was auch immer das sein mag.

Die dreizehn Frauen des Seminars haben sich sofort gut verstanden und es war schnell eine Atmosphäre des gegenseitigen Verstehens, Vertrauens und Vertrautseins geschaffen. Nach einer theoretischen Einführung gab es die ersten Bewegungsexperimente, angeleitet durch eine erfahrene Feldenkrais-Lehrerin. Ausgehend von eigenen Krankheitserfahrungen und gezielten Selbstbeobachtungen entwickelte Moshe Feldenkrais Bewegungsmethoden, die nicht nur ein erhöhtes Körperbewusstsein, sondern über diesen Weg auch Verhaltensveränderungen erreichen sollen. Durch die Erprobung und Anwendung neuer Bewegungsmuster gelang es ihm außerdem, physiologische Leiden zu heilen. Die Bewegungen waren nicht anstrengend, nur minimal, aber trotzdem hatten sie eine intensive Wirkung. Einige Anleitungen der Trainerin: »Lasst eure Gedanken vorbeiziehen wie Wolken am Himmel – Nichts wollen, nichts müssen. Sein dürfen. – Die Bewegungen sollen leicht sein. Versucht es mit weniger Anstrengung! – Geht nicht über die Grenze, nicht an die Grenze! Macht vor der Grenze Halt!«

Das war neu für Allmuth. Sich einfach auf den Augenblick einlassen, nichts tun, nur sein dürfen und sich trotzdem dabei spüren. Was für eine unglaubliche Entdeckung! Sich fallen lassen können. Nur da sein. Seinen Atem spüren. Sich selbst spüren. Sich in den eigenen Bewegungen beobachten, nach innen hineinhorchen, die Knochen und Organe einzeln wahrnehmen. Sich auf die Erklärungen und Statements zum Thema »Präsenz« und auf die Reflexionen der Gruppe dazu einlassen, ganz im Augenblick leben, bei sich sein. Sich ent-wickeln aus vielfältigen Verstrickungen und Fremdbestimmungen. Sich finden. Das verhinderte, ursprüngliche Sein entdecken. Mit Meister Eckhart gesagt: »Der Mensch muss aller Dinge ledig werden. Erst dann kann Gott einziehen.«

Und dann die Wirkung der Feldenkrais-Übungen: ein Gefühl, wie von Ballast befreit, leicht und warm, tiefenentspannt, wie neugeboren.

Die Bewegungen waren weicher, sanfter, fließender geworden, der ganze Körper irgendwie schöner und spürbarer. Obwohl die Bewegungen so klein und sanft waren, hatte Allmuth doch Muskelkater im Rücken, denn es sind Muskeln bewegt worden, die sonst nie aktiviert wurden. Trotz Muskelkater ein wohliges und warmes Gefühl im Rücken. Gelassen, selbstbewusst und zufrieden trat Allmuth den Heimweg an. Zu Hause kaufte sie sich eine CD mit Feldenkrais-Übungen und hat sie dann allein auf dem Wohnzimmerteppich gemacht.

Im Traum verarbeitet Allmuth ihre Erfahrungen von diesem Wochenende mit ihrem Körper und ihrer Seele mit dem Bild des Fallschirmspringers. Mit einem Fallschirm ist es kein gefährlicher Sturz, sondern ein sanftes Sich-fallen-Lassen. »*Man läßt sich durch die Luft gleiten, was sich symbolisch auf den assoziativen, kreativen und spielerischen Intellekt bezieht. Dieses Traumbild kann auch allgemein auf alle Situationen verweisen, in die Sie sich angenehm fallen lassen können*« (Vollmar, 2000, S. 94).

Der Fallschirmspringer trägt Sturzhelm und Skier. Der Helm schützt den Kopf, die Skier wollen ein schnelles Fortkommen nach der Landung ermöglichen. Der Springer denkt daran, wie er nach der Landung sich weiterbewegen kann. Allmuth ist der Springer und gleichzeitig beobachtet sie mit Albert den Springer. Selbstbeobachtung. Der Fallschirm ist eingeklemmt, der Tod unausweichlich. Todesschreie vor der Landung. Angst vor der Landung im grauen Alltag. Die schöne Landschaft wird zur grauen, harten Autobahn. Doch Allmuth überlebt die Landung, rappelt sich auf und macht sich verletzt auf den Weg. Der Fallschirmsprung hat bei ihr Spuren hinterlassen, Verletzungen. Sie kann noch nicht darüber sprechen, die Reporter bekommen von ihr keine Auskunft. Wieder das Motiv: (beinahe) Tod und Auferstehung.

Verlorener Kinderschuh

Ich bin mit Klara unterwegs. Sie ist etwa drei bis vier Jahre alt und im Kindersitz auf dem Fahrrad. Wir fahren durch die Stadt, in der ich studiert habe, und besuchen dort den Wochenmarkt. Danach fahren wir zu einer Kollegin nach Hause. Es ist die Kollegin, von der wir das Fahrrad für mein polnisches Patenkind geliehen haben. Ich ziehe im Schlafzimmer der Kollegin Klara die Schuhe aus. Sie zieht sich daraufhin zurück und beschäftigt sich alleine auf einem großen Sofa. Ich gehe zu den anderen Kollegen in einem anderen Raum. Ich habe einen Termin bei meiner Therapeutin und will Klara dazu mitnehmen. Normalerweise beschäftigt sie sich allein im Wartezimmer. Wir finden ihre Schuhe nicht wieder. Ich durchsuche mehrmals das Schlafzimmer. Auch Klara hilft beim Suchen. Ich durchsuche das ganze Haus und werde immer panischer, weil der Termin nicht mehr einzuhalten ist. Dann hat Klara einen Schuh gefunden. Es ist ein blauer Kinderschuh zum Schnüren. Der Fundort im Wohnzimmerschrank ist sehr seltsam und ich bin mir nicht sicher, ob es überhaupt ihr Schuh ist, und will ihn erst mal anprobieren. In dieser Minute klingelt der Wecker.

5. Oktober 2004

Friedliches und idyllisches Bild zu Beginn des Traums: Mutter mit Kind auf dem Fahrrad fährt durch die Stadt und sie besuchen einen Wochenmarkt. Die Bilder wecken bei Allmuth positive Assoziationen: die Stadt, in der sie studiert und sich wohl gefühlt hat. Allmuth liebt es, über Wochenmärkte zu schlendern. Dann Besuch bei einer netten Kollegin, die Allmuth kürzlich ein Fahrrad ausgeliehen hat. Klara ist mit Allmuth, Klara, die ihr Kraft und Sicherheit gibt, eine Begleitstütze. Da Klara als kleines Kind gerne auf Sofas und Betten tobt oder sich Höhlen bauen will, zieht Allmuth ihr die Schuhe aus, damit sie im Schlafzimmer volle Bewegungsfreiheit hat und nichts durch ihre Schuhe schmutzig macht. Klara braucht in der Situation keine Schuhe, Schuhe wären nur hinderlich. Dann beschäftigt sich Klara alleine, Allmuth gesellt sich zu Kollegen in einen anderen Raum. Entspannter Alltag.

Dann der Termin bei der Therapeutin. Er bedeutet Aufbruch. Klara soll auch hier Allmuth begleiten. Das ist kein Problem, denn Klara kann sich auch im Wartezimmer alleine beschäftigen. Obwohl Klara noch ein kleines Kind ist, ist sie eigenständig, hat eigene Ideen zum Zeitvertreib und geht schon ihre eigenen Wege oder in Harmonie mit Allmuth. Sie sind ein gutes Gespann, eine Einheit. Dann geht es nicht mehr weiter, denn die Schuhe sind nicht zu finden. Ohne Schuhe können sie das Haus nicht verlassen. Die Therapeutin muss warten.

Schuhe sind das individuellste Kleidungsstück. Im Schuh hinterlässt sein Träger seine persönlichen Spuren. Schuhe sind »*die charakteristischen Kleidungsstücke, die Umriss und Wesen eines Menschen ausdrücken und weiterverbreiten. So trägt jeder Schuh etwas von unserer individuellen Kraft in sich und gibt ein Bild über uns ab*« (Swann, 2008, S. 35).

Jeder Schuh gleicht sich durch das Gehen dem Fuß seines Besitzers an. Alle anderen Kleidungsstücke kann ein anderer nachtragen, nur bei den Schuhen geht das nicht so leicht. Die meisten Schuhe werden auch nur von einer Person getragen, die ihren Schuhen einen einzigartigen Abdruck und Geruch verleiht. Schuhe als Symbol für Individualität und als »*Identitätsmerkmal einer bestimmten Person*« (Richter, 2008, S. 198). Im Traum kann der Schuh so auch ein Symbol der Einstellung oder des Standorts eines Menschen gegenüber seiner Umwelt sein. Jemand oder etwas steckt noch in den Kinderschuhen, es ist noch nicht voll entwickelt, noch ausbaufähig, erst am Anfang. Ist man seinen Kinderschuhen entwachsen, wird damit auch die kindliche Lebenseinstellung aufgegeben. Für Allmuth waren passende Schuhe oft nicht erreichbar, weil sie auf Zuwachs gekauft wurden und als sie dann hätten passen müssen, waren sie schiefgelaufen. Als ihr Vater sie durch das »Rütteln an der Tür« (Traum vom 29. Juli 2004) hat umbringen wollen, war es Allmuth sehr wichtig, ihre Gipsabdrücke für die passenden Schuheinlagen retten zu können. Richtig sitzende Schuhe geben Halt beim Gehen und erden beim Stehen.

Ohne die entsprechenden Schuhe kann Allmuth nicht rechtzeitig zu ihrer Therapeutin kommen. Panik kommt auf. Die Therapie als symbolische Suche nach den Schuhen. Die Schuhe liegen nicht offen herum, sondern müssen gesucht werden. Klara findet den ersten Schuh. Es ist ein Kinderschuh. In Kinderschuhen wird der aufrechte Gang gelernt, ein »*Urakt menschlicher Selbstbestimmung*« (Breyer, 2008, S. 97). »*Die ersten Schritte des Kindes manifestieren zu allen Zeiten als sichtbares Zeichen den Übergang vom tendenziell objekthaften Dasein, in dem fremder Wille das Kind bewegt, in die*

Selbstbestimmung. Ein initiationsnahes Erlebnis, welches das Kind in einem neuen, entwickelteren Lebensabschnitt entlässt« (Breyer, 2008, S. 98). Durch das Therapieerlebnis lernt Allmuth, in ihren eigenen Schuhen zu gehen.

Die Kinderschuhe sind blau. Die Farbe ist ein Symbol des Geistes. Es zeigt nüchterne Überlegungen wie leidenschaftsloses Denken an. Die Farbe kann aber auch auf Treue und tiefe Gefühle hinweisen sowie auf den Wunsch nach Entspannung. Blau ist zudem auch eine *»Symbolfarbe der Seele, da Blau die Tiefe des Meeres und die Höhe des Himmels ausdrückt. Es steht auch für das Unbewußte sowie für Ferne, Weite und Unendlichkeit«* (Vollmar, 2000, S. 52).

All diese Aspekte kommen auch in ihrer Therapie zur Sprache. Allmuth liest Fachaufsätze und setzt sich gedanklich nüchtern mit ihnen auseinander, Gefühle werden wahrgenommen, Entspannungsübungen praktiziert, ihre Seele gibt ihr Rätsel auf, das Unbewusste wird bewusstseinsnah gebracht. Der Schuh ist zum Schnüren. Schnürschuhe können optimal der individuellen Fußform angepasst werden. Die Therapie als Suche, Entdeckung und Anpassung der individuellen Form. Unsicherheit kommt auf, erst muss der Schuh anprobiert werden. Ist es der richtige Schuh?

Ein seltsamer Fundort für einen Schuh: der Wohnzimmerschrank. Es ist nicht immer alles da, wo es hingehört oder wo man es vermutet. Oft gibt es im Leben Überraschungen. Wer suchet, der findet. Warum gehört ein Schuh nicht in den Wohnzimmerschrank? Oder gehört er doch dahin? Wer bestimmt das?

Suche nach Schuhen

Wiederkehr eines bekannten Traumbildes: Ich musste das Haus verlassen, um drei Termine (Kinderschutzbund, Arzt und Post) zu erledigen. Ich wollte rechtzeitig los, fand aber meine Schuhe nicht. Klara war mit Knetgummi versorgt und ich suchte wie verrückt nach den Schuhen und geriet dabei immer mehr in Panik, weil der erste Termin schon verstrichen war. Als ich auf die Toilette ging, waren da lauter bunte Figuren aus Knetgummi, die Klara inzwischen angefertigt hatte. Ich stellte die ganze Wohnung auf den Kopf, konnte aber nicht ohne Schuhe weg.

Anmerkung: Am nächsten Tag hatte ich genau die Termine des Traums.

1. Dezember 2004

Wieder oder immer noch die Suche nach den Schuhen. Diesmal sind es nicht Klaras, sondern Allmuths Schuhe. Ohne die Schuhe lassen sich die außerhäusigen Tätigkeiten nicht durchführen. Allmuth muss zu Hause bleiben und sich mit der Schuhsuche beschäftigen. Die Suche nach den Schuhen bringt sie immer mehr in Panik, ihre Gefühle werden mitgerissen, sie ist aufgewühlt, fühlt sich in Zeitdruck. Sie kann die Termine nicht einhalten, findet aber auch ihre Schuhe nicht. Nichts klappt. Die Schuhsuche nimmt sie dermaßen in Anspruch, dass andere Aktivitäten dadurch zu kurz kommen. Die Schuhsuche ist allerdings vorrangig, denn ohne Schuhe kann sie das Haus gar nicht verlassen, um andere Termine wahrzunehmen. Die Schuhsuche macht Allmuth verrückt, das Suchen nimmt sie voll in Beschlag. Unruhe, Panik und Ziellosigkeit bestimmen ihr Verhalten.

Seit dem Traum von »Hund und Spinne« vom 18. November 2004 leidet Allmuth wieder mehr an ihrem verspannten Nacken. Sie macht Feldenkrais-Übungen, Nordic Walking, legt Wärmekissen auf und lässt sich von Albert einreiben. Nach kurzfristiger Linderung verschlimmern sich die Schmerzen derart, dass sie ihren Kopf überhaupt nicht mehr drehen kann und jede noch so kleine Kopfbewegung höllisch weh tut. Direkt nach der Schule bekommt sie einen Nottermin bei ihrem Physiotherapeuten, der einen eingeklemmten Nerv durch einen leichten Bandscheibenvorfall diagnostiziert. Durch seine manuelle Therapie kann Allmuth zwar den Kopf wieder bewegen, leidet aber noch an großen Schmerzen.

Zu den Nackenschmerzen kommen noch Probleme mit der Speiseröhre. Ihr war eine Woche lang kotzübel. Allmuth nimmt ihre Magentabletten jetzt täglich statt jeden dritten Tag und nutzt ihre Akupunktursitzungen, um die Symptome von Magen- und Speiseröhrenbeschwerden zu behandeln. Nach etwa zehn Tagen hat sich die Speiseröhre wieder normalisiert, aber der Nacken schmerzt noch immer.

Allmuth liest einen Aufsatz, der ihre augenblickliche Befindlichkeit genau beschreibt. Der Aufsatz stammt von einer Fachärztin für Erinnerungsmedizin, Mechthilde Kütemeyer. Sie spricht Allmuth aus der Seele und bestätigt ihre Vermutung und ihr Gefühl, dass ihre Beschwerden mit ihrem seelischen Zustand zu tun haben. Seelenschmerz und Körperschmerz liegen dicht beieinander. Man muss den Körperschmerz nur ganz genau beschreiben, ihm einen Namen geben, um auf die Spur des seelischen Schmerzes zu kommen. Muskelverspannungen, die Faust im Nacken spüren, den giftigen Biss der Spinne, die zu Lähmungen führt, den Kopf nicht drehen zu können, in seiner Bewegung eingeschränkt zu sein, Übelkeit macht lustlos und leidend. Die Seele projiziert ihren Schmerz in den Nacken, der Nacken, der den Kopf zu tragen hat, der das Leid, auch das Leid der Welt zu tragen hat. Mechthilde Kütemeyer nennt es das »Christophorus-Syndrom«: Leid und Not anderer auf seine Schultern nehmen, um damit den eigenen Mangel aus der Kindheit wiedergutzumachen an anderen, aber nicht an sich selber.

In der Therapiestunde bespricht Allmuth den Artikel mit ihrer Therapeutin. Am Tag nach dem Schuhtraum, am 3. Dezember, hat Allmuth beim Arzt wieder eine Spritze zur Desensibilisierung ihrer Allergie bekommen, die sie ganz krank gemacht hat. Sie musste das ganze Wochenende im Bett liegen und auch am Montag in der Schule fehlen.

Allmuths Körper hat immer mit Beschwerden wie starken Regelblutungen, Rücken-, Nacken- und Magenschmerzen, starken Blähungen, Sodbrennen und Allergien auf seelische Belastungen reagiert. Als Kleinkind musste sie sich bis zum Alter von drei Jahren fast täglich übergeben. In dem ärztlichen Zeugnis einer Kinderfachärztin vom dritten Dezember 1958 heißt es: »*Die Kinder Allmuth und Reinhild sind mir seit 1953 bekannt. Beide Kinder waren von Anfang an zart, anfällig und sensibel. Allmuth soll als junger Säugling an Magenpförtnerkrämpfen gelitten haben. Bei Reinhild machte im ersten Lebensjahr eine hartnäckige Appetitlosigkeit mit zeitweiligem Entwicklungsstill-*

stand große Schwierigkeiten. *Die Belastungen, denen die Kinder durch die unglücklichen Familienverhältnisse ausgesetzt sind, wirken sich zweifellos sehr nachteilig aus. Beide Kinder sind blass, zappelig, schreckhaft, leiden an Schlafstörungen und einer hartnäckigen Neurodermitis. Bei Reinhild besteht ein Untergewicht von drei Kilogramm. Es ist ärztlicherseits dringend anzuraten, baldigst dafür zu sorgen, dass die Kinder in einem seelisch besseren Klima zur Ruhe kommen können. Allerdings würde eine eventuelle Trennung von der Mutter und gegebenenfalls Heimunterbringung nur eine erneute seelische Belastung der Kleinen bedeuten und sollte unbedingt vermieden werden.«* Alberts Kommentar zu Allmuths Beschwerden: »Wenn du nichts hast, bist du tot.«

Am Dienstag geht Allmuth wieder zur Schule, fühlt sich aber noch sehr schlapp. Am Mittwoch hat sie eine große Veranstaltung des Kinderschutzbundes, bei der sie viel reden muss. Es wird eine gelungene Veranstaltung, bei der alle zufrieden sind. Nach der Veranstaltung geht Allmuth die Stimme weg und zusätzliche Erkältungssymptome belasten sie.

Abends sieht Allmuth im Fernsehen den Film »Die Klavierspielerin«, nach einer Vorlage von Elfriede Jelinek. Vieles aus dem Film ist Allmuth bekannt vorgekommen, vor allem das Verhalten der Mutter. Die Tochter steht unter der absoluten Kontrolle der Mutter. Sie will alles wissen, weiß, was gut für die Tochter ist, und will, dass die Tochter nach ihrem Bild funktioniert, so unter anderem in ihrer Kleidung und ihrem Freizeitverhalten. Die Mutter kontrolliert den Kleiderschrank und zerstört Kleidungsstücke, die sie für die Tochter als unangemessen betrachtet. Das erinnert Allmuth an ihre eigene Mutter, wie sie ihr Kleidungsvorschriften machte. Als Allmuth zu einer Party eingeladen wurde, stand die Mutter vor ihrem Schrank und überlegte, welche Kleidung angemessen sei. Allmuth wollte eine Hose anziehen, die Mutter plädierte für einen Rock. Allmuth lag auf dem Bett und heulte, weil sie den langweiligen Rock nicht zu der Party anziehen wollte. Vor die Alternative gestellt, entweder Rock oder zu Hause bleiben, entschied sich Allmuth dann doch für den Rock. Den ganzen Abend auf der Party fühlte sie sich unwohl und verklemmt. Genau wie die Mutter im Film wartete auch Allmuths Mutter abends hinter der Wohnungstür. Wehe, Allmuth kam eine

Minute zu spät nach Hause! Wie eine Hyäne stürzte sie sich auf Allmuth, um sie zur Rede zu stellen und sie zu bestrafen. Die eindrücklichste Szene des Films für Allmuth: Mutter und Tochter im Ehebett. Mutter: »Da opfert man sein ganzes Leben …« Sofortige Wiedererkennung des Satzes ihrer Mutter. Sogar im gleichen Tonfall! Allmuth denkt: »Jetzt fehlt nur noch der Satz: ›Und wo bleibt der Dank!‹«. Und tatsächlich kommt in dem Moment in dem Film genau dieser Satz. Neben Elke Heidenreich ist jetzt auch Elfriede Jelinek für Allmuth eine Schwester im Geiste.

Badenixe

Ich bin auf einem Schiff, das auf einem Fluss fährt, mit einer Gruppe von Frauen. Ich vermute, dass es eine Klasse ist oder meine ehemaligen Mitschüler. Wir sind nicht freiwillig dort, sondern so eine Art Gefangene oder Zwangsarbeiterinnen. In der Gruppe ist teilweise ein gutes Klima, teilweise gibt es Spannungen und Konflikte. Ich sagte, während ich vom Duschen kommend mein Handtuch aufhänge: »Wenn ich in Deutschland wäre, würde ich jetzt Abitur machen.« Aber seltsamerweise bin ich ja in Deutschland. Ich setze mich dann nackt auf das Deck zwischen die anderen, die aber bekleidet waren. Ich soll bei der Ankunft des Schiffes in Monaco die Badenixe spielen. Ich bringe den anderen bei, wie man das französische Wort »midi« ausspricht. Ich denke, eigentlich hätte ich ja schon meinen Bikini anziehen können. Ich habe keine Lust, die Badenixe zu spielen, aber wir müssen alle das tun, was uns gesagt wird.

Anmerkung: Am Abend vorher eine Feier des Kollegiums gehabt, auf der ich mich nicht sehr wohl fühlte, obwohl ich beim Knobeln gewonnen habe.

9. April 2005

Ein Traum mit sehr ambivalenten Gefühlen. Die Traumbilder von Schiff und Fluss symbolisieren beide den Lebensweg, den Prozess der

Lebensreise. Allmuth ist nicht allein. Sie ist mit Frauen zusammen in einer Zwangs- und Schicksalsgemeinschaft. Sie legen gemeinsam eine Strecke ihres Lebensweges zurück. Sie sind gefangen in Pflichten und Erwartungen, können nicht machen, was sie wollen. Die Stimmung ist ambivalent, teilweise ein gutes Klima der Gemeinsamkeit, teilweise gibt es Spannungen und Konflikte. Ein Bild von Allmuths Lebensweg in ihrer Kindheit und Jugend bis zum Abitur, auf dem sie fast ausschließlich mit Frauen zusammen war, entweder in der Familie mit Mutter und Schwester oder in der Schule, wo sie mit Ausnahme der Dorfschule in reinen Mädchenklassen und -schulen war.

Im Traum kommt Allmuth vom Duschen, dem »*Wunsch, wieder neue Kraft und Lebensgeister zu bekommen (seelische Erneuerung), Entspannung*« (Vollmar, 2000, S. 76) und hängt ihr Handtuch auf. Ein nasses Handtuch ist »*ein Sinnbild des Unpassenden und Unfunktionalen*« (Vollmar, 2000, S. 130). Der Satz, den sie dann spricht »Wenn ich in Deutschland wäre …« passt nicht zu ihrer Situation, denn sie ist ja in Deutschland. Unwohlsein dadurch, dass Gefühl und Handlung, Sprache und Ort nicht zusammenpassen. Anpassung an Orte oder an Personen, die von Allmuth ein Handeln oder Sprechen verlangen, die nicht ihrer Stimmung oder Gefühlswelt oder auch ihrer Überzeugung entsprechen. Sich anpassen, eine Maske aufsetzen, funktionieren, gute Miene zum bösen Spiel machen. Diese Zwiespältigkeit ist rational nicht zu erklären, wie bei der Feier des Kollegiums, bei der sie sich nicht wohl gefühlt hat, obwohl alle Voraussetzungen dafür sprachen (Gewinn beim Knobeln), dass Allmuth sich hätte wohl fühlen müssen.

Das Unwohlsein steigert sich noch, als Allmuth sich nackt zwischen die bekleideten Mitreisenden setzt. Nacktheit, als Zustand seelischer Entblößung, macht sie unsicher und grenzt sie ab und damit auch aus. Sie wird sich allmählich ihrer Nacktheit bewusst, bedauert, dass sie keinen Bikini angezogen hat, ist aber unfähig, etwas gegen ihre Nacktheit zu tun. Ein unangenehmer Schwebezustand, sich verstecken wollen, aber nicht können. In diesem Zustand rettet sie sich in beruflichen Aktivitäten. Als Französischlehrerin schult sie ihre Mitreisenden in der Aussprache eines französischen Wortes. »Midi« ist der Süden Frankreichs, dort wo die Sonne scheint, das

Ziel der Reise. Im Süden Frankreichs und in Monaco war Allmuth zum ersten Mal im Rahmen eines Schüleraustausches in der zwölften Klasse. Es war kurz nachdem sie sich die Haare ganz kurz geschnitten hatte. Dort in Frankreich war Allmuth bei Empfängen die Sprecherin ihrer Mitschülerinnen, weil sie die beste französische Aussprache hatte und auch keine Scheu vor dem Sprechen hatte. Sie wurde oft für ihr fast akzentfreies Französisch gelobt.

Sie war die Vorzeigeschülerin, spielte die Badenixe. »*Die Nixe ist das Symbol des Lebens und des inneren Reifens, sie ist eine Grenzgängerin. Man träumt von ihr, wenn der Jüngling zum Mann und das Mädchen zur Frau wird. Die Nixe hat keine Seele und trachtet deswegen nach der Seele der Menschen. Nach Jung ist die Nixe die instinktive Stufe, die Vorstufe eines zauberischen weiblichen Wesens, der Anima*« (Vollmar, 2000, S. 197).

Allmuth auf dem Weg zur Frau, mit dem Hin und Her, Auf und Ab der Gefühle und Stimmungen, der Lust und Unlust, dem Zwang zur Anpassung und zum Gehorsam, dem Versuch der Offenheit und dem Einsehen des Irrtums. Es war die Zeit ihres Abiturs, ihrer Reifeprüfung.

Flucht und Schreien

Albert und ich sind in einem fremden Land und haben bei Bekannten geschlafen. Die Wohnung ist sehr unordentlich und chaotisch. Wir packen unsere Sachen zusammen, müssen sie aber überall zusammensuchen. Ich finde beispielsweise meine Unterwäsche irgendwo herumliegen. Der Bekannte packt uns noch einen kleinen roten Koffer mit Sachen, die wir eventuell noch gebrauchen können, so zum Beispiel eine große Lesebrille, die wir bräuchten, wenn eventuell die Gestapo käme. Wir lehnen den Koffer ab, weil wir möglichst wenig Gepäck haben wollen. Jeder nur eine Tasche, möglichst leicht. Die Situation hat etwas von chaotischem Aufbruch, Flucht und Eile.

Wir fahren dann mit der U-Bahn. Der Ausgang der U-Bahn liegt in einem Haus, wie wir es auch schon in Japan erlebt haben. Ich gehe voran, Albert kurz hinter mir. Beim U-Bahn Aufgang laufe ich schneller voran und komme auf die Straße. Wir müssen zu einer Bushaltestelle, sind aber ganz knapp in der Zeit. Ich sehe die Haltestelle, es sitzen noch Leute dort auf einer Bank, also ist der Bus noch nicht abgefahren. Ich laufe schnell die große, bevölkerte und unbekannte Straße entlang zur Haltestelle und setze mich zwischen die Leute auf die Bank.

Da merke ich, dass Albert nicht mitgekommen ist. Zuletzt habe ich ihn im U-Bahn-Aufgang hinter mir gespürt. Ich halte nach ihm Ausschau, sehe ihn aber nicht. Dann rufe ich ihn ganz laut. Da der Straßenlärm sehr laut ist, rufe ich immer lauter nach Albert. Keine Spur von ihm. Ich gerate in Panik, denn er hat in seiner Tasche alle Papiere, wie Geld, Ausweise und Fahrscheine. Ohne ihn bin ich in dem fremden Land, dessen Sprache ich nicht verstehe (wie in Japan), aufgeschmissen. Ich schreie in alle Richtungen nach ihm, aber keine Spur von ihm. Ich verlasse meinen sicheren Platz an der Haltestelle und suche und rufe ihn im U-Bahn Aufgang. Ohne Ergebnis.

Später gibt mir ein Junge ein Buch von ihm. Ich blättere darin und finde eine Fahrkarte, die so ähnlich aussieht wie eine kleine Fahne. Ein Zeichen dafür, dass er an der Haltestelle war, während ich wahrscheinlich ihn im U-Bahn-Aufgang gesucht habe. Langsam muss ich mich damit abfinden, dass er nicht mehr wiederkommt. Ich beginne, meine Situation zu analysieren. Ein Kollege von Albert sagt mir, wenn seiner Frau so etwas passierte, wäre das nicht ganz so schlimm, sie hätte noch zwei Väter (Vater und Schwiegervater) im Rücken, die sie dann unterstützen würden. Ich sagte, ich hätte keine entsprechende Unterstützung. Nur eine Schwiegermutter von 83 Jahren, die aber selbst Hilfe braucht.

Anmerkung: Beim Aufwachen erinnere ich mich an eine andere Traumszene: Die Tochter unseres Nachbarn zur Linken liegt im Sterben. Sie liegt zu Hause und ist todkrank. Viele Menschen sind im Wohnzimmer und beten den Rosenkranz.

Ich habe eine schmerzhafte Nackenverspannung und mir tut die Halsmuskulatur weh. Wenn ich huste, tut der Hals von außen weh. Die Verspannung dauert sechs Tage.

23. April 2005

Der Japanaufenthalt von Allmuth und Albert ist gerade vier Wochen vergangen und Allmuth träumt davon, wie sie sich in dem fremden Land gefühlt hat und welche Überlegungen und Erkenntnisse das fremde Land in ihr ausgelöst haben.

Zunächst ist da das Kofferpacken in dem fremden Land. Alles ist unordentlich und chaotisch, Sachen liegen verstreut und müssen gesucht werden. Es gibt keine gewohnte Ordnung, die Orientierung fällt schwer, Unsicherheit bis zur Panik sind die Folge. Der Bekannte, die einzige Person in dem fremden Land, die Hilfe geben kann – für Allmuth und Albert ist das nur Christina, ihre älteste Tochter –, bietet eine Unterstützung an, die Allmuth und Albert nicht annehmen wollen. Sie wollen möglichst wenig Gepäck mitnehmen. Sich nicht mit Problemen belasten, nicht ungelöste Aufgaben mitschleppen. Christina kennt das Land, sie weiß, dass eventuell die Gestapo auftauchen kann. Gestapo bedeutet Gefahr. Mit einer Lesebrille können sie der Gefahr begegnen, sich in ein Buch vertiefen oder sich lesend informieren. Wenn die fremden Eindrücke zu erdrückend werden, ist die Lektüre im mitgebrachten Buch ein guter Ausgleich. Allmuth und Albert müssen aufbrechen, sind in Eile. In Japan überwältigt der Eindruck, alle seien in Eile, alles ist in Bewegung, auf der Flucht, gehetzt, getrieben.

Der Eindruck der Eile verstärkt sich noch in den öffentlichen Verkehrsmitteln. Massen von Leuten drängen sich diszipliniert in den U-Bahnen. Wie in einem Ameisenhaufen hat jeder seinen Weg und seine Richtung, alles funktioniert wie von Geisterhand gelenkt. U-Bahn-Fahren in Tokio, ohne die Sprache zu verstehen oder Schilder und Pläne lesen zu können. Für Allmuth und Albert eine Situation extremer Anspannung, ohne Christina sind sie aufgeschmissen. Christina muss sich in dem System der verschiedenen U-Bahn-Gesellschaften immer wieder neu orientieren. Allmuth möchte am liebsten Christina und Albert an einer Schnur festhalten, so sehr beschleicht sie die Angst, sie in dem Menschengewühl zu verlieren. Christina versucht, ihr die Panik ein wenig zu nehmen: »Mama, du musst nur nach einem großen grauen Kopf, der über die Menschenmassen ragt, Ausschau halten, dann findest du Papa immer wieder.«

Tatsächlich war Albert mit seinen weißen Haaren in der Menschenmenge nicht zu übersehen. Trotzdem, das Gefühl der Angst, Albert zu verlieren, ist nicht zu verdrängen und bahnt sich seinen Weg in dem Schreien von Allmuth. Sie ruft seinen Namen immer lauter, um gegen den Straßenlärm anzukommen. Ohne Albert ist sie verloren. Das wird ihr erst im fremden Land klar. Albert kümmert sich immer um die finanziellen Angelegenheiten und um den Papierkram wie Versicherungen und Steuererklärung. Normalerweise ist Allmuth froh, diese Dinge auf Alberts Schultern laden zu können, aber jetzt wird ihr ihr Angewiesensein auf ihn bewusst. Sie schreit, schreit laut. Schreit gegen den Verkehrslärm. Schreit nicht nach innen, sondern nach außen. Schreit ihre Panik heraus. Lass mich nicht allein! Ich brauche dich!

Albert bleibt für Allmuth verschwunden, ist zwar in der Nähe, aber nicht mehr greifbar. Allmuth muss mit der Situation jetzt alleine zurechtkommen. Sie hört auf zu schreien und fängt an, ihre Lage zu analysieren. Wenn Albert nicht mehr da ist, hat sie keinen anderen, der ihr den Rücken stärken könnte. Keinen Vater oder Schwiegervater. Die Schwiegermutter ist auch keine Hilfe, da sie selbst Hilfe braucht.

Im Traum mündet die Flucht (Suche) über das Schreien (Erwachen) in die Selbstanalyse. Beim Aufwachen dann die Sterbeszene einer jungen Frau. Durch das Rosenkranzgebet der vielen Menschen um sie herum soll Trost gespendet werden für alle. Am Ende des Traums deutet die todkranke Frau auf die »*Notwendigkeit [hin], sein Leben zu ändern und alte Lebenshaltungen absterben zu lassen. Tod heißt meist, daß ein radikaler Wechsel notwendig ist*« (Vollmar, 2000, S. 259). Bei diesem Wechsel wird Allmuth von vielen Rosenkranz-betenden (Trost spendenden) Menschen begleitet.

Zug und Bahnhof

Albert, Klara und ich fahren mit dem Zug in ein fremdes Land wie China. Mit uns fahren viele Leute. Es ist eine Art Zwangsevakuierung oder Flucht. Es ist keine Vergnügungsreise. An einem kleinen Bahnhof, der etwa so groß ist wie der Bahnhof unseres Ortes, steigen wir mit vielen anderen aus. Wir gehen aber nirgends hin, sondern sofort in den Wartesaal des Bahnhofgebäudes. Dieser liegt im ersten Stock. Wir warten auf einen Zug, der uns wieder zurückbringt. Wir beobachten die Gleise, aber es kommen nur Züge mit großen modernen Kesselwaggons, die wie Panzer wirken. Die Stimmung ist entsprechend gedrückt oder nervös. Ich gehe schon mal runter auf den Bahnsteig, um dort mit Klara zu warten. Dann kommt ein Personenzug. Ich sage zu Klara: »Lauf zu Papa hoch und sag ihm: Der Zug ist da.« Klara läuft los und ich warte in der Menschenmenge auf dem Bahnsteig. Als der Zug einfährt, will ich einsteigen, aber Albert und Klara sind noch nicht da. Ich rufe ständig »Der Zug ist da!« in Richtung des Wartesaals. Dann fährt der Zug ab, aber kurz darauf fährt ein neuer ein. Ich rufe weiter. Von der Zeit her müssten Albert und Klara schon längst da sein. Ich halte Ausschau nach einem großen grauen Kopf (daran kann man Albert erkennen), aber nichts tut sich. Dann kommt ein kleines Kind auf mich zugelaufen und sagt: »Ich bin jetzt da.« Schnell steigen wir in den Zug. Dann merke ich, dass das Kind ja nicht Albert ist, und wir steigen beide wieder aus. Der Zug fährt ab, ein neuer fährt ein. Ich stehe immer an der Zugtür und halte weiter angestrengt Ausschau und rufe ständig: »Der Zug ist da!«

22. Mai 2005

»Der Zug ist da!« Allmuth steht am Bahnsteig und ruft ständig diesen Satz. »*Der Zug ist in der Tiefenpsychologie das Unbewußte selbst, das uns auf den rechten Weg bringen möchte*« (Vollmar, 2000, S. 44). Das Unbewusste setzt sich in Bewegung, fährt durch die Seelenlandschaft und soll Allmuth an ein Ziel bringen, das noch nicht sichtbar, noch nicht definiert ist. Zunächst will Allmuth mit einem Zug fahren, der sie wieder zurückbringt. Der Zug soll sie dahin bringen, wo sie herkommt. Ihre Vergangenheit und Kindheit muss noch weiter befahren, erfahren, durchfahren werden. Es ist ein ungewöhnlicher Weg, die Fahrt wieder zurück. Zurück in die Zukunft! Ist etwas vergessen worden? Muss noch etwas erledigt werden, das noch nicht abgeschlossen ist? Ist der Weg zurück auch das Ziel oder nur ein notwendiger Umweg? Die Richtung der Züge wird nicht angezeigt. Wo ist das Ziel?

Die Eisenbahn als Fortbewegungsmittel ist eines der sichersten Verkehrsmittel. Der Zug fährt auf fest installierten Gleisen, er bleibt »in der Spur«, die Möglichkeit, vom Weg abzukommen oder zu verunglücken, ist relativ gering. Der Lebensweg, der mit dem Zug zurückgelegt werden muss, ist schon solide geerdet, die Grundlagen sind tragfähig, es ist schon einige Vorarbeit geleistet worden. Mit dem Zug vollzieht sich die »*Vorwärtsentwicklung der Persönlichkeit, Erfolgsstreben und Kontaktfreudigkeit. Flucht aus jetziger Situation*« (Vollmar, 2000, S. 81).

Das Motiv der Flucht spielt auch in diesem Traum durchgängig eine Rolle. Zwangsevakuierung, Menschenmassen, Szenen wie im Krieg, dazu Kesselwaggons, die wie Panzer wirken, und eine gedrückte und nervöse Stimmung. Rette sich wer kann! Flucht, eine nicht mehr zu ertragende Lage unter großen Gefahren verlassen, um sich in Sicherheit zu bringen, um bessere Lebensumstände zu erreichen. Flucht, sich auf den Weg machen, das Zerstörende hinter sich lassen, das Aufbauende als Traum und Ziel vor sich herbeisehnen. Auf der Flucht ist ein Bahnhof ein Haltepunkt, ein Ort der Rast und des Richtungswechsels. Bahnhof als Ort der Veränderung sowohl in der Fremde (China) als auch im Heimatort. »*Auf dem Bahnhof erfahren wir oft, wie es auf unserer Lebensreise weitergehen soll. Auch ein Bild der Hetze (›es war höchste Eisenbahn‹); warten auf etwas oder ›aus der Bahn geworfen sein‹*« (Vollmar, 2000, S. 43). Auf dem Bahnhof stellen sich die Weichen des Lebens neu, ein Zustand des Übergangs, verbunden mit Unsicherheit, Nervosität, Angst und Ruhelosigkeit. Gefühle, die Allmuth zurzeit sehr gut kennt.

Allmuth ist nicht allein auf dem Bahnhof. Ihre Wegbegleiter sind Albert und Klara, die aber in der für Allmuth wichtigsten Minute, als es darum geht, in den Zug einzusteigen, nicht da sind. Wieder das Motiv, dass nahestehende Personen plötzlich nicht mehr da sind. Dann kommt ein kleines Kind auf Allmuth zugelaufen und sagt: »Ich bin jetzt da«, und beide steigen in den Zug. Allmuth und das kleine Mädchen, das aus der Seenot gerettete Kind, das sich von Allmuth loslöst, Allmuth als Erwachsene und Allmuth als Kind, beide vereint im Zug des Lebens. Es sind jetzt zwei Personen, Allmuth hat Distanz zum Kind, kann ihm gegenübertreten und mit ihm reden, ist nicht mehr in ihre Kindheit verstrickt und gefangen. Das Kind ist jetzt da, läuft auf eigenen Füßen und redet mit Allmuth. Das Kind eröffnet ihr neue Möglichkeiten, ein Kind steht erst am Anfang eines Lebensweges. »Ich bin jetzt da.« Eine Abwandlung des Satzes »Ich bin ich«.

Allmuth merkt, dass das Kind nicht Albert ist, und verlässt mit dem Kind wieder den Zug, denn sie will nicht mit ihm, sondern mit Albert weiterfahren. Aber Albert ist (noch) nicht da und Allmuth muss ständig rufen und schreien in der Hoffnung, dass Albert sie hört und dass sie gemeinsam weiterfahren können.

Wohnungskauf und Makler

Albert, ich und Christina im Alter von zwei bis drei Jahren sind gerade in das Haus gezogen, in dem wir als Erstes nach unserer Ausbildung wohnten. Die Schränke und Betten sind gerade aufgebaut, aber die Umzugskartons noch nicht ausgepackt. Da soll die Wohnung oder das Haus vermietet oder verkauft werden. Es ist jedoch nicht so, dass uns was weggenommen werden soll. Das ganze Haus ist voll von Leuten, die sich für die Wohnung interessieren und alles genau begutachten. Wir stellen die Vorzüge der Wohnung heraus. Dazu wird ein Video gezeigt und ich erzähle dabei von den guten Erinnerungen, die wir an diese Wohnung haben. Christina kommt und setzt sich auf meinen Schoß. Es ist noch so eine Art Auktionator oder Makler da, der wohl der Chef der Verkaufsaktion ist. Der Eigentümer ist irgendeine anonyme Gesellschaft. Eine Frau wendet sich an mich und beschwert sich über die Arroganz dieses Mannes. Sie will lieber mit mir verhandeln.

Anmerkung: Zurzeit suchen Albert und ich eine Ferienwohnung an der Küste.

9. Juni 2005

Nach Studium und Referendariat ziehen Allmuth und Albert mit Christina in eine Mietwohnung in den Ort, in dem sie heute noch leben. Die Wohnung besteht aus einer Doppelhaushälfte mit einem großen Garten, mitten in der Stadt. Der Zugang zum Garten ist durch den Keller, im Erdgeschoss sind die Küche, das Ess- und das Wohnzimmer und im ersten Stock ein Schlafzimmer, ein Bad, ein kleines Kinderzimmer und ein Arbeitszimmer. Im Sommer 1976 hat Albert seine Stelle als Studienassessor am Gymnasium angetreten, ein halbes Jahr später hat Allmuth an der kirchlichen Realschule mit einer halben Stelle angefangen zu arbeiten. Christina wird von Alberts Schwester betreut, die ein Praktikum im Haushalt macht. Der Start ins Berufsleben ist geglückt, die junge Familie richtet sich in dem Haus ein und plant ein zweites Kind. Allmuth berichtet im Traum von den guten Erinnerungen, die sie mit dieser Wohnung verbindet. In der Wohnung gab es oft Besuch von vielen Leuten, es wurde viel gefeiert und Christina hat sich dort gut entwickelt. Allmuth und Albert erzählen von den Vorzügen der Wohnung, in einer schönen Wohnung lässt es sich auch gut leben. Die Wohnung als »*Ausdruck der Sehnsucht nach einer Beziehung, die Sicherheit und Geborgenheit gibt*« (Vollmar, 2000, S. 285). Für Allmuth bietet diese Wohnung Sicherheit und Geborgenheit. In diesem Haus ging es ihr gut. Aber jetzt kommt etwas Neues, eine neue Lebensphase beginnt. Es herrscht Aufbruchstimmung.

Eine Wohnung als Ausdruck oder Symbol der inneren Befindlichkeit. Eine Wohnung einrichten, sich selbst bewohnbar machen. Schränke und Betten sind schon aufgebaut. In den Schränken wird der Besitz aufbewahrt und die Betten stehen für die »*Sehnsucht nach häuslichem Glück und Ruhe, auch erotische Situation*« (Vollmar, 2000, S. 50). Alles Weitere ist noch in den Umzugskartons verpackt. Eine neue Wohnung einzurichten macht Spaß und Freude, neue Lebensperspektiven tun sich auf. Eine Leere füllt sich, ein Raum wird bewohnbar, der Zustand des Unbehaustseins wandelt sich allmählich in einen Zustand des Bewohntseins. Im eigenen Körper zu Hause sein, sich einrichten. Allmuth fühlte sich im Leben oft unbehaust, obwohl sie nie obdachlos war. Es war das Gefühl: Ich gehöre nirgends richtig hin, bin eine Randständige, schaue höchstens zu, habe keinen Halt, suche Anerkennung. Immer das ambivalente Gefühl: einerseits dazugehören zu wollen und sich andererseits nicht vereinnahmen zu lassen. So war sie zum Beispiel für die »Grünen« aktiv, ist aber nie in die Partei eingetreten. Auch ihr ständiges Suchen, Zweifeln, Erforschen und Ausprobieren ist eine Reaktion der Unbehaustheit. Erst allmählich kommt Allmuth jetzt zur Ruhe, wird erwachsen. Die Unbehaustheit hatte auch ihre positiven Seiten, sie hat Allmuth nicht bequem und angepasst gemacht. Wachheit und Sensibilität für Ungerechtigkeiten waren ihre ständigen Begleiter.

»Ich werde eine Bewohnerin meiner selbst sein müssen, denn sonst ist das einfach nichts. Ich muss mich aggressiv bewegen, ohne magische Einstimmung oder Zufälle. Ich bin eine ganz gewöhnliche Frau« (Yalom und Elkin, 2001, S. 331). Allmuth will sich selbst neu einrichten, sich selbst bewohnbar und spürbar machen. Dem inneren Wohnungsbezug entspricht im Äußeren die Suche nach einer Ferienwohnung, in der sie nur mit sich und Albert leben will. Eine Einrichtung für das Sein, nicht für die Pflicht und die Arbeit. In einer Ferienwohnung darf man nur sein, muss nicht ständig etwas tun. Dort wird Nähe und Muße gelebt, dort kann man zu sich selbst kommen.

Die Idee zu einer Ferienwohnung entstand ganz zufällig und spontan. Gute Bekannte bedauerten, dass das Ferienhäuschen ihrer Familie verkauft worden sei. Darauf Albert: Wenn ich für den Preis eine Ferienwohnung fände, würde ich sofort eine kaufen. Daraufhin Allmuth: Dann lasst uns doch an der Küste eine Ferienwohnung kaufen. Sie setzte sich an den Computer und suchte im Internet nach Angeboten, und so kam sie in Kontakt mit mehreren Maklern. Sie sahen sich verschiedene Immobilien an, verhandelten mit den Maklern und fanden sehr schnell eine Wohnung, die genau ihren Vorstellungen entsprach. Ende Juni unterschrieben Allmuth und Albert den Kaufvertrag und am 25. Juli 2005 war die Wohnungsübergabe.

Zwillinge

Ich bin mit einer Schar Kinder in einem Raum und muss mich um sie kümmern, indem ich verschiedene Aufgaben mit ihnen machen muss. Auf dem Tisch liegen quasi zur Auswahl zwei Säuglinge (Zwillinge), sauber eingepackt und friedlich schlafend. Meine Aufgabe ist, mit diesen beiden in die Sauna zu gehen. Da das eine schwierige Aufgabe ist, will ich sie langsam darauf vorbereiten. Ich nehme einen Zwilling (sie heißen so wie meine Zwillingsneffen), ziehe ihm Jacke und Mütze aus, wecke ihn behutsam und spiele mit ihm »Hoppe, hoppe, Reiter«. Das Kind wird langsam wach und macht das Spiel mit wachsender Freude mit. Der andere Zwilling liegt noch unausgepackt neben mir auf dem Sofa. Als ich den Säugling auf meinem Schoß nach unten fallen lasse (»macht der Reiter plumps«), macht der zweite Säugling das von sich aus nach, indem er einen Kopfstand vom Sofa aus macht und sich dann in die Ausgangsposition zurückhievt. Die Bewegungen der beiden Kinder sind parallel, wie bei Synchronturmspringern. Ich schaue ganz erstaunt auf das Kind neben mir, das ein ausgezeichneter Akrobat ist und alle Bewegungen synchron nachmacht. Formvollendet macht es einen Rückwärtssalto auf das Sofa, obwohl es noch ein Säugling ist.

Anmerkung: Gestern und heute wieder die Ausbildung zum Verfahrensbeistand gehabt.

2. Juli 2005

Zwillinge im Traum sind das »*Bild der Kommunikation mit zwei Seiten in einem selbst, oder es soll auf eine Seite in einem, die die Zwillinge besonders verdeutlichen, aufmerksam gemacht werden ›die bessere Hälfte‹ und ›das andere Ich‹*« (Vollmar, 2000, S. 297). Was zeichnet diese Zwillinge aus? Der eine ist in einer passiven Rolle, der andere in einer aktiven, um den einen wird sich gekümmert und mit ihm gespielt, der andere macht alle Bewegungen des ersten aus sich selbst heraus nach. Der eine bekommt Input und Anregung, der andere bekommt es (noch) nicht, ist aber exzellenter in seiner Bewegungsausführung als der erste. Der eine braucht die Hilfe von außen, der andere benötigt keine Hilfe. Beim einen gibt es einen langsamen Entwicklungsprozess vom Aufwachen bis zur Freude am Spiel, der andere ist sofort präsent und leistungsstark. Obwohl der Input unterschiedlich ist, ist der Output gleich. Der eine Synchronturmspringer braucht mehr Training als der andere. Um den einen wird sich gekümmert, das Resultat überträgt sich automatisch auf den anderen. Parallele Bewegungen, parallele Entwicklungen, Übertragungen von der einen Person auf die andere, zwei Personen verschmelzen in ihren Bewegungen zu einer Person, obwohl jede Person noch ihre Eigenständigkeit bewahrt. Was läuft bei Allmuth parallel?

An dem Wochenende des Zwillingstraums hatte Allmuth wieder ihre Ausbildung zum Verfahrensbeistand. In dieser Ausbildung erfährt sie sehr viel Input, viele Anregungen und auch praktische Anweisungen, die sie zum Verfahrensbeistand qualifizieren sollen. Parallel überträgt Allmuth vieles auf ihre Person, ihre Familie, ihre Geschichte. Die Ausbildung zum Verfahrensbeistand löst eine innere Ausbildung zur Eigenständigkeit aus. Der Input bewirkt einen doppelten Output. In ihrem grünem Buch beschreibt sie das Wochenende so:

»Hauptthema des Rollenspiels war der Erstkontakt zu den Eltern und zum Kind. Beim Rollenspiel des Erstkontaktes zu den Eltern habe ich die Mutter gespielt. Setting: Vater ist drogenabhängig, war wegen Beschaffenheitskriminalität schon öfter im Knast. Die Mutter hält die Familie über Wasser, setzt ihre ganze Energie darin, dass es eine ›richtige‹ Familie ist, wenn der Vater wieder aus dem Knast kommt. Sie kümmert sich aufopferungsvoll um die Kinder (6 und 15 Jahre), geht mit dem Sohn, als er sehr unruhig ist, zur Ergotherapie und kooperiert mit dem Jugendamt. Sie ist aber schon mal von einer Sozialarbeiterin hintergangen worden und ist daher Behörden gegenüber misstrauisch. Sie will aber alles tun, damit es mit der Familie klappt. Der Vater hat Schuldgefühle, wird immer wieder rückfällig, will aber in der Familie der Chef sein. Die Mutter hat in der Vergangenheit auch schon mal Drogen genommen, ob sie es jetzt noch macht, ist nicht ganz klar. Wegen Verhaltensauffälligkeiten des Jungen hat der Kindergarten das Jugendamt eingeschaltet und dieses hat einen Antrag auf Herausnahme des Kindes aus der Familie gestellt. In dieser Situation wird ein Verfahrensbeistand bestellt.

Ich spiele die Mutter beim ersten Besuch des Verfahrensbeistands, der von mir die Erlaubnis haben will, mit meinem Sohn zu sprechen. Nach den Aussagen der anderen habe ich diese Rolle sehr intensiv und überzeugend gespielt. Ich habe schon beim Spielen gemerkt, dass ich meine Mutter spiele. Vor dem Besuch war ich sehr aufgeregt, ich lief unruhig in der Wohnung hin und her und meine Hände zitterten. Ich wollte der fremden Person gegenüber alles perfekt machen, unsere Familie als heiles System vorführen und meinen Sohn nicht einer fremden Person überlassen. In dem Gespräch spürte ich die Angst und Panik, dass jemand anderes Zugang zu meinem Kind bekommen sollte, wo ich doch am besten weiß, was für das Kind gut ist. Das Kind gehört zu meiner Familie, wo ich mich tagtäglich bemühe und kämpfe, das System aufrechtzuerhalten. Daher brauche ich die absolute Kontrolle über das System. Es ist mir unmöglich, meinen Sohn als eigenständige Person zu sehen, die einen Willen und Interessen hat, die unabhängig von mir sind. Mein Sohn gehört (zu) mir, ich tue alles für ihn und brauche dazu seine absolute Loyalität und die totale Kontrolle über ihn. Der Gedanke, dass er eigene Gedanken und Wünsche haben könnte, macht mir Angst, denn dann droht er mir zu entgleiten und das System Familie gerät in Gefahr. In dem Gespräch ist der Verfahrensbeistand sehr geschickt und hartnäckig, mein Mann geht auf ihn ein, und ich muss einsehen, dass Widerstand zwecklos ist bzw. mir oder dem Verfahren aus unserer Sicht schaden kann. Ich begreife das zwar kognitiv, aber die Abwehr bleibt emotional bestehen. Immer wieder frage ich, ob ich das, was mein Sohn ihm erzählen wird, auch zu Gesicht bekomme. Ich äußere die Bedenken, Kinder hätten eine große Phantasie, und er könnte Dinge sagen, die nicht stimmten, und was ich dann unbedingt richtig stellen müsste. Diesem Wunsch konnte der Verfahrensbeistand nur bedingt entsprechen, da er ja dem Willen des Kindes absolut verpflichtet ist. Daher bleibt meine Angst, nicht mehr die absolute Kontrolle zu haben.

Meine Mutter hätte genauso reagiert. Sie hätte nie gewollt, dass ich einen Verfahrensbeistand bekommen hätte, denn dann hätte sie mich als eigenständiges Wesen, das unabhängig von ihr einen Willen hat, akzeptieren müssen. Das konnte sie nicht. Wir mussten mit unserem perfekten Verhalten ihr System von Familie aufrechterhalten. Sie hat ja auch oft gesagt: › Wenn ihr euch nicht so gut verhalten hättet, hätte ich es nicht geschafft.‹ Unser Funktionieren nach ihren Erwartungen gehörte zu ihrem existentiellen Überleben.

In dem Spiel habe ich die Angst und die Panik meiner Mutter körperlich gespürt. Jeder Einfluss einer anderen Person auf uns (am schlimmsten wäre unser Vater) nahm ihr von ihrer absoluten Kontrolle etwas weg. Sie brauchte uns als Halt, weil sie allein nicht eigenständig stehen konnte. Als wir dann aus dem Haus waren, war ihr Halt, dass wir vorzeigbar waren und sie von uns erzählen konnte. Teilweise nahm sie uns immer noch als ihr Wunschbild wahr. Was nicht einem bürgerlichen oder großbürgerlichen Familienbild entsprach, wollte sie nicht wahrhaben. Das ist vielleicht eine Erklärung dafür, dass sie mir geschenkte Fotos meiner Kinder zurückgab. Zeit meines Lebens spürte ich: Wir sind dazu da, damit sie mit uns angeben kann. Selbst wenn das Bild fast nur noch Fassade war, gab es ihr dennoch Halt.

Seit meinem Rollenspiel am Freitag schlafe ich nicht mehr gut. Ich wälze mich stundenlang im Bett hin und her, zwei bis vier Stunden lang. Am nächsten Tag bin ich müde und erschöpft. Es ist so ein Gefühl: Die Luft ist raus, als ob ich mich verausgabt hätte.

Äußerlich läuft alles gut. Gestern habe ich mit meiner Schwägerin meine Schwester besucht und heute habe ich noch Zeit, am Computer zu arbeiten. Mit der Familie ist auch alles bestens. Carl hat ab dem ersten August einen Job gefunden und die beiden Mädchen vertragen sich zurzeit gut in Japan. Heute Vormittag nach langer Zeit wieder eine Feldenkrais-Übung gemacht. Ich spüre, dass es meinem Rücken gut tut.«

Kleidung und Nacktheit

Ich trage falsche Kleidung. Ich betrachte meine Hose und meine Bluse oder Pullover und denke noch: Zu dieser Hose hast du doch ein passendes Oberteil, warum ziehst du es denn nicht an? Was du jetzt trägst, passt gar nicht zusammen, es sind ganz verschiedene Grüntöne.

Ich bin Teil einer Gruppe oder Klasse und wir nehmen teil an einer

Führung in einer Ausstellung in einem Kunstmuseum. Ich bin völlig nackt, mache aber alles mit und tu so, als sei das ganz normal. Alle anderen tun so, als ob sie meine Nacktheit nicht sähen, tuscheln aber doch hinter vorgehaltener Hand darüber. Als wir uns hinsetzen, um einen Film zu sehen, suche ich etwas, um mich zu bedecken, habe aber nur den Prospekt der Ausstellung, der natürlich zu klein ist. Die Rektorin einer Schule an unserem Ort kommt vorbei, grüßt mich und tätschelt mich am Kinn. Ich fühle mich unwohl an diesem Ort und in dieser Situation.

Im Urlaub, 9. August 2005

Im ersten Traum trägt Allmuth Kleidungsstücke, die nicht zusammenpassen, nicht miteinander harmonieren, da sie verschiedene Grüntöne haben. Grün ist die »*Farbe des naturhaften Lebens. Es entwächst etwas dem Stadium der Unreife*« (Vollmar, 2000, S. 125). Allmuth fragt sich, warum sie nicht die passenden Teile zusammen anzieht, denn sie besitzt die passenden Kleidungsstücke. Die Kleidungsstücke gehören schon zu Allmuths Ausstattung, zu ihren Ressourcen, sie weiß sie nur nicht richtig zu kombinieren. Die Umsetzung der Lebensharmonie, die richtige Zusammensetzung der gereiften Persönlichkeit stimmt (noch) nicht ganz. Aber immerhin merkt Allmuth, dass hier etwas nicht stimmt, dass noch bessere Abstimmung der einzelnen Grüntöne vonnöten ist. Arbeite weiter an der äußeren/inneren Erscheinung.

Nach Freud verweist Kleidung »*auf Nacktheit, die sich unter dem Kleid versteckt*« (Vollmar, 2000, S. 160). Im zweiten Traumbild ist Allmuth nackt. Das Motiv der Nacktheit wiederholt sich, beim ersten Mal befindet sie sich auf einem Schiff (Badenixen-Traum) und jetzt in einem Kunstmuseum. Sie betrachtet gemeinsam mit einer Gruppe verschiedene Gemälde in diesem Museum. Gemälde im Traum bedeuten: »*man sucht ein klares Bild von sich oder anderen*« (Vollmar, 2000, S. 116).

Nachdem Allmuth im Urlaub alle Artikel in dem Heft von »Psychologie Heute« durchgearbeitet hat, fängt sie am 8. August an, das Buch von Wilhelm Schmid »Mit sich selbst befreundet sein« durchzuarbeiten. Nachdem sie einige Überlegungen über die Angst und die Lebenskunst aufgeschrieben hat, schreibt sie am 9. August in ihr grünes Buch:

»Heute habe ich zum zweiten Mal geträumt, dass ich in einer Gruppe nackt war, während alle anderen bekleidet waren. Zunächst machte mir die Nacktheit nichts aus, da ich sie ja freiwillig gewählt habe. Mit der Zeit behindert sie mich aber immer mehr, ich fühle mich unwohl und in meinen Aktionen eingeschränkt. Mir ist beim Aufschreiben der Vergleich mit dem biblischen Sündenfall gekommen, wo Nacktheit mit Erkenntnis verbunden wird. In dem Kapitel, was ich jetzt gelesen habe, lese ich von der Bedeutung der Schwäche und ich kann eine Verbindung zu meinem Traum herstellen: Zu der Erfahrung der Angst gehört die Erfahrung der Schwäche, ›ohne Schwäche keine Ängstlichkeit‹ (Schmid, 2004, S. 33).

Schwäche wird beschrieben ›als ein Verlust von Mächtigkeit, Mächtigkeit verstanden als ein Verfügen über Möglichkeiten, als Können in diesem Sinne, und dies erklärt auch die spezifische Schwäche des Versagens: etwas nicht zu können, jedenfalls nicht jetzt und vielleicht auch künftig nicht‹ (Schmid, 2004, S. 34). Diese Schwäche als Erfahrung von Ohnmacht ist auch ein Gefühl meines Traums gewesen. Ich war eingeschränkt in meinen Möglichkeiten und fühlte mich dadurch isoliert, obwohl ich es äußerlich nicht war. Die Lebenshaltung vieler junger Menschen heute (und bei mir war es genauso!) ist geprägt durch das Bemühen, ›sich nur ja keine Blöße zu geben, keine Schwächen erkennen zu lassen, die geforderte Leistung penibel zu erbringen, alle Aufgaben perfekt zu lösen, ›ganz normal zu sein‹, Karriere zu machen, Erfolg zu haben, winner zu sein und niemals loser‹ (Schmid, 2004, S. 35).

Der Kraftaufwand, die Fassade der Kraft aufrechtzuerhalten, ist groß. Jetzt im Traum fällt die Fassade, ich bin nackt und bloß. Ich entscheide mich freiwillig, mich so zu zeigen, aber durch die Bekleidung der anderen wird mir immer unwohler. Trotzdem wird der Weg, den ich im Traum gegangen bin, auch in diesem Artikel empfohlen: ›Andersmodern wäre es, trotz allem die Schwäche zu leben, sie gewähren zu lassen wenigstens für einen Moment, sie sich und anderen einzugestehen, im vertrauten Kreis oder im Kreis von Betroffenen, auch in einem therapeutischen Kontext, um das Unvermögen oder gar Ver-

sagen als Möglichkeit seiner selbst in den Blick zu nehmen‹ (Schmid, 2004, S. 35). Die Strategie, mit der Schwäche umzugehen, ist einerseits, sie überhaupt zuzulassen, und andererseits, sich Bereiche zu schaffen, in denen man etwas kann, das heißt Ohnmacht (Schwäche) durch Macht (Können) auszugleichen, ›*ein Schwachseinkönnen und Versagendürfen, das leichter fällt, wenn es ein Residium der Stärke gibt*‹ (Schmid, 2004, S. 36). Wichtig dabei ist, ›*sich frei zu machen von der ständigen Anstrengung, stark sein zu müssen, frei von dem Aufwand, die Empfindung der Schwäche zu überspielen*‹ (S. 36).

Wenn ich bewusst auch mal die Kraft verlieren kann (meine freiwillige Nacktheit), dann ist der Wiedergewinn der Kraft umso bedeutsamer. ›*Nicht so sehr in der Behauptung einer Kraft, die sich erschöpft, liegt die Möglichkeit des Wiedergewinns, sondern im Eingeständnis ihres Verlustes: Nur so kann sie sich erholen*‹ (S. 36). Daraus entsteht eine Dialektik von Stärke und Schwäche. Schwäche kommt im Leben immer wieder mal vor und es geht nicht darum, sie für immer zu überwinden, sondern mit ihr auch kreativ umzugehen, ›*denn nicht die vermeintliche Stärke, sondern die Schwäche ist kreativ und produktiv: Sie treibt Sensibilität hervor, sie schärft das Bewusstsein, sie arbeitet an dem Werk, von dem das Selbst sich einen Zugewinn an Stärke verspricht. Die Notwendigkeit der Schwäche, mangels Stärke ungeschützt [Nacktheit!] zu agieren, bricht verkrustete Strukturen auf und öffnet den Raum des Anderen, der Transformation: Neue Möglichkeiten der Gestaltung fliegen dem zu, der schwach sein kann*‹ (S. 37).

Dazu fällt mir ein, dass ich in meinem Beruf in der letzten Zeit viel Neues ausprobiert habe und auch zur Zeit abends im Bett überlege, wie ich das Fach Werte und Normen mit neuen methodischen Konzepten unterrichten soll. Mir ist schon einiges dazu eingefallen. Ein Trost zum Schluss: ›*Menschen scheitern an ihren Stärken eher als an ihren Schwächen; wahre Stärke ist daher, schwach sein zu können*‹ (S. 37).«

Am nächsten Tag ergänzt Allmuth in ihrem grünen Buch: »Gestern hat mich der Traum mit der Nacktheit noch während des ganzen Tages weiter beschäftigt. Einerseits ein gewisser Ärger über mich selbst, dass ich mich dieser Situation ausgeliefert habe, andererseits aber auch ein gewisser Stolz, dass ich mich entblößt habe/Schwäche gezeigt habe, ohne daran zu zerbrechen. Die Situation war zwar unangenehm, aber nicht so schlimm, dass ich in Panik geriet oder ins Bodenlose fiel.«

Therapie

Ich liege auf dem Bauch auf einem Bett mit vielen Kissen. Ich unterziehe mich einer Therapie, die darin besteht, dass sich wilde Tiere, wie Tiger und Schlange, in mich verbeißen. Der Biss soll heilsam sein, ähnlich wie die Therapie mit Blutegeln. In dem Raum sind noch meine Mutter, die zuguckt, und Christina, die die Macht über die wilden Tiere hat. Die Tiere hören auf ihr Wort wie bei einem Dompteur. Es fängt an mit Bissen in meinen Rücken. Es ist sehr schmerzhaft. Mein Körper ist dabei wie gelähmt, als wenn ich Elektroschocks verpasst bekommen würde. Ich kann nicht sprechen, aber auch nicht vor Schmerzen schreien. Ich presse mein Gesicht in die Kissen und beiße mich vor Schmerz darin fest. Ich gebe meiner Mutter Zeichen mit der Hand, sie solle Christina sagen, dass sie die Tiere zurückbeordert, es sei genug, ich könne es nicht mehr aushalten. Sie reagiert jedoch nicht und die Bisse werden immer intensiver und schmerzhafter.

Nach dem Rücken dann meine Waden und dann meine Füße. Als die Therapie beendet ist, stehe ich erschöpft auf. Christina stützt mich und lobt mich, dass ich so tapfer durchgehalten habe. An den Bissstellen ist es blutig und ich habe viele blaue Flecken. Christina sagt, dass es in den nächsten Tagen noch anschwellen wird, aber danach sei ich geheilt.

Wir fahren mit dem Fahrrad in ein Restaurant und essen Müsli. Ich bin sehr geschwächt und matt. Christina versucht, mich aufzurichten. In dem Restaurant steht ein Gerät mit zwei Flaschen Alkohol, dazwischen eine Blume. Ich erkenne es als ein früheres Geschenk an Christina. Als ich die Flaschen herausnehme, erkenne ich, dass es eine alte Waage ist, ähnlich der Waage aus dem Geschäft meines Vaters, die ich nach seinem Tod meiner Cousine M. geschenkt habe. Ich sage zu Christina, dass das gut in unsere Ferienwohnung passen würde. Sie sagt, ich könne sie ruhig mitnehmen.

Anmerkung: Nach diesem Traum wache ich wie gerädert auf. Vor allem das Gefühl, gequält, gefoltert und therapiert zu werden und dabei nicht schreien zu können, hat mir zugesetzt. Ich fühle mich elend und habe den ganzen Tag Kopfschmerzen.

Im Urlaub, 11. August 2005

In diesem Traum durchlebt Allmuth die Gefühle und körperlichen Befindlichkeiten, die sich bei ihr während ihrer Therapie zeigten. Es ist eine Therapie, die sehr schmerzhaft ist. Nur durch den schmerzhaften Biss eines wilden Tieres ist Heilung möglich. Heilung nur über den Weg von Schmerzen. Tiger und Schlange, nach C. G. Jung Symbole der weiblichen Triebkraft, verbeißen sich in Allmuths Körper und fügen ihr unsagbare Schmerzen zu. Die Bisse beginnen im Rücken. »*Am Rücken fängt nach Jung die Sphäre des Unbewußten an*« (Vollmar, 2000, S. 226). Im Rücken spürte Allmuth am stärksten die seelischen Nöte durch Verspannung der Rückenmuskulatur und Blockaden der Nervenstränge. Das Leiden des Unbewussten machte sich im Rücken bemerkbar. Nachdem der Rücken mit vielen Bissen übersät ist, wendet sich das Tier der Wade zu. Verletzungen der Wade sind besonders schmerzhaft. Nicht umsonst wird einer, der seelische Verletzungen zufügt, als Wadenbeißer bezeichnet. Dann die Füße. Bissverletzungen dort hindern Allmuth daran, auf eigenen Füßen zu stehen. Der eigene Standpunkt, ihre Unabhängigkeit gelingt nur mit heilen Füßen.

Die Bisse setzen Allmuth so zu, dass ihr ganzer Körper davon wie von Elektroschocks durchgeschüttelt wird. Der Schmerz ist so groß, dass sie keine Gewalt mehr über ihren Körper hat, ihn als »vor Schmerz gelähmt« empfindet. Neben der Therapieerfahrung des Schmerzes gibt es in diesem Traum die Aussage zum Schreien. Obwohl die Schmerzen unendlich groß sind, kann Allmuth nicht schreien. Der Schmerz kann nicht heraus, kann sich höchstens innen festbeißen. Auch kann Allmuth nicht sprechen. Mitteilungen über die persönliche Befindlichkeit sind ihr nicht möglich.

In dem Therapie-Traum steht Allmuth zwischen ihrer Mutter und ihrer Tochter. Mutter-Tochter-Konflikt. Ihre Mutter und ihre Tochter sind die zentralen Personen ihrer Therapie. Im Traum läuft die Kommunikation über die Mutter zu ihrer Tochter. Erst muss sich das Verhältnis zur Mutter klären, dann klärt sich auch das Verhältnis zur Tochter. Die Verbesserung des Verhältnisses zur Tochter geht nur über die Aussöhnung mit der Mutter. Die Mutter selbst kann nicht mehr reagieren, sie gibt die Signale nicht weiter, so dass Allmuth den ganzen Therapieschmerz bis zum Ende durchstehen muss. Die Einzige, die die beißenden Tiere zurückbeordern kann, ist die Tochter, die aber nicht einschreitet und dadurch dafür sorgt, dass der Therapieprozess bis zum Schluss durchgestanden werden muss. Sie hat selbst ein Interesse daran, dass Allmuth durchhält, denn eine therapierte Mutter kommt auch ihrem Seelenleben zugute. Daher stützt sie Allmuth nach der Therapie und lobt sie für ihr Durchhaltevermögen. Mit der Beendigung der Bisse ist die Therapie noch nicht vollständig durchgestanden. Die Bissstellen werden noch einige Zeit anschwellen, das heißt, es gibt noch längere Nachwirkungen der Therapie. Aber es besteht Aussicht auf Heilung.

Dann fahren Allmuth und Christina im Traum mit dem Fahrrad (*»Einsetzen der eigenen Kräfte, um vorwärtszukommen«*, Vollmar, 2000, S. 93) in ein Restaurant (*»Kontaktfreude und Offenheit, Kommunikation, aber auch Oberflächlichkeit«*, S. 221) und essen dort Müsli. *»Gesundheit und Kraft, neue Energien. Man möchte sich gesunder ernähren. Auch ein Sinnbild der neuen (Seelen)nahrung und anderer Wege im Alltag«* (S. 190). Auf dem Weg der Rehabilitation sieht Allmuth zwei Flaschen mit Alkohol (*»Im positiven Sinne werden hier soziale Fähigkeiten und Kommunikation sowie der heilende Aspekt des Rausches angesprochen«*, S. 24) und Blumen (*»Symbol für Gefühle, die man indirekt ausdrückt, und für Schönheit und Fruchtbarkeit«*, S. 54). In dem Blumenarrangement versteckt sich eine alte Waage aus dem Laden von Allmuths Vater. Diese Waage würde gut in die Ferienwohnung passen, ein Utensil aus Allmuths Geschichte soll in der Gegenwart noch einmal zur Geltung kommen. Versöhnung von Vergangenheit und Gegenwart.

Am Tag nach dem Traum ging es Allmuth den ganzen Tag über sehr schlecht und Albert befürchtete wieder eine Depression wie im Urlaub ein Jahr zuvor. Allmuth war aber nur körperlich sehr erschöpft, so als ob sie eine lange schwere Krankheit überstanden hätte. In ihr grünes Buch schreibt sie am nächsten Tag:

»Gestern hatte ich den ganzen Tag Kopfschmerzen nach einem schlechten Traum am Morgen. Tagsüber hatte ich so das Gefühl: ›Jetzt reicht's.‹ In den letzten zwei Wochen habe ich mich ziemlich intensiv mit mir und meiner Geschichte beschäftigt, was sich auch in drei eindringlichen Träumen ausdrückte. Ich habe nun das Gefühl: ›Ich bin jetzt fertig damit und habe auch keine Lust mehr.‹ Ich muss wieder Abstand gewinnen. Darum ist es auch gut, dass wir morgen wieder nach Hause fahren. Dort werde ich wieder viele andere Beschäftigungen haben. Ich bereue die letzten zwei Wochen allerdings nicht, ich meine, ich bin ein gutes Stück weitergekommen. Dass man damit fertig sei, kann man wohl nie sagen. Ich nehme mir allerdings vor, das Buch von Wilhelm Schmid täglich noch weiter zu bearbeiten, einmal für den Rest der Sommerferien und dann noch in den Herbstferien.«

Putzen mit Zaubermittel

Ich bin im Elternhaus meines Vaters. Mein Cousin T. ist auch da. Ich fange an zu putzen. Zunächst wische ich den Fußboden. Dann entdecke ich per Zufall, dass, wenn ich den Boden schrubbe, der Holzfußboden aus alten Holzdielen wie neu wird. Also schrubbe ich das ganze Zimmer beziehungsweise die ganze Gastwirtschaft. Dann säubere ich einen Teppich. Dazu benutze ich einen Wattebausch mit einem Zaubermittel als Reinigungsmittel. Der Teppich wird wie neu und erhält neue, leuchtende Farben. Ich bin fast fertig mit dem Teppich, der Wattebausch ist nur noch ein Krümel in meiner Hand, so abgenutzt und gebraucht ist er. Es fehlen nur noch ein paar Ecken im Teppich. Mein Cousin ist schon nach kurzer Zeit beim Zugucken im Sessel eingeschlafen und ich bin von der Arbeit ganz erschöpft.

Anmerkung: Seit gestern habe ich wieder Allergiesymptome wie im letzten Jahr.   28. August 2005

Am 13. August beenden Allmuth und Albert ihren Urlaub und fahren wieder nach Hause. Der Alltag mit seinen Arbeiten wie Aufräumen, Wäschewaschen, Einkaufen und Putzen hatte Allmuth schnell wieder in Beschlag genommen. Aus ihrem Vorsatz, in der restlichen Ferienwoche an dem Buch von W. Schmid weiterzuarbeiten, ist nichts mehr geworden. Allmuth hatte am 3. Juni 2005 auf »Arte« den Themenabend »Töchter – nicht ohne meine Mutter« auf Video aufgenommen, den sie sich jetzt ansieht. In ihrem grünen Buch schreibt sie dazu:

»Der Arte-Themenabend zu Müttern und Töchtern lag seit Ende des Monats Juni auf meinem Schreibtisch. Gestern habe ich ihn mir angesehen in der Hoffnung, davon berührt zu werden und neue Erkenntnisse zu gewinnen. Die drei Beiträge waren zwar sehr interessant, vor allem der erste, in dem auch ein Ausschnitt aus dem Film ›Die Klavierspielerin‹ gezeigt wurde. Die in der Dokumentation gezeigten unterschiedlichen Beziehungsmuster zwischen Müttern und Töchtern waren für mich nichts Neues. Es wurde gesagt, dass sich die Beziehungen im Laufe des Lebens ändern, gegen Ende des Lebens eher versöhnlicher werden. Ich glaube, bei mir war es etwas anders. Wir sind Zeit unseres Lebens im gleichen Beziehungsmuster (Rollen) verharrt, teils aus eigenem Unvermögen, sich daraus zu befreien, teils aus Konfliktvermeidungsstrategie. Erst jetzt kann ich meine Mutter und auch meine eigene Tochter Christina von außen betrachten und wahrnehmen.«

In dem Traum kehrt Allmuth in das Elternhaus ihres Vaters zurück und fängt dort an zu putzen. Sie beginnt mit dem Fußboden (»*äußerer und innerer Halt, persönlicher Standpunkt*«, Vollmar, 2000, S. 108), der durch ihr Schrubben (körperliche/seelische Anstrengung) wie neu wird. Sie entfernt die Dreckschicht, die sich wie eine Patina auf den Fußboden gelegt hat. Der Schmutz sammelt sich im Laufe der Zeit an, lagert sich Schicht um Schicht übereinander. Die Vergangenheit setzt Patina an. Allmuth schrubbt den Dreck weg und darunter wird es klar, wie neu. Allmuth ist aktiv, sie arbeitet und es macht ihr Freude zu beobachten, wie der Fußboden wieder anfängt zu glänzen. Nach der Anstrengung ist ihr Standpunkt gefestigt, ihr äußerer und innerer Halt (wieder) hergestellt. Dann macht sich Allmuth an die Reinigung des Teppichs, der auch wieder wie neu wird. Das Reinigungsmittel wirkt wie ein Zaubermittel, das neue leuchtende Farben hervorbringt. Was ist das Geheimnis dieses Zaubermittels? Welches unsichtbare Mittel hat die magische Kraft der Reinigung und Erneuerung?

Allmuth überlegt lange, was sie zur Versöhnung mit ihrer Mutter befähigt hat, was ihr den entscheidenden Anstoß gegeben hat, eine andere Sichtweise und ein anderes Gefühl der Mutter gegenüber zu entwickeln. Sie sucht in ihrem grünen Buch und findet die Antwort. Das Zaubermittel ist die Gnade. Das Zaubermittel fing an zu wirken, als sie in der »Süddeutschen Zeitung« am 1. Juni 2005 den Artikel »*Der verurteilte Gnadenakt*« gelesen hat. Dort wird berichtet, wie Eva Moses Kor, eine Überlebende der Menschenversuche des Auschwitz-Arztes Dr. Mengele, ihren Peinigern vergeben hat. »»*Aber seitdem ich Mengele und allen Nazis vergeben habe, lebe ich wie befreit. Ich trage mit mir nicht mehr die Last herum, Opfer zu sein* [...] *Sie vergab ihm, weil ›er sich sehr schuldig fühlte und ich die Macht hatte zu vergeben. Das gab mir ein gutes Gefühl.‹* [...] *Auf Konferenzen oder in ihrem selbst gegründeten kleinen Museum in Terre Haute, Indiana, berichtet Kor ohne Unterlass von ihrer Heilung – so bezeichnet sie das Abschütteln der Opferrolle.*« Diese Einstellung hat Eva Moses Kor von dem Trauma des Holocaust befreit. In Israel löste ihre Haltung eine heftige Debatte aus. Unverständnis über eine Jüdin, die allen Nationalsozialisten vergeben hat. In ihr grünes Buch schreibt Allmuth dazu:

»Gestern habe ich in der ›Süddeutschen Zeitung‹ einen Artikel gelesen, der mich sehr beeindruckt hat. Interessant war für mich der Gedanke, dass das Abschütteln der Opferrolle zur inneren Befreiung führen kann. Dazu sind viele Gespräche notwendig und ein Verstehen der Lage des Täters. Schwierigkeiten habe ich auch mit dem Begriff ›Vergebung‹. Entscheidend ist aber wohl die Reihenfolge: Zuerst das Abschütteln der Opferrolle. Dies hat zwangsläufig eine Art von Vergebung zur Folge. Das hört sich so einfach an, ist es aber wohl nicht. Ich spüre die Parallele zu mir: Indem ich letzten Freitag in einem Rollenspiel bei der Ausbildung zum Verfahrensbeistand mich in meine Mutter versetzt habe und dadurch ein Verständnis für ihre Lage und Motivation entwickelt habe, hat sie als Täterin für mich an

Bedrohung verloren. Meine Mutter musste so handeln, sonst hätte sie ihren Halt verloren und hätte vielleicht andere Symptome entwickelt wie zum Beispiel Sucht, Depression, Verbitterung. Ich habe zwar einerseits unter ihrer Übermächtigkeit gelitten, andererseits hat die Aufrechterhaltung des Systems mir auch einen gewissen Halt und Zuverlässigkeit gegeben. Und viel wichtiger noch: Freiräume, die ich für mich entwickeln konnte. Deshalb auch meine Haltung: Halte durch bis zum Abitur. Es ist zwar manchmal nicht zum Aushalten gewesen, und der Impuls wegzulaufen war sehr groß, aber die Alternative eines Heimes oder – wenn ich nicht mehr mitspielen würde – die ständigen offenen Konfrontationen und Konflikte wären noch schlimmer gewesen. Ein Kind spürt die Regeln zum Überleben, das habe ich in meiner Fortbildung gelernt.

Wenn ich jetzt verstehe, dass das Verhalten meiner Mutter nicht gegen mich gerichtet war und sie mich auch nicht zerstören oder brechen wollte, sondern dass sie dieses Verhalten zum eigenen Überleben brauchte, dann entwickelt sich bei mir auch etwas wie Vergebung. Ich nehme das Buch von Marie Cardinal ›Schattenmund‹ zur Hand und lese die letzten Seiten noch einmal. Marie ist auf dem Friedhof beim Grab ihrer Mutter und versöhnt sich mit ihr. Mehr noch: Sie sagt ›Ich liebe sie‹. Liebe erklärt sie mit den Begriffen: die Verbundenheit, das Band, aber auch die Wärme, der Kuss, die Möglichkeit zur Freude, die Hoffnung auf Glück (vgl. Cardinal, 1979, S. 219).

Als ich das Buch vor eineinhalb Jahren gelesen hatte, habe ich das nicht verstanden und gemeint, so etwas könnte ich nie denken oder sagen. Aber heute geht es mir ähnlich. Ich würde das Verb ›lieben‹ so definieren: begreifen, Verständnis, Mitleid und die Möglichkeit, Freiräume für mich nutzen und entwickeln zu können. Dadurch komme ich aus meiner Verletztheit und meiner Opferrolle heraus.«

Im Urlaub sieht Allmuth zufällig einen Fernsehbericht über Eva Moses Kor. In der Nacht kann Allmuth nicht schlafen, steht auf und schreibt ins grüne Buch:

»Es ist 23.30 Uhr. Ich liege seit einer Stunde im Bett und kann nicht schlafen. Mir geht ein Bericht durch den Kopf, den ich heute auf 3sat gesehen habe. Es war ein Porträt von Eva Moses Kor. Ihr Weg, bewusst die Opferrolle zu verlassen, hat sie gerettet. Was Traumaexperten in jahrelanger Arbeit mit ihr nicht gelungen ist, hat sie durch ihren individuellen und ungewöhnlichen Weg selbst geschafft. Sie sagt: ›Ich habe die Macht, zu vergeben. Dadurch gerate ich in gleiche Augenhöhe mit meinen Peinigern.‹ Ihr Motto: ›Gnade statt Gerechtigkeit‹. In Bezug auf den Holocaust ist das schockierend und historisch gefährlich und ich kann die Proteste der Opfer gut verstehen. Psychologisch ist das aber genial. Die Entscheidung darf nur nicht aufgezwungen sein, sondern muss über den Weg der Selbsterkenntnis aus dem Selbst heraus getroffen werden.

Das verstörende Motto ›Gnade statt Gerechtigkeit‹ erinnert mich an Aussagen über Gott in der Bibel. Die Gerechtigkeit Gottes ist für uns Menschen oft unerklärlich oder nicht nachvollziehbar. Dagegen sind seine Gnade und seine Vergebung immer ein Zeichen seiner göttlichen Macht, wie beispielsweise die Geschichten mit dem Zöllner, mit der Ehebrecherin oder mit dem Schächer am Kreuze zeigen. Nur einer, der Macht hat, kann auch Gnade ausüben. Daher steht das Begnadigungsrecht auch immer nur den obersten Repräsentanten des Staates oder den Königen zu.«

Die befreiende und heilende Kraft der Gnade, das Zaubermittel für traumatisierte Menschen, beschreibt auch Louise L. Hay in ihrem Buch »Gesundheit für Körper und Seele«: »*Wann immer wir krank sind, müssen wir in unseren Herzen suchen, um dort zu sehen, wem wir unbedingt vergeben müssen. Der ›course of miracles‹ sagt, dass ›alle Krankheiten durch einen Zustand des Nicht-Vergebens entstehen‹ und dass ›wir, wann immer wir krank sind, uns umschauen müssen, um zu erkennen, wem wir vergeben müssen‹. Ich würde die Vorstellung hinzufügen, dass gerade die Person, der Sie am schwersten vergeben können, diejenige ist, der Sie das meiste zu verzeihen haben. Vergebung heißt aufgeben, loslassen. Es hat nichts damit zu tun, Verhalten zu entschuldigen. Es heißt nur, die ganze Sache loslassen. Wir brauchen nicht zu wissen, wie man vergibt. Alles, was wir tun müssen, ist, willens zu sein, zu vergeben. Das Universum wird sich des ›Wie‹ annehmen.*

Wir verstehen unseren Schmerz so gut. Wie schwer ist es für die meisten von uns zu verstehen, dass sie, wer auch immer sie sein mögen, denen wir am meisten zu vergeben haben, auch gelitten haben. Wir müssen verstehen, dass sie ihr Bestmöglichstes geleistet haben mit dem

Verständnis, dem Bewusstsein und dem Wissen, das ihnen zu jener Zeit zur Verfügung stand« (Hay, 2001, S. 26 f.).

Schritt für Schritt verlässt Allmuth die Opferrolle und geht Schritt für Schritt auf die Versöhnung mit ihren Eltern, vor allem mit ihrer Mutter, zu. Sich aussöhnen macht frei. Wie im Traum bekommt alles neue leuchtende Farben. Am Ende hat Allmuth das Elternhaus des Vaters (die Vergangenheit) aufpoliert und zum Glänzen gebracht durch Anstrengung (Schrubben) und durch die Anwendung eines Zaubermittels (Gnade).

Ausbildungskurs

Christiane, eine Bekannte aus meinen Kurs, holt mich ab und wir fahren zu unserer letzten Sitzung der Ausbildung zum Verfahrensbeistand. Auf dem Hinweg fahren wir noch bei einem Möbelgeschäft vorbei und ich bemerke, dass mein Portemonnaie völlig leer ist. Wir haben dann unsere Gruppensitzung mit anschließendem Essen. Ich bin voll integriert, fühle mich wohl, esse aber nicht mit, weil ich kein Geld habe. Wir sitzen am Tisch, unterhalten uns, lachen und scherzen. Die Stimmung ist gut. Ich halte meine Hand auf und Jutta legt mir von ihren Süßigkeiten zwei Erdnüsse mit Schokolade überzogen hinein. Ich esse sie mit Heißhunger. Dann werden schon die ersten vier Frauen, die gemeinsam eine Fahrgemeinschaft bilden, verabschiedet. Ich sehe noch die Quittung von ihrem Abschiedsgeschenk für unsere beiden Referenten (19,95 Euro) und denke, das Geld muss ich auch noch Christiane zurückgeben. Als auch wir aufbrechen wollen, rufe ich plötzlich: »Aber wo ist denn mein Zertifikat! Wir haben ja alle kein Zertifikat bekommen! Die ganze Zeremonie, die uns versprochen wurde, auch mit Einladung der Presse, hat ja gar nicht stattgefunden!« Bevor meine Irritation und mein Entsetzen auf die anderen übergreifen, werde ich wach und gewöhne mich langsam an den Gedanken, dass es nur ein Traum war.

Anmerkung: Heute will mich Christiane abholen. Auf der Fahrt zum

Kurs wollen wir noch bei einem Möbelladen vorbeifahren. Heute ist tatsächlich die letzte Sitzung des Ausbildungskurses.

29. Oktober 2005

Heute treffen sich alle Teilnehmer des Ausbildungskurses zu einer letzten kollegialen Beratung mit anschließender Überreichung des Zertifikats. Die Verleihung der Zeugnisse soll in einem kleinen feierlichen Rahmen stattfinden, die Presse ist dazu eingeladen. Auf der Hinfahrt will Allmuth mit einer Kursteilnehmerin, die immer bei ihr übernachtet, noch bei einem Möbelgeschäft vorbeischauen. Der Traum hat das Ereignis, den Abschluss des Ausbildungskurses, antizipiert. Es ist dann alles so verlaufen, wie im Traum schon erlebt. Nur mit zwei Ausnahmen: Erstens, die Verleihung des Zertifikats verlief wie geplant, allerdings weniger feierlich als erwartet, und zweitens hatte Allmuth kein leeres, sondern ein gut gefülltes Portemonnaie dabei.

Die letzten beiden Treffen des Ausbildungskurses dienten der kollegialen Beratung. Die Ausbildung selbst war im September zu Ende. Über die letzte Ausbildungsstunde schreibt Allmuth in ihr grünes Buch: »Verschiedene Rollenspiele in meiner Ausbildung haben mir sehr viel geholfen, meinen Vater und meine Mutter zu verstehen und zu begreifen. Letztendlich war das auch ein entscheidender Schritt zur Aussöhnung mit meiner Mutter.

Mein letztes Rollenspiel hatte für mich auch eine große Bedeutung. Ich musste den Verfahrensbeistand spielen bei seinem letzten Gespräch mit einem vierzehnjährigen Mädchen. Es ging darum, ob dem Antrag des Jugendamtes, es in eine Clearingstelle zu geben, stattgegeben werden sollte. In meinem Rollenspiel merkte ich, dass ich nicht an das Kind herankam, dass ich im Gegenteil versuchte, ihm die Vorzüge der Clearingstelle schmackhaft zu machen. Auch ist es mir nicht gelungen, durch eine Doppelungsübung in dem Rollenspiel dem Mädchen näher zu kommen. Ich war über mein Versagen ziemlich beunruhigt und es kamen Selbstzweifel auf. Die Gruppenmitglieder trösteten mich, indem sie meinten, das hätte ihnen auch passieren können. Die Frau, die das Mädchen gespielt hatte, sagte, dass ich sie nicht verstanden hätte. Die Gruppe war sehr unzufrieden, denn es war unser letzter Ausbildungstag. Wir fühlten uns noch nicht fit genug, mit solchen Situationen umzugehen. Es gab keinen Raum und keine Zeit mehr, über meine Fehler zu sprechen beziehungsweise zu überlegen, wie in solch einer Situation zu handeln sei. Es kam eine gewisse Torschlusspanik auf.

Nach dem Mittagessen sollte in unserer Gruppe eine schriftliche Stellungnahme erarbeitet werden. Wir diskutierten aber immer noch die verfahrene Situation des Vormittags. Einige aus der Gruppe wurden wütend, weil sie sich überfordert fühlten. Nach einer Stunde sollten die Ergebnisse der einzelnen Gruppen in einem Rollenspiel/einer Gerichtsverhandlung dargestellt werden. Ich erklärte mich bereit, den Verfahrensbeistand zu spielen, was von den anderen als sehr mutig angesehen wurde. Ich machte mir schnell noch ein paar Notizen und ein Gruppenmitglied half mir noch bei einem Begriff.

Beim Spiel der Gerichtsverhandlung habe ich dann den Verfahrensbeistand sehr gut gespielt. Das Kind flüsterte noch während des Spiels zu seiner Nachbarin: ›Sie hat mich doch ganz richtig verstanden.‹ Nach dem Desaster am Vormittag war das für mich ein großer Erfolg. Ich habe es zwar nicht durch Einfühlung geschafft, sondern durch Reflexion vor allem über die Frage, warum es nicht geklappt hat. Im Nachhinein war ich über mich selbst erstaunt: Die Hauptmotivation vor einem Jahr, diese Ausbildung zu machen, war meine Überzeugung, dass ich die Gefühle von betroffenen Kindern authentisch ermitteln könne. Kein Besserer als ich könne verstehen, wie es einem Kind in der beschissenen Situation gehe, denn schließlich kenne ich diese aus eigener Erfahrung und hätte mir seinerzeit einen Verfahrensbeistand gewünscht. Ich war also mit der Opferrolle bestens vertraut und wollte dies auch beruflich nutzen. Nun merke ich, dass ich mich von der Opferrolle entfernt habe, kein direktes Gespür mehr dafür habe. Trotzdem gelingt mir eine angemessene Darstellung der Situation des Kindes, aber aus einer Reflexionshaltung heraus. Auch aus dieser Selbstbeobachtung schließe ich, dass ich erwachsen geworden bin.«

Warum träumt Allmuth nun unmittelbar vor dem letzten Treffen, dass die versprochene Zeremonie und die Zertifikatübergabe nicht stattfinden? Zeremonie und Zertifikat sollen einen erfolgreichen Abschluss dokumentieren, die Teilnehmer verfügen jetzt über eine Qualifikation, die ihnen durch die Zeremonie anerkannt wird. Allmuth und teilweise auch die anderen fühlen sich wohl noch nicht qualifiziert genug für die Aufgabe als Anwalt des Kindes. Die Arbeit in der Gruppe war sehr gut, sie haben sich alle gut verstanden, gute Unterhaltung gegeben, Lachen und Scherzen prägten die Atmosphäre der Gruppe. Gegenseitige Hilfe und Unterstützung (Süßigkeiten werden Allmuth in die Hand gelegt) waren Grundlage der guten, vertrauensvollen Stimmung. Gefühle von Irritation und Entsetzen kommen auf bei dem Gedanken, jetzt die verantwortungsvolle Aufgabe meistern können zu müssen. Vielleicht sollte doch erst noch mit dem Zertifikat gewartet werden, bis sich alle sicher fühlen? Aber diese Sicherheit wird erst durch die Arbeit selbst entstehen. Einige brechen schon auf und wollen sich an die Arbeit machen, auch ohne Zertifikat.

Die zweite Abweichung von Traum und Realität ist Allmuths leeres Portemonnaie. Allmuth muss sich das Geld für das Essen und das Abschiedsgeschenk leihen. Kein Geld zu haben ist unangenehm, schließt Allmuth aber nicht aus der Gruppe aus. Sie ist auch ohne Geld voll integriert und fühlt sich wohl. Trotzdem bleibt bei Allmuth ein Gefühl der Unzulänglichkeit, der Entbehrung, des Verlustes, eine Spur des Ausgeschlossenseins, denn trotz Hungers isst sie nicht mit, weil sie kein Geld hat. Allmuth fühlt sich nicht so gut ausgestattet wie die anderen, die mehr Erfahrungen in dem sozialen Berufsfeld haben als sie. Alle anderen scheinen kein Zertifikat nötig zu haben, nur Allmuth besteht auf einem Zertifikat. Sie hat Befürchtungen, den Anforderungen als Verfahrensbeistand doch nicht gerecht werden zu können, ihr fehlt die Sicherheit von Geld und Zertifikat.

Allmuth will daher auch noch etwas abwarten, bevor sie sich beim Gericht als Verfahrensbeistand bewerben wird.

Leuchterübergabe

Ich irre in einem Ort, etwa zwanzig Kilometer von uns entfernt umher und muss in einen anderen Ort, weil dort die Feier zum 9. November ist. Die Schule des jetzigen Ortes wird den Leuchter an die Schule des anderen Ortes übergeben. Da ich kein Auto habe, muss ich mit dem Bus oder dem Zug fahren. Ich irre durch den ganzen Ort, der mir völlig unbekannt ist. Dann merke ich, dass ich gar kein Geld dabei habe, und beschließe daher, per Stopp zu fahren.

Anschließend bin ich in der Schule in der Pause im Lehrerzimmer. Alle unterhalten sich, ich sitze dabei und kenne keinen. Plötzlich habe ich eine gute Idee: Ich frage einen Kollegen, ob jemand mit dem Auto in den anderen Ort fährt. Und siehe da, viele Kollegen fahren mit dem Auto und man will mich mitnehmen.

Anmerkung: In der nächsten Woche muss ich bei einer Feier zum 9. November die Übergabe des Leuchters begleiten.

31. Oktober 2005

Allmuth ist durchdrungen vom Lampenfieber, von der Sorge und Angst, die ihr übertragene Aufgabe nicht korrekt durchführen zu können. Ging es in einem ersten Traum derselben Nacht um beruflichen Stress, so bezieht sich der Stress in diesem Traum auf Allmuths ehrenamtliches Engagement.

Die Gesellschaft für Christlich-Jüdische Zusammenarbeit hat verschiedene Leuchter und auch andere Symbole wie Tafeln gestiftet, die als äußeres Zeichen der Patenschaft einer Schule stehen. Im Patenschaftsjahr verpflichtet sich die Schule, sich in diesem Jahr ganz besonders der Thematik von Frieden und Versöhnung zu widmen. Dies geschieht in unterschiedlichen Projekten, Reisen, Besichtigungen, Vorträgen und unterrichtlichen Schwerpunkten sowie in der Ausrichtung einer Gedenkfeier zur Pogromnacht am 9. November oder in der Woche der Brüderlichkeit im März. Diese Veranstaltungen sind der Höhepunkt des Patenschaftsjahres und gleichzeitig ihr Abschluss, denn am Ende wird der Leuchter an eine andere Schule weitergereicht. Das Patenschaftsprojekt hat sich so erfolgreich weiterentwickelt, dass von den anfänglich zwei Leuchtern jetzt schon neun Symbole an den Schulen im Umlauf sind, und jedes Symbol wandert zu drei bis sieben Schulen. Die inhaltliche und pädagogische Gestaltung des Patenschaftsjahres gestaltet jede Schule nach ihrem eigenen Profil, eine Grundschule setzt andere Schwerpunkte als ein Gymnasium oder eine Schule für Lernhilfe. Die Vorstandsmitglieder und weitere engagierte Personen begleiten jeweils die Gedenkfeiern und geben inhaltliche und organisatorische Hilfestellungen.

Manche Schulen haben schon Erfahrung in dieser Arbeit, Schulen, die zum ersten Mal den Leuchter haben, brauchen noch einige Unterstützung. Allmuth betreut die Schulen im Norden ihres Landkreises. Obwohl die letzten Patenschaftsjahre sehr gut organisiert wurden und die Gedenkfeiern immer sehr beeindruckend waren, ist Allmuth im Traum doch sehr beunruhigt, ob die Organisation in diesem Jahr wieder gut klappt. Wieder hat Allmuth kein Geld dabei, ein Zeichen, dass ihr etwas fehlt, vielleicht Gelassenheit und Vertrauen in das Organisationstalent der anderen. Sich anderen öffnen bringt Hilfe. Ich muss nicht alles selber machen und bewältigen. Andere können mich mitnehmen, dann ist der Weg viel einfacher.

Der Traum drückt Allmuths Sorge und Angst aus, dass sie nicht perfekt funktioniert, dass sie Fehler macht, keine Orientierung hat, zur falschen Zeit kommt und alleine ohne Auto und Geld dasteht. Sie kann die ihr übertragenen Aufgaben nicht fehlerfrei durchführen. Sie will perfekt sein, um der Panik des Versagens zu entkommen. Fehler beunruhigen sie, bereiten ihr schlaflose Nächte und Lampenfieber.

Allmuth liest das Buch von Ulrike Zöllner: »Die Kunst, nicht ganz perfekt zu sein«. Dabei fällt ihr auf, dass viele Beschreibungen des perfekten Menschen auf ihre Mutter, aber auch auf sie selbst zutreffen. Sie macht für sich die Probe: schreibt Passagen ab und setzt ein M für Mutter und ein I für ich dahinter. Was sie nie wahrhaben wollte, aber jetzt eindeutig sieht: Hinter sehr vielen Passagen muss sie M und I schreiben. Es lässt sich jetzt nicht mehr verleugnen: Allmuth hat viel von ihrer Mutter geerbt oder übernommen, handelt instinktiv ähnlich oder genauso wie sie, ob sie nun will oder nicht. Von den fünfzig abgeschriebenen Passagen markiert sie sechzehn mit M, zehn mit I, sieben mit »trifft auf alle zu« und siebzehn mit M und I. Für jede Markierung ein Beispiel:

»Angst und Unsicherheit, die Brückenpfeiler des Perfektionismus, entstehen somit nicht nur individuell, sind nicht nur Ausdruck einer Ich-Schwäche gegenüber Selbstbild und Anspruchsniveau oder einer befürchteten Diskrepanz zwischen Selbstwahrnehmung, Selbsteinschätzung und Selbstanforderungen, sie sind auch Ausdruck einer allgemeinen Überforderung durch ein System, das ein perfektionistisches und damit unmenschliches Menschenbild praktiziert« (Zöllner, 2000, S. 127) – trifft auf alle zu.

»Perfektionistische Menschen haben sehr hohe Ansprüche an sich selbst und/oder an ihre Umgebung. Sie streben nach dem Besten, dem Vollkommenen, dem Makel- und Fehlerlosen« (S. 12) – I.

»Wer kann generell nicht vertrauen? Ein Mensch, der kein Vertrauen kennt oder der Angst hat. [...] Sich anvertrauen heißt auch: sich auszuliefern. Wer sich nicht ausliefern kann, hat Angst davor, fallen gelassen zu werden. Die perfektionistische Kontrolle steht im Dienst des Selbstschutzes. Sie wird gespeist aus der Angst vor Verletzungen. Sie will nicht primär andere Menschen kränken oder klein halten – das ist zwar die unvermeidliche Folge –, sie will vor allem sich selbst schützen. [...] Misstrauen, sich nicht mitteilen und öffnen, Geheimniskrämerei, das sind nur Schutzmechanismen, um anderen Menschen keine Gewalt über sich selbst einzuräumen« (S. 68) – M.

»Die Angst vor der demaskierenden Fehlleistung ist der psychodynamische Hintergrund für die große Angst vor dem kleinen Zufall, die alle perfektionistischen Menschen haben. [...] Sie sind Menschen, die in hohem Maße planen, organisieren, vorbereiten und nichts dem Zufall überlassen, die überwachen, jedes Detail kontrollieren. [...] Es geht um die Angst vor einem Loch in der Abwehr, es geht um Panik vor der verräterischen und demaskierenden Fehlleistung« (S. 119) – M und I.

Radtour übern Fluss

Ich fahre mit einer Gruppe Fahrrad. Wir kommen über eine Brücke, die nicht ganz bis zum anderen Ufer reicht, vergleichbar mit der Brücke zu Avignon. Ich springe in voller Montur mit meinem Fahrrad in den Fluss und schwimme ans andere Ufer. Ich klettere an Land und fische auch mein Fahrrad heraus. Die anderen, allen voran Albert, sehen staunend zu und machen es mir dann nach. Meine Kleidung trocknet erstaunlich schnell und wir können die Radtour fortsetzen.

Anmerkung: Vor einer Woche haben wir zu viert eine schöne Radtour um den Ort unserer Ferienwohnung gemacht.

2. November 2005

Eine tatsächliche Radtour in den Herbstferien, eine imaginäre Radtour im Traum. Die Radfahrergruppe kommt an eine Brücke, über die sie den Fluss überqueren wollen. »*Jung bezieht die Brücke immer auf unsichere Stellen des Bewußtseins. Psychologisch repräsentiert sie nach Jung das dünne, unsichere Bewußtsein, das immer wieder vom Unbewußten bedroht wird. Zeigt aber auch die Bewußtseinskontinuität, denn sie verbindet die einzelnen Bewußtseinsinseln*« (Vollmar, 2000, S. 59). Das Besondere an dieser Brücke ist jedoch, dass sie nicht bis zum anderen Ufer reicht. Die einzelnen Bewusstseinsinseln sind (noch) nicht zusammengeführt. Allmuth selbst übernimmt die Funktion der Brücke. Sie springt ins Wasser und schwimmt mit voller Montur und Fahrrad über den Fluss, um dann aus eigener Kraft an Land zu klettern und dann noch das Fahrrad aus dem Fluss zu fischen. Durch eigene Aktivitäten ersetzt sie die Brücke, sie überbrückt den Fluss durch Einsatz ihres Körpers. Ihr Körper übernimmt die Brückenfunktion. »*Man hat ein gutes Stück Seelenarbeit geleistet, wenn man über die Brücke gelangt ist, eine Änderung hat sich vollzogen, man ist am anderen Ufer*« (Vollmar, 2000, S. 59).

Der größte Teil der Seelenarbeit ist geschafft, den Rest bis zum anderen Ufer will/muss Allmuth alleine, aus eigener Kraft, zurücklegen. Allmuth fühlt sich auch stark genug dazu. Sie teilt ihrer Therapeutin mit, dass sie die Therapie bei ihr beenden möchte, nur noch bis zum Ende des Jahres kommen will. Einmal noch in vierzehn Tagen und dann das letzte Mal in vier Wochen. Sie nimmt jetzt die Praxis mit einem anderen Geruch wahr. Im Haus der Praxis gibt es einen Friseursalon, dessen Geruch Allmuth erst jetzt bewusst wahrnimmt und der sie jetzt stört. Die Praxis ist zu einem profanen Ort mit alltäglichen Gerüchen geworden. Auch hier eine allmähliche Separation und Distanz. Allmuth ist nicht mehr so in die Praxis eingehüllt, dass sie die Gerüche nicht wahrnimmt. Vielmehr nimmt Allmuth die Praxis zusehends als Außenstehende wahr wie der Postbote oder die Reinigungsfrau. Für die Seelenarbeit braucht sie die Praxis jetzt nicht mehr. Mit Hilfe von Anregungen aus Filmen und vor allem aus Literatur analysiert sie sich selber, durchquert den Fluss des Lebens bis ans andere Ufer. Das Fahrrad wird von ihr mitgenommen, selbst im Wasser. Es steht für das »*Einsetzen der eigenen Kräfte, um vorwärtszukommen. Individualität und Selbständigkeit, man geht eigene Wege*« (Vollmar, 2000, S. 93).

Allmuth liest den Roman von Carlos Ruiz Zafón: »Der Schatten des Windes«, kopiert die Seite 148 und klebt sie in ihr grünes Buch: »*Oft wälzte sich Antoni Fortuny vor Wut und Frustration im Bett hin und her und fand keinen Schlaf. Im Grunde seines Herzens liebte er diesen Jungen, sagte er sich. Und er liebte, auch wenn sie es nicht verdiente, ebenfalls die Nutte, die ihn vom ersten Tag an betrogen hatte. Er liebte beide von ganzer Seele, aber auf seine Weise, und die war die richtige. […] Sie liebte den Mann nicht, dem sie diente, aber sie fühlte sich ihm zugehörig, und die Möglichkeit, ihn zu verlassen und mit ihrem Sohn anderswohin zu gehen, schien ihr undenkbar. Bitter erinnerte sie sich an Juliáns richtigen Vater, und mit der Zeit lernte sie ihn hassen und alles verachten, was er vorstellte, doch war es genau das, wonach sie sich im Grunde sehnte. Da es an Gesprächen fehlte, begann sich das Ehepaar anzuschreien. Beschimpfungen und scharfe Vorwürfe flogen wie Messer durch die Wohnung und durchlöcherten jeden, der sich in den Weg zu stellen wagte, üblicherweise Julián. Später erinnerte sich der Hutmacher nie genau, warum er seine Frau geschlagen hatte, sondern nur an das Aufbranden und die Scham danach. Dann schwor er sich, das würde nie wieder vorkommen und wenn nötig würde er sich den Behörden stellen, damit man ihn in die Strafanstalt verbanne.*

Mit Gottes Hilfe wiegte sich Antoni Fortuny in der Gewissheit, dass er ein besserer Mann werden könne, als es sein Vater gewesen war. Doch über kurz oder lang landeten seine Fäuste wiederum in Sophies zartem Fleisch, und mit der Zeit spürte er, dass er, wenn er sie nicht als Ehemann besitzen konnte, es als Henker tun würde. So ließ die Familie Fortuny die Jahre verstreichen, brachte ihre Herzen und Seelen zum Verstummen, bis sie alle vor lauter Schweigen die Worte vergessen hatten, um ihre wirklichen Gefühle auszudrücken, und einander zu Fremden wurden, die unter ein und demselben Dach zusammenlebten« (Zafón, 2003, S. 148).

Dazu Allmuths Kommentar: »Der Textausschnitt aus dem Buch von Zafón erinnert mich an meine Eltern. Fakt: Der Mann schlägt seine Frau. Gut die Beschreibung: ›Beschimpfungen und scharfe Vorwürfe flogen wie Messer durch die Wohnung‹, und vor allem das Kind wird davon durchlöchert. Daran kann ich mich auch gut erinnern: Wie ich unter dem Streit und der Gewalt meiner Eltern gelitten habe, vor allem der physischen Gewalt meines Vaters gegenüber meiner Mutter. Für mich ein neuer Aspekt: Der Vater liebt das Kind wie auch seine Frau, er kann es nur nicht zeigen. Die Unmöglichkeit, sich seiner Gefühle und Empfindungen bewusst zu sein, und das Nicht-ausdrücken-Können derselben entfernen die Personen immer mehr voneinander, sie werden einander zu Fremden, kommen aber nicht voneinander los, sei es aus Konvention, Unsicherheit oder Hilflosigkeit. So stelle ich es mir auch bei meinen Eltern vor. Mein Vater schlägt meine Mutter, weil er anders nicht mit ihr umgehen kann und nicht mit ihr zurechtkommt. Dann die Scham danach, wie am zweiten Weihnachtstag 1958, als er nach dem Drama mit Schlägen und Entführung in die Kirche geht, was er sonst nie tat. Jeder der beiden verfestigt sich immer mehr in seine Rolle, er als Täter, sie als Opfer. Meine Mutter hatte aber den Trumpf auf ihrer Seite: nämlich die Kinder. Darum auch der lebenslange Kampf um den Einfluss auf die Kinder. Beide waren nicht fähig zur Kommunikation und so wurde aus ursprünglicher Liebe dann Hass und Gewalt.«

Rotary

Wir wollen von der Schule ein Projekt zusammen mit dem Rotary Club durchführen. Dazu wollte ich mich mit einem Mann von Rotary in einer benachbarten Stadt treffen, um dafür zu werben und Einzelheiten zu besprechen. Ich habe mit dem Mann telefoniert, einen Termin um neun Uhr mit ihm ausgemacht und mir den Weg von ihm beschreiben lassen. Leider habe ich den Zettel mit der Wegbeschreibung zu Hause liegen gelassen. Aber ich fand es nicht so schlimm, schließlich könne man ja auch fragen. Ich fuhr mit einer Kollegin von der Schule und wir waren zeitig genug, kurz nach halb neun, in der Stadt angekommen. Wir machten uns zu Fuß auf den Weg in die Fußgängerzone in der Hoffnung, ein Hinweisschild an einem Haus zu finden. Die Fußgängerzone war sehr abwechslungsreich, klein und übersichtlich. Am Ende der Straße bog noch eine kleine Straße ab, in der es Buden gab, so ähnlich wie auf einem Weihnachtsmarkt. In den Buden machten verschiedene Friedensinitiativen auf sich aufmerksam. Über der Straße hing ein Banner mit »no war«. Da wir in dieser Straße Rotary nicht vermuteten, gingen wir wieder zurück.

Auf dem Weg wurde ich von einem arabisch gekleideten Mann mit arabischem Dialekt angesprochen und ein wenig bedrängt. Er wollte mich dazu bringen, für arme Kinder in der Dritten Welt zu spenden. Als Dank wollte er mir eine Köstlichkeit (Tee) von seinem Tablett, das er kunstvoll balancierte, geben. Ich wollte nicht und schob ihn beiseite. Trotzdem blieb ich an seinem Stand stehen und bemerkte, dass meine Kollegin verschwunden war. Ich wartete noch einige Zeit, aber sie tauchte nicht wieder auf. Dann fragte ich vor lauter Verzweiflung den Araber nach dem Weg zu Rotary mit dem Gedanken, dass ich von ihm sowieso keine richtige Antwort kriegen konnte.

Tatsächlich war er aber augenblicklich wie verwandelt, trug europäische Kleidung und sprach akzentfrei deutsch. Natürlich kannte er Rotary, denn er war ja in dieser Stadt beheimatet. Er beschrieb mir den Weg (erst zurück und dann links in die Straße biegen, Rotary habe sein Büro in einem Hochhaus auf der linken Seite). In diesem Haus haben noch weitere Wohlfahrtsverbände ihr Büro. Zuversichtlich machte ich mich wieder auf den Weg. Als ich links abbiegen musste, war dort eine große Baustelle. Die Fußgänger wurden in einem schmalen, schmutzigen Gang an dieser Baustelle vorbeigeführt.

Plötzlich landete ich in einem Auto, wo ich von drei Insassen festgehalten wurde. Sie verhörten mich. Neben dem Auto sah ich durch die Scheibe einen kleinen Lieferwagen, der mit fertig gebratenen Bratwürsten beladen war. Die Würste waren so groß wie Brote und Baguettes. Ich dachte: Was mag bloß alles in diesen Würsten sein (Erinnerung an den aktuellen Fleischskandal mit verdorbenem Fleisch. Gestern habe ich auf dem Weihnachtsmarkt fertig gebratene Bratwürste gesehen, die zur Seite gelegt wurden, da die Bude geschlossen wurde. Ich dachte noch: Was geschieht wohl mit diesen Würsten?).

Nach einiger Zeit konnte ich mich befreien (es war schon neun Uhr fünfzehn) und musste rückwärts über einen schmalen, glitschigen Steg gehen, rechts eine Hauswand, links ein tiefes Baustellenloch. Es war sehr gefährlich, und ich konnte nur ganz langsam gehen. Ich hatte Angst, mich dreckig zu machen, das würde für das Gespräch mit Rotary von Nachteil sein. Dann war der Steg schneller zu Ende als erwartet und ich konnte die Baustelle über eine breite, eingemauerte Treppe durchqueren.

Danach veränderte sich das Stadtbild hin zu einer Mischung aus Venedig mit Kanal und arabischer Stadt mit Stadtpalästen und verwinkelten Gassen. Verwirrt ging ich weiter und traf meine Kollegin wieder. Vor Freude fielen wir uns in die Arme. Mit dabei waren noch eine ehemalige Kollegin, die ich vor einiger Zeit an der Universität bei der pädagogischen Woche getroffen habe, und eine Schülerin von mir aus der neunten Klasse. Wir begrüßten uns glücklich und schworen uns, uns nicht wieder zu verlieren. Daher hakten wir vier Frauen uns gegenseitig ein und nahmen so fast die ganze Straßenbreite in Beschlag. Sie vertrauten sich meiner Führung an.

Wir gingen das linke Kanalufer entlang, aber die Straße mündete wie eine Sackgasse in einem großen, verwinkelten Haus. Die Straße wurde quasi zum Hausflur. Wir wollten die Einwohner nach dem Weg fragen, aber es waren alles Einwanderer aus dem Osten, die unsere Sprache nicht sprachen. Es war wie in einem jüdischen Schtetel. Das Gewirr von Hausfluren und Stufen wurde immer größer. Ein Hochhaus war auch nicht mehr in Sicht.

Wir hatten die Hoffnung, mit dem Mann von Rotary zu sprechen, schon längst aufgegeben und waren nun bemüht, aus der Fremdheit der Gassen herauszufinden.

Anmerkung: Ich habe von einer Fortbildung die Idee mitgebracht, vom Kinderschutzbund aus ein Charity-Essen zu veranstalten. Dazu wollen wir Rotary als Kooperationspartner ansprechen. An diesem Wochenende will ich ihnen einen Brief schreiben.

26. November 2005

Der geplante Brief an Rotary beschäftigt Allmuth schon seit einiger Zeit. Nach der Besprechung im Vorstand soll er an diesem Wochenende geschrieben werden. Der Kinderschutzbund hat von den Rotariern schon einmal für ein Projekt eine finanzielle Unterstützung bekommen. Nun soll Rotary als Kooperationspartner gewonnen werden. Allmuth kennt einige Mitglieder des Rotary Clubs oberflächlich, eine Mitgliedschaft stand weder für sie noch für Albert jemals zur Debatte.

Allmuth und Albert haben ein Jahr lang als Gäste an Veranstaltungen des Rotary Clubs teilgenommen. Per Zufall erfuhr Allmuth, dass Rotary einen sehr guten Jugendaustausch betreibt und auch Jugendliche daran teilnehmen lässt, deren Eltern keine Rotarier sind. Klara hatte sich zwar für ihr Amerikajahr bei *Youth for Understanding* beworben, der Organisation, mit der Christina in Amerika war, aber der Rotary-Austausch war attraktiver und deshalb bewarb sich Klara auch bei dieser Organisation. Ein Rotarier musste für den Leumund der Familie Pott bürgen, aber das war kein Problem. Nachdem Klara die Auswahlprozedur bestanden hatte, hatte sie auch noch das Glück, in das Land ihrer Wahl reisen zu können. Klara blieb dann ein Jahr in den USA, gut betreut von *Rotary Youth Exchange*. Während dieser Zeit war Anton bei der Familie Pott zu Gast, der einzige Sohn einer reichen Familie aus Sibirien. Dem strengen Regiment und den hohen Erwartungen seines Vaters entkommen, genoss Anton erst einmal das Nichtstun. Er zeigte keinerlei Ehrgeiz, die deutsche Sprache zu lernen, und hielt sich fast den ganzen Tag in seinem (Klaras) Zimmer vor dem Computer auf. Er nutzte den Internetanschluss dazu, sich

Romane von Stephen King auf Russisch herunterzuladen und zu lesen. Erst gegen Ende seines Aufenthaltes traf er sich auch außerhalb der Schule mit Gleichaltrigen und schloss sich der Theater-AG der Schule an. Allmuth und Albert konnten nicht verstehen, wie wenig der Junge seine Chancen nutzte, und schimpften manchmal mit ihm. Nach dem Jugendaustausch sind weder Klara noch Allmuth und Albert zu Veranstaltungen des Rotary Clubs eingeladen worden, was sie aber auch nicht bedauerten.

Der Traum erzählt von einer Odyssee auf dem Weg zum Rotary Club, den Allmuth allerdings nie erreichen wird. Wie Odysseus wird Allmuth auf ihrem Weg von Personen und Umwegen aufgehalten und abgelenkt. Da ist zunächst die kleine, abwechslungsreiche und übersichtliche Fußgängerzone. Genauso wie der anschließende Weihnachtsmarkt, ein Ort, an dem sich Allmuth gerne aufhält. In den 1980er Jahren hat sie sich in verschiedenen Friedensinitiativen engagiert und auf der großen Anti-Irakkriegs-Demonstration am 15. Februar 2003 in Berlin marschierte Allmuth mit einem Stirnband, auf dem sie »no war« geschrieben hatte. Dann trifft sie einen Araber, der sich auf das Stichwort »Rotary« hin in einen Europäer verwandelt. Ein Hinweis auf das internationale Netzwerk der Rotarier. Rotary residiert weder in der Fußgängerzone noch bei den Friedensinitiativen, sondern in einem Hochhaus. Ein Hochhaus verschafft einen *»großen Überblick, Verlust und Einschränkung der Individualität, doch auch deren Erhöhung«* (Vollmar, 2000, S. 136).

Dann wird der Weg gefährlich durch eine Baustelle. *»Lebensplanung, Existenzaufbau und Persönlichkeitsentwicklung«* (Vollmar, 2000, S. 47). Allmuth muss über schmale, glitschige und schmutzige Stege balancieren, kann sich dabei schmutzig machen und läuft Gefahr, in ein tiefes Baustellenloch abzustürzen. Sie schafft den Balanceakt auch teilweise rückwärts. Das Ende des schmalen Steges ist dann eine breite, eingemauerte Treppe. Eine stabile Treppe aus Stein, deren Stufen nicht mehr nachgeben. Auf ihrem Weg über die Baustelle wird sie von drei Männern in einem Auto festgehalten, wo sie wie ein Verbrecher verhört wird. Allmuth kann sich durch eine List befreien, hat aber noch eine gefährliche Wegstrecke vor sich.

Nach der Baustelle wird aus der deutschen Kleinstadt eine

fremde, exotische Stadt des vorderen Orients. Dort in der verwirrenden Fremde trifft Allmuth zwei Kolleginnen und eine ehemalige Schülerin. Gemeinsam gehen sie weiter unter Allmuths Führung. Sie kommen in einen Stadtteil voller Leben, aber sie verstehen die Sprache nicht. Zu viert sind sie zuversichtlich, aus der Fremdheit der Gassen herauszufinden.

Der Traum ist eine Allegorie für einen Teil von Allmuths Lebensweg, der zwar in einem Hochhaus beim Rotary Club nie ankommen wird, aber dieses Ziel wird im Laufe des Weges sowieso aufgegeben, denn der Weg ist schon bunt und abwechslungsreich, gefährlich und fremd, verwinkelt und abgründig, schmal und breit, verzweifelt und glücklich genug.

Silvestertraum

Ich bin mit Klara irgendeiner Gefahr entronnen. Ich laufe mit ihr fast fluchtartig durch eine Stadt auf dem Bürgersteig. Sie ist etwa ein Jahr alt und sitzt in einem Buggy. Ab und zu bücke ich mich zu ihr, um zu sehen, ob es ihr gut geht. Aber entweder schläft sie oder sie spielt.

Dann bin ich mit ihr, immer noch im Buggy sitzend, in einem kleinen Bulli und fahre Serpentinen in Bergen hoch. Vor einer Kurve kommt uns ein großer Laster entgegen. Er biegt um die Kurve, wird immer größer, und ich schreie und sehe unser letztes Stündlein geschlagen, denn für unseren Bulli ist zu wenig Platz auf der Straße. Links von mir der riesige Laster und rechts von mir der Abgrund. Ich tue mein Möglichstes, um den Bulli auf der Straße zu halten. Ich balanciere mit meinem Körpergewicht über dem Abgrund und schaffe es ganz knapp.

Danach bin ich völlig erschöpft und will nicht mehr weiterfahren. Ich lege mich auf die Straße, denn stehen wäre zu gefährlich, und betrachte den weiteren Verlauf der Straße beziehungsweise der Straßen oder besser gesagt der Schotterwege im gesamten Gebirge. Es tut sich vor mir eine wilde Gebirgslandschaft auf mit vielen Trampelpfaden, und ich liege auf der Lauer und schätze die Gefährlichkeit ab. Die Szene ähnelt einem Karl-May-Film.

Ich entscheide, mich nicht weiter den Gefahren dieser Landschaft auszusetzen, zumal unser Ziel ein Gottesdienst in einer Kirche war, auf den wir auch gut verzichten können. Wir bleiben also an Ort und Stelle und gehen in eine kleine baufällige Hütte. Als wir reinkommen, ist die Hütte, bestehend aus höchstens zwei bis drei Räumen, schon zu einem kleinen Haus mit mehreren Räumen geworden.

Wir, Klara ist inzwischen fünf Jahre, durchsuchen das Haus. Es ist unbewohnt, aber möbliert und technisch gut ausgestattet. Mit der Zeit wird das Haus immer vollständiger und der Außenbereich, ursprünglich eine Wildnis, wird immer entwickelter. Das Haus ähnelt japanischer Architektur. Albert sitzt in einem großen Raum und liest. Ein japanisches Ehepaar hat in einem großen Bett geschlafen. Ich möchte ein Foto von ihnen machen, aber sie lehnen ab.

In der Situation sehe ich durchs Fenster viele Menschen. Es ist ein Freibad neben dem Garten. Ich wundere mich nur, wo die vielen Menschen auf einmal herkommen. Dann treffe ich in einem anderen Raum einen älteren Mann. Ich finde ein paar Salatblätter und mache daraus einen kleinen Salat und bitte das japanische Ehepaar und den Mann zu Albert an den Tisch und serviere den Salat.

Da nicht genügend Lebensmittel aufzutreiben sind, fahre ich in einen Supermarkt (der Weg zum Supermarkt kommt im Traum nicht vor) und kaufe ein. Als ich an der Kasse stehe, fällt mir ein: Ich habe noch eine Brosche und Honig vergessen. Ich lasse den Wagen an der Kasse stehen und laufe in den Markt zurück. An einem Backwarenstand finde ich Broschen in einer Vitrine. Ich nehme eine in die Hand, auf der ein Männerkopf ähnlich wie auf einer Münze abgebildet ist. Ich betrachte sie und meine dann, dass ich so etwas gar nicht brauche. Daher lege ich sie wieder in die Vitrine zurück und suche den Honig, den ich aber nicht finde. Ich werde immer nervöser, da mein Wagen an der Kasse steht und die Leute wohl auf meine Rückkehr warten.

31. Dezember 2005

Allmuths Anmerkungen zu diesem Traum: »Spontan würde ich meinen Traum als eine Art Resümee meines bisherigen Lebens, bezie-

hungsweise eines Teils davon, bezeichnen. Zunächst aus dem Dunkel/
der Gefahr kommend mit Klara unterwegs, der es, entgegen meinen
Befürchtungen, ganz gut geht. Dann die dramatische Begegnung auf
den Serpentinen, wo es um Leben und Tod ging und ich es aufgrund
von Ausbalancieren am Abgrund geschafft habe, mich und Klara zu
retten. Dann der Blick in die Landschaft: von einer erhöhten Position
eine wilde, zerklüftete, aber auch schöne und abwechslungsreiche
Landschaft. Der Blick war ähnlich wie der Ausblick vom Hexentanz-
platz in Thale. Die Landschaft liegt zu meinen Füßen, aber ich entschließe mich, mich ihr nicht mehr auszusetzen. Dann das Zuflucht-
suchen in der Hütte, die allmählich zu einem schönen Haus wird.
Es kommen Menschen hinzu, die ich bewirte. Die wilde, einsame
Landschaft ist jetzt zivilisiert durch Freibad und Supermarkt. Dann
die Szene im Supermarkt: Mir fehlen zwei Dinge: eine Brosche und
Honig. Ich finde die Brosche zwar, sie ist aber für meine Bedürfnisse
überflüssig. Für mich ist es eine Relativierung materieller Werte. Den
Honig (lebensnotwendig, süß, nahrhaft, gesund) brauche ich jedoch,
bin aber noch auf der Suche. Diese Sache wird nicht aufgegeben, das
heißt, sie ist eine Daueraufgabe.«

Allmuth nennt diesen Traum ihren Silvestertraum. Zum einen,
weil er an dem Tag geträumt wurde, und zum anderen gibt es an
Silvester Jahresrückblicke, werden noch einmal die Höhe- und Tief-
punkte gezeigt und Entwicklungen des letzten Jahres analysiert. Für
Allmuth resümiert dieser Traum ihre Therapieerfahrungen. Angefangen mit ihrem »Garagenleben«, bei dem sie ständig in Bewegung und
auf der Flucht ist und nur durch die Sorge und Beschäftigung mit den
Kindern eigene Präsenz spürbar ist, beschreiben die sechs Abschnitte
des Traums in kodierten Bildern ihre Therapieerfahrungen. Allmuth
teilt daher ihren Traum/ihre Therapie in sechs Phasen ein.

1. Phase: Gefahr, Flucht und Sorge
Allmuth wird von Gefahr umgeben. Mit Unsicherheit und Rastlo-
sigkeit läuft sie auf dem Bürgersteig, der »*fast immer auf Sicherheit
verweist, nach der man sich sehnt, um weiterzukommen*« (Vollmar,
2000, S. 60). Das Kind in ihrer Begleitung symbolisiert zum einen
neue Möglichkeiten, zum anderen aber auch »*unseren Widerstand*

gegen Reife und Vollendung. Das Kind verdeutlicht Wesensteile von uns, die erwachsen werden wollen. Man soll die Wahrheit sprechen (vgl. ›Kinder und Narren sprechen die Wahrheit‹) und einfacher werden (›wenn ihr nicht werdet wie die Kinder‹) [...] es muß etwas Neues, das heißt eine Änderung im Lebensstil kommen. Auch Symbol der Lebensmitte und er Kontinuität des Lebens« (Vollmar, 2000, S. 158). Im Laufe des Traums wird das Kind größer, verliert an Bedeutung, bis am Ende des Traums viele Kinder (im Freibad) dazukommen, die aber nicht mehr in Gefahr sind wie das Kind zu Beginn des Traums.

2. Phase: Autofahren auf Serpentinen

Allmuth macht sich auf einen längeren Weg, fährt mit einem Kleinlaster, in dem Klara in ihrem Buggy auch mitfährt. Das Auto »*zeigt den Übergang zu etwas Neuem an*« (Vollmar, 2000, S. 37). Die Größe des Wagens, ein Bulli, gibt Hinweise, wie der Träumer in den Augen seiner Umwelt gesehen wird. Allmuth wird von vielen als Powerfrau angesehen. Die Autofahrt ist für Allmuth gefährlich. Auf den Serpentinen kann sie nur mit einem Gefühl äußerster Anspannung und Konzentration fahren. Der subjektive Bewegungsraum für Allmuth erstreckt sich zwischen einem Lastwagen, der sie von der Straße zu drängen droht, und dem Abgrund: »*Wird oft in einer Krise geträumt, oder wenn diese fast überwunden ist, so daß ihr tiefer Grund sichtbar wird. Lebensschwierigkeit, kritische Situation, die Entscheidungen erfordert. Man hält nach Hilfe Ausschau. Eine Aufforderung, in die eigene Tiefe zu schauen, das eigene Abgründige anzunehmen*« (Vollmar, 2000, S. 18). Der Lastwagen fährt bergab: »*dann Angst vor Schwierigkeiten oder oftmals auch Aufforderung, sich fallen zu lassen, loszulassen*« (Vollmar, 2000, S. 18). Allmuth fährt bergauf: »*Mit Schwierigkeiten kann man etwas erreichen, die Situation wird sich bessern*« (Vollmar, 2000, S. 18). Diese zweite Phase ist die schwierigste, anstrengendste, dramatischste, intensivste, kräftezehrendste und anspannendste, denn es geht um Leben und Tod. Allmuth schreit. Schreien, das Blockaden und Ängste löst, nach jahrelangem Schreien nach innen bricht jetzt der Schrei nach außen los. Durch Körpereinsatz wie beim Segeln, wobei die Balance des Körpers dafür sorgt, dass der Bulli nicht in den Abgrund stürzt, entkommt Allmuth knapp dem Tod. In dieser Zeit der Therapie geht es Allmuth körperlich sehr schlecht. Ein halbes Jahr leidet sie unter Allergien, der Körper kämpft.

3. Phase: Erkunden der (Seelen-)Landschaft

Allmuth beobachtet im Liegen (Position des Träumens) eine wilde Gebirgslandschaft, die sich vor ihr auftut. Im Traum steht das Gebirge für »*Schutz und Bewußtsein, Überblick, über der Situation stehen. Der mühsame Teil des (Lebens)weges steht bevor*« (Vollmar, 2000, S. 49). Allmuth beobachtet die abwechslungsreiche, gebirgige, schöne und teilweise undurchdringliche Landschaft mit großer Konzentration, versucht Einzelheiten zu erkennen und sich zu orientieren. Ihre Seelenlandschaft wird erforscht. Für Allmuth ist es eine wilde Landschaft. »*In der Traumwildnis wachsen die wilden Gefühle und die ungezähmten Triebe, durch die man sich hindurcharbeiten – im Sinne von ›verarbeiten‹ – muß*« (Vollmar, 2000, S. 284). In dieser Phase trifft Allmuth die ersten Entscheidungen für ihren Weg. Sie verzichtet auf den Gottesdienst in einer Kirche. Ihr ursprüngliches Ziel hat für sie an Bedeutung verloren. Für Gottesdienst und Kirche riskiert sie keine Gefahren mehr. Sie bleibt an Ort und Stelle, arrangiert sich mit dem Ort, an dem sie sich gerade befindet, und findet dort eine Bleibe. Sie betritt eine Hütte (kleine Sicherheit), die durch ihre Anwesenheit sich allmählich in ein Haus (große Sicherheit und Schutz) verwandelt. Das »*Gehäuse der Seele*« (Vollmar, 2000, S. 131) wird sichtbar, »*die seelische und körperliche Verfassung des Träumers, die eigene Persönlichkeit, der eigene Körper*« (Vollmar, 2000, S. 131), sie bauen sich auf, entwickeln sich.

4. Phase: Haus bewohnbar machen

Klara ist inzwischen fünf Jahre alt geworden. »*Fünf versinnbildlicht oft den Körper (Kopf, Arme und Beine) und seine Bedürfnisse, fordert dann zu besserem Körperbewusstsein auf. Traditionell deutet man sie als die Vereinigung der vier Grundelemente der mittelalterlichen Alchemie zu neuen Formen, also als die Fülle der individuellen Lebensmöglichkeiten*« (Baumgarten, 2006, S. 469). Allmuth lernt sich als ganzheitlichen, auch mit Schwächen und Fehlern behafteten Menschen kennen und akzeptieren. Das Haus bekommt Möbel: »*Eigen-*

schaften des Träumers im Sinne der ›Innenausstattung‹ seiner Seele und seiner eigenen Identität« (Vollmar, 2000, S. 188) und ist technisch gut ausgestattet. Das Haus wird immer vollständiger, es ist bewohnbar. Allmuth ist nicht mehr unbehaust, sie macht sich selbst bewohnbar. Auch der Außenbereich, ihre Außenbeziehungen, entwickeln sich aus der ursprünglichen Wildnis in einen Garten. Die Innenräume strahlen den Charme von japanischer Architektur aus. Wenige Möbel, der Raum wird bewohnt durch Sitzen auf der Erde. Durch die Ästhetik des leeren Raumes wird das Raumgefühl spürbar. Das Spüren des eigenen Körpers, die Beherrschung des eigenen Körpergefühls, das Bewohnbarmachen des Körpers, das Sich-Anfreunden mit seinem Körper und mit sich selbst. Albert hat seinen Platz im neuen Haus. Er taucht auf in seiner typischen Tätigkeit: Er liest. Als nächsten Bewohner entdeckt Allmuth ein Ehepaar: »*Ausgleich und Versöhnung von Gegensätzen, Verschmelzung männlicher und weiblicher Kräfte. Hier sind meist Persönlichkeitsanteile der/des Träumers selbst bezeichnet*« (Vollmar, 2000, S. 79). Das Ehepaar hat in einem großen Bett geschlafen, »*nach Jung immer Ort des Schutzes und der Pflege, auch Symbol für den Schlaf und die Unbewußtheit*« (Vollmar, 2000, S. 59). Im Schlaf und in der Konfrontation mit dem Unbewussten setzt sich Allmuth mit ihren Persönlichkeitsanteilen auseinander und versucht sie miteinander zu versöhnen. Allmuth will ein Foto machen, »*Erinnerungen an alte Erlebnisse (auch im Sinne von Festhaltenwollen) und Idealisierung*« (Vollmar, 2000, S. 105), aber es wird ihr nicht erlaubt. Sie soll nicht festhalten, sondern loslassen, nicht Altes zementieren, sondern dem Gegenwärtigen das So-Sein gestatten und ihm auch die Chance der Veränderung geben.

5. Phase: Mit anderen Menschen Mahl halten

Während in den ersten vier Phasen die Beziehung zu sich selbst im Mittelpunkt steht, wird in der 5. Phase die Beziehung zu anderen Menschen aufgenommen. Viele Menschen bevölkern jetzt Allmuths Gesichtskreis, werden von ihr wahrgenommen, werden Teil ihres Lebens. Ihre gefühlte Isolation, das Gefühl des Ausgegrenztseins, spielt jetzt keine Rolle mehr. Allmuth nimmt die Menschen durch das Fenster wahr. »*Hier ist fast immer Ihr Innen-Außen-Bezug ange-*

sprochen« (Vollmar, 2000, S. 96). Die Beziehung zu ihrem Vater (älterer Mann) kommt ins Blickfeld. Für sich selbst und für die anderen macht Allmuth einen kleinen Salat (Vitalität, Natur, Gesundheit). Sie ist aktiv und produktiv, während die anderen Personen eher passiv sind und sich von Allmuth bewirten und führen lassen. Die fünfte Phase endet mit einem gemeinsamen Mahl, ein Bild mit religiöser Kraft (Abendmahl), »*man bekommt psychische und seelische Energie«* (Vollmar, 2000, S. 183).

6. Phase: Suche nach materiellen und immateriellen Werten
Neben Lebensmitteln will Allmuth noch eine Brosche und Honig kaufen. Die Brosche ist »*wie bei allen Schmucksymbolen Verweis auf Eitelkeit oder Bereicherung des Lebens. Man möchte Anerkennung, etwas darstellen im Leben oder beschenkt werden«* (Vollmar, 2000, S. 58). Als Allmuth die Broschen gefunden hat, prüft sie diese gründlich und kommt zu dem Schluss, dass sie so etwas gar nicht (mehr) braucht. Materielle Werte (Brosche sieht aus wie eine Münze) sind zwar lebensnotwendig (sind bei den Backwaren zu finden), aber für Allmuth haben sie nicht mehr Priorität. Sie sucht weiter nach dem Honig: »*Altes Wiedergeburtssymbol, Vermögen, Nahrung und besonders Sexualsymbol (›honey‹ – englisch für Geliebte/r). In diesem Bild wird neben der Sinnlichkeit auch der genußvolle Luxus, Wohlbehagen und ganz allgemein die Befriedigung angesprochen. Kann auch anzeigen, daß es einem gut geht«* (Vollmar, 2000, S. 138).

Die Suche nach dem Honig gestaltet sich als sehr schwierig, weil er in vielen Regalen, wo man ihn vermuten würde, nicht zu finden ist. Auch ist die Zeit zur Suche begrenzt, die anderen warten an der Kasse. Trotz der Nervosität durch den Zeitdruck und der Unübersichtlichkeit des Ladens sucht Allmuth weiter nach dem Honig, weil sie ihn unbedingt haben will. »*Im weiteren Sinn kündigt er an, dass man für geistige oder berufliche Anstrengungen belohnt wird und durch Selbsterkenntnis zur inneren Harmonie gelangt«* (Baumgarten, 2006, S. 301). Es lohnt sich also, weiter den Honig zu suchen.

Luxuswohnung und Puff

In unserem Wohnviertel wird ein neues großes Haus gebaut. Der Rohbau ist fertig und ich will mir das Haus von innen mal ansehen, denn die Raumaufteilung interessiert mich. Als ich hineingehen will, wundere ich mich, dass schon Fenster und Türen eingebaut sind. Die Haustür ist jedoch nicht verschlossen, sondern nur angelehnt. Ich stoße sie vorsichtig auf und gelange in ein Treppenhaus. Die Treppe, es sind einzelne Holzstufen, die noch in Folie verpackt sind, ist supersteil, fast wie eine Leiter. Ich gehe vorsichtig hinauf und stoße schon bald an die Decke. Die Decke ist verschlossen, aber ich habe den Eindruck, dass die Treppe dahinter noch weitergeht und in eine Wohnung führen muss. Ich gehe langsam und vorsichtig wieder runter und in die Wohnung im Parterre. Meines Wissens hat der Friseur aus einem anderen Stadtteil unseres Ortes dieses Haus gebaut. Ich betrete die Wohnung und staune, dass sie schon eingerichtet ist. Neben einer modernen Küche gibt es einen riesigen Wohnraum mit großen, ebenerdigen Fenstern. Der Raum hat auch einen Kamin und ist mit teuren Designermöbeln ausgestattet, dazu Teppichen auf Marmorfußboden. Meines Erachtens nach hat sich hier der Friseur einen mondänen Alterssitz geschaffen. Von einem Flur aus öffne ich eine Tür und erschrecke wegen der knallgrünfarbenen Badezimmerfliesen. Nach dem ersten Schrecken schaue ich mir das Bad an. Es ist sehr schmal und hat eine riesige Badewanne, etwa zwei Meter mal zwei Meter. Neben diesem Raum ist ein zweites Bad, auch schmal, aber heller und mit einer zwei mal zwei Meter großen Duschwanne.

Dann merke ich, dass eine Person die Wohnung betritt. Es ist eine junge Frau, die Sachen bringt und einräumt. Zunächst will ich mich verstecken und gehe dazu in eine Art Abstellraum mit einer kleinen Badewanne. Da ich aber nicht weiß, wie lange ich in dem Versteck ausharren muss, entschließe ich mich, mich zu erkennen zu geben.

Als ich mich zeige, sagt die junge Frau: »Guten Tag, Frau Pott.« Sie kennt mich, entweder als ehemalige Schülerin, oder sie hat mich im Friseursalon schon mal bedient. Ich erzähle, dass ich mir das Haus mal angucken wollte, und die junge Frau zeigt mir alles offen und freundlich. Dann kommt eine zweite junge Frau und sie erzählen mir, dass es ihre Wohnung sei. Auf meine Frage hin, wohin die Treppe führe, tuscheln sie etwas verlegen miteinander, und ich vermute, dass eine Art Edelpuff im Dachgeschoss ist. Ich frage nicht weiter nach, ob die Frauen beim Friseur oder im Puff arbeiten, vermute aber das Letztere. Sie zeigen mir alles in der Wohnung bereitwillig, auch die Terrasse. Ihnen geht es sichtlich gut, aber ich bin etwas verunsichert und verabschiede mich.

19. März 2006

Anmerkung im Traumbuch: »Wiederholung des Motivs vom Haus und von der Wohnung. Diesmal ist die Einrichtung im Wohnbereich komplett bis auf den Schlafbereich. Auch gibt es noch Unerforschtes im Dachgeschoss. Es gibt zwar eine steile, gefährliche Treppe dorthin, aber der Zugang ist durch die Decke verschlossen. Spekulationen, ob sich dahinter unbekannte Bereiche der Sexualität befinden, es wird gemunkelt von Sado-Maso, aber auch von Genuss und Verwöhnung, wofür die großen Badewannen stehen. Der repräsentative Teil ist also fertig, der tieferliegende muss noch erschlossen werden.«

In diesem Traum kommt die Sexualität in vielen Bildern und Symbolen zum Vorschein oder wird in ihnen angedeutet. So ist der Hausherr ein Friseur, »zeigt die Einstellung zur eigenen Sexualität« (Vollmar, 2000, S. 106). Die Erkundung des Hauses beginnt mit dem Treppensteigen. »Freud sah das Treppensteigen als Symbol geschlechtlicher Vereinigung« (Vollmar, 2000, S. 261). Die Treppe ist so steil wie eine Leiter, das »Symbol der Verbindung von Unbewußtem (unten) und Bewußtem (oben)« (Vollmar, 2000, S. 176). Der Wohnraum hat einen großen Kamin, »nach Freud weibliches Sexualsymbol« (Vollmar, 2000, S. 152), er »bringt oft vernachlässigte sexuelle Bedürfnisse zum Vorschein« (Baumgarten, 2006, S. 317). Ein Teppich (Wärme, Buntheit, Orient) liegt auf einem Marmorfußboden, der für »Luxus und Härte« steht, aber auch für »Schönheitssinn und Gefühlsarmut bis Frigidität« (Vollmar, 2000, S. 184). Dann gibt es mehrere Bäder mit großen Bade- und Duschwannen in verschiedenen Farben. Das Badezimmer ist ein »Ort der Reinigung. Erotischer Ort, an dem man sich nackt auszieht. […] Ort der Gefühle« (Vollmar, 2000, S. 43). Die Personen im Traum sind offen und freundlich, haben aber auch

Geheimnisse, die nicht verraten werden dürfen. Sie tuscheln und sind verlegen. Allmuth spricht ihre Fragen nicht offen aus, sie stellt nur Vermutungen an. Die ganze Situation verunsichert Allmuth.

Am gleichen Tag (19. März) schreibt Allmuth zu Passagen aus dem Roman »Nahe Tage«, die sich mit dem Thema Sexualität beschäftigen, in ihr grünes Buch: *»›Kurze Zeit darauf bekam sie ihre Tage. Sie war gerade elf geworden. […] Die Mutter war sichtlich zufrieden gewesen, dass immerhin sie das Recht des ersten Blicks gehabt hatte […] »Aufklärung« für ihre mütterliche Pflicht gehalten hatte […] Und so hatte sie beim nachmittäglichen Kaffeetrinken über den Porzellantassen mit den Kleeblättern das Wort »männliches Glied« in den Mund genommen […] Und das Kind hat vor allem die Qual der Mutter verstanden, denn so ungefähr wusste es schon, was die Mutter ihm sagen wollte […] Die Antwort hat das Kind gewundert. Aber es hat nicht weitergefragt, und dann bekam es gleich noch ein Stück Marillenstrudel auf den Teller geschoben. Und dann war es wenigstens vorbei‹* (Overath, 2005, S. 131 f.).

Über Sexualität wurde nicht gesprochen. Da aber ›Aufklärung‹ wohl zu ihren mütterlichen Pflichten gehörte, gab meine Mutter mir kleine Heftchen in die Hand. In diesen Heftchen wurden dann die Menstruation und die Empfängnis erklärt. Irgendwie wusste ich schon darüber Bescheid, aus Andeutungen von Kindern auf der Straße, aus der ›Bravo‹ und von Abbildungen aus dem Biologiebuch. Ich las alles zu dem Thema mit Interesse, hatte aber das Gefühl, dass das noch nicht alles war, dass noch etwas fehlte. Dann eines Tages, ganz unvermittelt, der große Moment der Aufklärung. Ich lag im Wohnzimmer auf dem Sofa, wahrscheinlich war ich krank. Meine Mutter saß im Sessel und stopfte oder machte irgendeine andere Handarbeit. Unser beider Blickrichtung ging zum Schrank, wir schauten also parallel. Dann erklärte sie mir, wie die Kinder in den Bauch kommen, und die Bedeutung der weiblichen Regel. Zu der Zeit war das alles nichts Neues mehr für mich, und ich fand die Situation einfach nur peinlich. Ihr war die Situation wahrscheinlich genauso peinlich, musste sie doch Wörter in den Mund nehmen, vor denen sie sich anscheinend ekelte. Das Wort ›Glied des Mannes‹ hat sie förmlich ausgespuckt. Um die Peinlichkeit einigermaßen auszuhalten, wechselten wir auch die ganze Zeit nicht unsere Blickrichtung. Ich sagte gar nichts, ließ nur die Erklärungen über mich ergehen. Das peinlichste war aber für meine Mutter zu erklären, wie denn so etwas Ekliges zwischen ihr und ihrem Mann passieren konnte. Dafür hatte sie die Erklärung: Ich war so alleine und wollte ein Kind. Dieser Satz war für mich wie ein Hammer: Aha, du bist also kein Kind der Liebe, sondern du hattest eine Funktion zu erfüllen, nämlich die Einsamkeit deiner Mutter erträglicher zu machen. Ich hatte also von Anfang an eine Aufgabe. Ich war nicht um meiner selbst willen da, sondern um die Ehe meiner Eltern zu kitten. Das machte mich traurig, passte aber auch in das Bild, das ich von meinen Eltern hatte, denn ich konnte sie mir niemals als liebendes Paar, geschweige denn als Paar mit Sexualität vorstellen. Ich stellte auch keine Fragen oder Nachfragen. So ging mir spontan die Frage durch den Kopf: ›Und warum habt ihr denn noch ein zweites Kind bekommen?‹, aber ich wagte nicht, diese Frage zu stellen, weil ich mich vor der Antwort fürchtete. Aber warum fürchtete ich mich vor der Antwort? Wusste ich sie, ohne es zu wissen? Zumindest waren wir beide froh, als das Thema beendet war.«

»*Johanna war nicht schön und nicht frei. Sie war verklemmt*« (Overath, 2005, S. 137). Dazu Allmuth in ihrem grünen Buch: »Ich fühlte mich auch nicht schön und hatte auch keinen Spaß daran, mein Äußeres zu verschönern. Mein Äußeres musste den Vorstellungen meiner Mutter von Ordentlichkeit und Sauberkeit entsprechen. Die Kleidung musste praktisch sein und wurde meist auf Zuwachs gekauft, so dass sie eigentlich nie richtig saß. Ich fühlte mich nicht besonders wohl in meiner Haut. Auch als ich dann größer war, war meine Kleidung eher altbacken und immer noch praktisch. Erst mit dem ersten selbstverdienten Geld mit 14 und 15 Jahren konnte ich mir Kleidung nach eigenem Geschmack kaufen. Etwas anzuziehen, was meine Mutter ablehnte, war nicht denkbar und so hatte ich auch immer bei meiner Kleiderauswahl die Schere im Kopf.

Schminken war auch nicht angesagt, denn das hätte sie zwar wohl nicht verboten, aber zumindest missbilligt, da für sie Natürlichkeit ein Schönheitsideal war und sie sich selbst auch nicht schminkte. Meine Freundin hatte sich immer sehr stark geschminkt, was meine

Mutter mit entsprechend abwertenden Äußerungen kommentierte. Einmal schminkte meine Freundin mir die Augen. Ich fühlte mich gebrandmarkt und versuchte die Augen immer geöffnet zu lassen und selbst den Lidschlag zu vermeiden, damit keiner meine Schminke sah. Ich hatte das Gefühl, alle Menschen, die mir in der Stadt begegneten, würden auf meine geschminkten Augen starren. Nach dem Stadtgang wusch ich die Schminke ab, die ich als Fremdkörper an mir empfand.

Ich fühlte mich nur bedingt frei. Nur in Bereichen, zu denen meine Mutter keinen Zugang hatte oder mich nicht beobachten konnte, kam ich aus mir heraus. So fühlte ich mich wohl in der Schule, wo ich meine Hemmungen ablegen konnte. Nicht immer zum Vergnügen der Lehrer war ich wild, laut und spielte den Klassenclown.

Obwohl ich meinen Klassenkameradinnen auch heute noch als wild in Erinnerung bin, war ich doch gleichzeitig auch sehr verklemmt. Noch heute verrät meine Körpersprache eher: ›Rühr mich nicht an, bleibe auf Abstand.‹ Erst mit der Entdeckung und Wahrnehmung der eigenen Körperlichkeit während der Therapie hat sich die Verklemmung etwas gelöst.«

Resilienz

Luftballonverkäuferin

Wir sind auf dem Jahrmarkt. Ich bin Luftballonverkäuferin und biete meine Waren an. Ich kann mit allem dienen, auch mit ausgefallenen Wünschen. Meine Luftballons stehen für soziale Dienste.

Anmerkung: Es ist zurzeit tatsächlich ein Jahrmarkt bei uns im Ort.

7. Juni 2004

Allmuth verkauft Luftballons. Diese sind bunt, leicht, erfreuen die Kinder, steigen zum Himmel hinauf, aber sie platzen auch schnell. Die Freude am Luftballon ist kurz. Man muss die Zeit nutzen, so lange er noch Luft genug hat. Es macht Spaß, mit ihm zu spielen für eine kurze Zeit der Unbeschwertheit und Leichtigkeit. Aber warum stehen die Luftballons für soziale Dienste?

Während des Studiums in Münster gingen Allmuth und Albert oft zur katholischen Studentengemeinde, in der es auch soziale und politische Arbeitskreise gab. Dort fand sich eine kleine Gruppe von Studenten zusammen, die nicht nur demonstrieren und Revolution machen wollte, sondern praktisch etwas tun wollte. Albert gab, zusammen mit zwei anderen Studenten, Deutschkurse im Gefängnis. Durch die Gefangenen lernten sie einen Steyler Pater kennen, der als Gefängnisgeistlicher sehr engagiert war und sie in ihrer Arbeit unterstützte. Um diesen Pater bildete sich dann ein Arbeitskreis »Strafgefangene«, deren Mitglieder nicht nur Deutschkurse gaben, sondern sich auch um soziale Belange von Gefangenen in und nach der Haft kümmerten.

Da Allmuth als Frau nicht mit ins Gefängnis durfte, gab sie an einer Grundschule Hausaufgabenhilfe für Gastarbeiterkinder. Besonders intensiv kümmerte sie sich um einen spanischen Jungen und seine Familie. Als das ZDF die Arbeit der Knastgruppe für das Magazin »direkt« filmte, durfte auch Allmuth ins Gefängnis und Kabel tragen. Aus dieser Begegnung entwickelte sich ein Briefkontakt mit einem Gefangenen. Die Mitglieder des Arbeitskreises halfen nach der Entlassung der Gefangenen bei der Arbeits- und Wohnungssuche. Die Gefangenen brauchten direkt nach der Entlassung dringend eine Anlauf- und Schlafstelle. Da entschieden sich Albert und Allmuth, eine Dreizimmerwohnung zu mieten, in der ein Zimmer für einen Gefangenen nach seiner Entlassung bereitstehen sollte. Hier sollten sie vorübergehend unterkommen und sozial betreut werden.

Allmuth und Albert zogen also vom Bauernhof in die Stadt und hatten auch sofort einen entlassenen Gefangenen als Mitbewohner. Jung und unerfahren, wie sie waren, stellten sie sich das ganz leicht vor. Aber schon bald traten die ersten Schwierigkeiten auf. Der Ex-Häftling war drogenabhängig und erlitt in ihrer Wohnung körperliche Zusammenbrüche und seelische Krisen.

Im Sommer 1973 fuhren Allmuth und Albert nach Sylt zum Zelturlaub und ließen den Gefängnispfarrer mit dem Ex-Knacki in der Wohnung zurück. Als sie aus dem Urlaub zurückkamen, kamen sie nicht mehr in ihre Wohnung, da das Schloss ausgetauscht worden war. In der Wohnung ist es wohl mit anderen Kriminellen zu dramatischen Szenen gekommen, so dass der Geistliche aus Sicherheitsgründen ein neues Schloss einbauen ließ.

Der nächste Mitbewohner war ein ganz lieber Kerl, mit einem Problem: Wenn er Alkohol getrunken hatte, musste er Auto fahren. Eines Nachts wurden Allmuth und Albert von Polizisten geweckt, die mit Taschenlampen vor ihrem Bett standen. Sie zwangen Albert aufzustehen und einen Alkoholtest zu machen. Die Situation war schnell aufgeklärt: Der Ex-Knacki hatte ihren Autoschlüssel vom Schlüsselbrett genommen, sich in ihren VW-Käfer gesetzt, war losgefahren und hatte an der ersten Ampel einen Unfall mit Totalschaden verursacht und dann Fahrerflucht begangen. Die Polizei hatte aufgrund des Kennzeichens Alberts Schwester nachts aus dem Schlaf geklingelt und nach seiner Adresse gefragt. Da sowohl die Haus- als auch die Wohnungstür offen standen, gingen die Polizisten, ohne zu klingeln, in die Wohnung, durchsuchten alle Zimmer und fanden dann Albert und Allmuth schlafend in ihren Betten vor. Der Ex-Häftling wurde bald von der Polizei gefunden und musste erst mal wieder in Haft.

Das sogenannte Knacki-Zimmer ist dann nur noch kurzfristig vergeben worden. Da Allmuth schwanger war, half ein Ex-Häftling noch, das Zimmer zu streichen und als Kinderzimmer einzurichten. Nach Christinas Geburt und Alberts Examen löste sich der Arbeitskreis allmählich auf. Der Steyler Pater hat Christina noch getauft und ist dann ins Ausland versetzt worden.

Allmuth und Albert waren zu der Zeit jung, 21 und 22 Jahre alt, viel jünger als die Knackis, die sie betreut haben. Sie engagierten sich mit solch einer Leichtigkeit, Gutgläubigkeit, Naivität und Unerfahrenheit, die dem Bild eines Luftballons sehr nahe kommt. Ohne Bedenken oder Angst konnte Allmuth mit Knackis alleine in der Wohnung sein, ohne dass etwas passiert wäre. Auch die Rückschläge verkrafteten sie mit einer Art Gottvertrauen, das ansonsten nur Kindern zu eigen ist. Der Luftballon als sozialer Dienst, kurz, intensiv, entfernt von der rauen Wirklichkeit; er kann zerplatzen, zwar mit einem Knall, aber ohne großen Schaden.

Gottesdienst und Geborgenheit

Wir sind im Urlaub in einer Stadt. Die Kinder sind noch kleiner. Klara ist etwa ein halbes Jahr alt. Sie wird von allen umsorgt und ins Bett gebracht. Sie ist zufrieden, schreit nicht und erfreut alle, die sich mit ihr beschäftigen. Sie ist sauber, im Schlafanzug und im Schlafsack. In einem Gottesdienst wird sie von mehreren Personen abwechselnd auf dem Arm gehalten. Ich sitze weiter weg und gebe durch Blickkontakt zu verstehen, dass sie ins Bett gelegt werden soll. Ihr Bett steht sowohl in der Kirche zwischen den Gläubigen als auch in einem riesigen Kinderzimmer, wo ich überlege, in welchen Teil des großen Zimmers eine Sitzecke am besten passt.   20. Juni 2004

»… oh, lass im Hause Dein, uns all geborgen sein!« Mit welcher Inbrunst die Zeile des Kirchenliedes gesungen wird! Sich im Haus der Kirche geborgen fühlen – welch ein Wunsch!

Im Traum ist Klara in der Kirche geborgen, umsorgt und gesäubert. Sie wird dort in einem Schlafsack ins Bett gebracht. Sie wird gehalten von mehreren Personen, kann sich gehalten fühlen und ist zufrieden, schreit nicht und erfreut alle. Die Personen beschäftigen sich mit ihr, sie ist nicht allein, sondern weiß sich in einer Gemeinschaft aufgehoben. Der Geborgenheit gebende Raum des Gottesdienstes geht in ein Kinderzimmer über, das Gefühl ist auch zu Hause wirksam. Klara hat ein riesiges Kinderzimmer, es steht ihr viel Raum zur Verfügung. Wer wollte da nicht Klara sein!

Allmuth ist Klara. Sie holt sich Geborgenheit, Sicherheit, Schutz, Gemeinschaft und auch Ritual aus dem Raum der Kirche. Als Allmuth auf dem Dorf wohnte, vom ersten bis dritten Schuljahr, entdeckte sie für sich den Raum der Kirche. Es war eine alte Kapelle, in der am Sonntag nur eine kleine Diasporagemeinde zusammenkommt. Allmuth liebt die Rituale des katholischen Gottesdienstes und fuhr bei Wind und Wetter die drei Kilometer zur Kapelle jeden Sonntag allein auf ihrem kleinen Kinderfahrrad. Die Mutter war von der Kirche enttäuscht, ihre Erfahrungen mit Geistlichen waren negativ. Diese haben ihr unmissverständlich zu verstehen gegeben, dass es sich für eine katholische Mutter nicht gehört, ihren Mann zu verlassen. Die Ehe darf nicht zerstört werden, da muss man eben durch. Trotzdem hinderte die Mutter Allmuth nicht am Kirchgang, hielt sie nur bei extremen Wetterlagen zu Hause. Wie gerne wäre Allmuth Messdienerin gewesen, aber das war damals noch nicht möglich. In der guten Stube der Großmutter spielte Allmuth oft den Gottesdienst nach, sie war der Priester und ihr zwei Jahre jüngerer Cousin der Messdiener. Der Esstisch diente als Altar, das dicke Heiligenbuch der Großmutter als Messbuch, das vom Cousin ständig hin- und hergetragen werden musste.

Im Jahr 1960 kamen in der Kapelle noch zwei Jungen und vier Mädchen zusammen mit Allmuth zur Ersten Heiligen Kommunion. Seitdem gingen jeden Sonntag zwei Personen zur Kommunion, Allmuth, die immer in der ersten Bank saß, und ihr Lehrer, der auch die Orgel spielte. Allmuth hätte gerne gehabt, dass ihre Mutter auch mit zur Kirche gekommen wäre, aber sie musste ja auf Reinhild aufpassen und an den Feiertagen wie Weihnachten und Ostern konnte sie den Weihrauch nicht vertragen. Allmuth entwickelte ihre eigene Frömmigkeit, die zum größten Teil von ihrer Großmutter inspiriert war. So gab es im Monat Mai einen Maialtar in einer Ecke der Küche, die rote Schulbibel wurde wie ein spannendes Kinderbuch von ihr gelesen und den Rosenkranz betete sie auch bei besonderen Anlässen.

Als sie nachts mit einem Kleinlaster vom Dorf in die Stadt zogen, fuhren sie an einer Unfallstelle vorbei. Das Auto stand in Flammen und es war noch keine Hilfe da. Allmuth forderte ihre Mutter und den Fahrer auf, anzuhalten und zu helfen. Diese weigerten sich jedoch, weil der Fahrer keine Lizenz für Umzüge hatte. Aller Protest von Allmuth half nichts. Da begann sie, den Rosenkranz zu beten.

In der Grundschule in der Stadt hatte sie eine Lehrerin, die bei Kirchenliedern in eine Art Verzückung oder Ekstase geriet, besonders bei kitschigen Jesulein-Liedern. Das fand Allmuth abstoßend, da die Lehrerin ansonsten sehr streng und unnahbar war. Sie kannte das Wort »bigott« noch nicht, aber genau diese Haltung stieß sie ab. In der großen Kirche in der Stadt lag hinten in der Marienecke ein Bittbuch, in das Allmuth die Bitte schrieb, sie möge doch in der Schule besser werden. Ihre besser werdenden Schulleistungen führte sie dann auf die Unterstützung Mariens zurück. Einmal in der Fastenzeit nahm Allmuth ihre Bande von spielenden Kindern mit in die Kirche und erklärte ihnen den Kreuzweg. Ein Priester saß im Beichtstuhl und hörte alles mit an. Erstaunt kam er aus dem Beichtstuhl und fragte Allmuth, woher sie so gut den Kreuzweg erzählen könne. Allmuth wusste keine Antwort.

Später nahm sie am kirchlichen Seelsorgeunterricht teil und nach der Firmung engagierte sie sich in der kirchlichen Jugendarbeit. Sie ging regelmäßig zur Beichte und half, die Wege für die Fronleichnamsprozession zu schmücken. Bei den Kinder- und Jugendmessen war sie eine der Aktivsten. Eine Zeit lang sang sie sogar im Kirchenchor.

In der Oberstufe wurde der Kirchenbesuch dann weniger und im Religionsunterricht wurden alte Gewissheiten kritisch hinterfragt.

Während des Studiums war die katholische Studentengemeinde die religiöse Heimat von Allmuth und Albert. Allmuth blieb der Kirche in kritischer Solidarität verbunden. Einmal wurde ihre Verbundenheit zur Kirche auf eine harte Probe gestellt: Kurz nach der Geburt von Klara war sie Spitzenkandidatin der »Grünen« bei der Kommunalwahl. Der Priester wetterte heftig in seiner Sonntagspredigt gegen diese Partei und warnte davor, sie zu wählen, da sie für Abtreibung sei. Es war die Zeit, als ein hoher katholischer Würdenträger vom zerschnittenen Tischtuch zwischen den »Grünen« und der katholischen Kirche sprach. Allmuth verließ weinend den Gottesdienst und erzählte Albert, der die Kinder hütete, von der Predigt. Er schrieb sofort dem Priester einen Brief und warf ihn noch am selben Tag bei ihm in den Postkasten. Der Priester hat nie auf diesen Brief reagiert. Jahrelang war es Allmuth nicht möglich, von diesem Priester die Kommunion zu empfangen, da sie ihm nicht verzeihen konnte.

Bühne und Lachen

Ich bin mit einer mir unbekannten Gesellschaft in einem Raum. Der Raum hat keine Wände, er vermittelt das Gefühl, auf einer Bühne in einem Bühnenbild zu sein. Der Einzige, den ich kenne, ist Albert. Die Leute sitzen um unseren Wohnzimmertisch, der aber ohne Tischdecke, also mit brauner Holzplatte, ist. Der Tisch ist das einzige Möbelstück. Die Leute unterhalten sich angeregt und sind guter Laune. Sie warten darauf, dass der Tisch gedeckt wird und sie etwas zu essen bekommen. Einige haben ein Glas oder eine Tasse vor sich stehen und trinken daraus. Ich stehe am Fenster und beschäftige mich mit der Dekoration. Es sind verschiedene Dinge (Kerzenständer, Blumen, Nippes und Deckchen) richtig im Verhältnis zur Gardine, die regelmäßige Bögen hat, zu platzieren. Ich bin in die Aufgabe versunken und probiere verschiedene Varianten aus. Fast alle Gegenstände sind blau, viele aus Glas. Als ich fast fertig bin und einigermaßen mit meiner Arbeit zufrieden, spricht mich ein Mann am Tisch an: »Frau Pott, könnten Sie mir noch Kaffee nachschenken?« Ich gehe in die Küche und ziehe die Kaffeekanne aus der Kaffeemaschine. Eigenartigerweise hat die Kanne statt eines Deckels eine gelbe Tupperschüssel mit heißem Wasser. Ich wundere mich über diese Art des Kaffeekochens, lasse die Schüssel in der Küche und betrete mit der offenen Kanne den Raum. Inzwischen haben die Leute sich erhoben und halten ihre Tassen in den Händen, denn der Tisch soll ausgezogen und dann gedeckt werden. Ich gieße den Kaffee in einen Becher, der noch auf dem Tisch steht. Es ist etwas Milch darin und ich merke, dass ich den Kaffee in das Milchkännchen gegossen habe. Ich finde meinen Irrtum so lustig, dass ich anfange, herzhaft zu lachen. Den Rest des Kaffees gieße ich in die Tasse, die der Mann in der Hand hält.

Anmerkung: Im Jahre 1974 habe ich als Statistin an einem Theater gearbeitet.

1. Februar 2005

Im Traum befinden sich alle Leute auf einer Bühne. Der Ort, wo man sich zeigen will, etwas darstellen oder präsentieren will. »*Kommen Sie aus sich heraus und zeigen Sie sich! Welche Rolle haben Sie gespielt, oder hinter welcher Maske versteckten Sie sich?*« (Vollmar, 2000, S. 60). Das Leben als ein großes Theaterspiel, aber auch konkrete Erfahrungen mit dem Theater.

Während des Studiums machte eine Freundin Allmuth darauf aufmerksam, dass das Theater noch Statisten für ein Musical suche, und überredete sie, sie zum Casting zu begleiten. Mal sehen, wie weit man kommt, und ein wenig Taschengeld lässt sich damit auch noch verdienen. Aus der großen Schar der Bewerber wurde die Freundin für das Singen gecastet und Allmuth bestand als Tänzerin. Bei den anschließenden Proben musste aber jeder singen und tanzen. Das Musical hieß »Wer kennt Jürgen Beck?« und handelte von einer Drogenkarriere im Showbusiness. Der Regisseur war Samy Molcho. Die Statisten mussten Diskoszenen bevölkern und bei den Sologesangseinlagen im Hintergrund singen und tanzen. Es wurde fast ein halbes Jahr lang mehrmals die Woche stundenlang geprobt. Für jede Probe gab es 5 DM und für jede Aufführung 10 DM. Es war harte Arbeit, aber es machte auch viel Spaß und Allmuth lernte das Leben hinter den Kulissen kennen: die Empfindlichkeiten und Eitelkeiten der Künstler, deren Abhängigkeit von den Launen des Regisseurs, die penible Arbeit an Details, das lange Warten hinter der Bühne auf den Auftritt, die Bereitschaft der jungen Künstler, sich für ihre Karriere einiges gefallen zu lassen, das Lampenfieber und auch Enttäuschungen, aber auch die Spielfreude und die Dankbarkeit für den Applaus. Die Tanzeinlagen der Statisten bestanden aus genau einstudierten Choreographien wie auch aus wilden Diskobewegungen. Allmuth konnte sich dabei so richtig auf der Bühne austoben. Als sie dann mit Christina schwanger war und der Bauch schon zu sehr sichtbar wurde, musste sie ihr Engagement auf der Bühne beenden.

Auf der Bühne im Traum ist ein Tisch das einzige Möbelstück. Er steht für die Lebensenergie und ist »*ein Symbol der Materie sowie der Erde (Welt). Seit der altägyptischen Traumdeutung zeigt er an, daß Gäste kommen, die man bestens bewirten sollte*« (Vollmar, 2000, S. 259). Allmuth hat aber mit der Bewirtung noch nicht richtig angefangen, sie beschäftigt sich erst noch mit der Herrichtung des Raumes. Sie ist vertieft in die Dekoration, will alles ins rechte Verhältnis zueinander bringen. Sie liebt es, sich mit diesen Dingen zu beschäftigen. Der Kerzenständer trägt die Kerze, das Symbol des Lebens; die Blumen, die traditionellen Symbole für Gefühle, für Schönheit und Fruchtbarkeit; Nippes und Deckchen für das Überflüssige, aber dennoch für das Leben Notwendige wie die Kunst und auch der Kitsch. Fast alle Gegenstände sind blau, die »*Symbolfarbe der Seele, sie steht aber auch für das Unbewußte sowie für Ferne, Weite und Unendlichkeit*« (Vollmar, 2000, S. 52). Viele Gegenstände, die Allmuth auf der Fensterbank arrangiert, sind aus blauem Glas. »*Glasgefäße, Glas- und Kristallkelche stellen den Bewußtseinsprozeß dar*« (Vollmar, 2000, S. 121). Diese Beschäftigung mit dem Bewusstseinsprozess nimmt Allmuth so in Beschlag, dass sie die anderen zwar wahrnimmt, sich aber nicht um sie kümmert. Erst als sie mit ihrer Arbeit fast fertig ist und damit einigermaßen zufrieden, öffnet sich ihr Aktionsradius wieder und die Bewirtung der Gäste ist jetzt angesagt. Die Gäste verlangen nach Kaffee, den Allmuth ihnen dann auch einschenkt. Der Kaffee steht für »*Geselligkeit, geistige Anregung, Lebensgenuß. Kann auf Suchtverhalten verweisen. Der Kaffee steht häufig für ein*

Bedürfnis nach geistiger Wachheit und höherer Konzentrationsfähig-keit« (Vollmar, 2000, S. 150). Allmuth mischt den Kaffee irrtümlich mit Milch, dem Symbol für Nahrung und Sicherheit.

Allmuth lacht über ihren Irrtum. Es ist ein herzhaftes Lachen, kein aufgesetztes oder gekünsteltes Lachen, sondern echtes, befreiendes Lachen. Richtig unbefangen zu lachen, sich freuen zu können, ohne gleich wieder Schuldgefühle wegen unverdienten Glücks zu haben, ist für Allmuth etwas Neues, eine Befreiung vom Pflicht- und Leistungs-druck. Ein Lachen, das nicht nur von Spannungen befreit, sondern auch von dem Druck, perfekt sein zu müssen.

Es gibt keine Theorie des Lachens. Neurobiologisch wird es erklärt als etwas, das der primitiven, irrationalen Instinktschicht entstammt. Das Lachen hinterlässt Spuren im Gesicht. *»Das Lachen weiß selten das rechte Maß zu wahren, es ist per se ein Exzess«* (Schmid, 2004, S. 285). Es kann »im Halse stecken bleiben«, man »lacht sich krank« oder man »schüttelt sich vor Lachen«. Auch wenn man es in der Kindheit verloren hat, lässt es sich mit einiger Anstrengung wieder-gewinnen. Im Lachen liegt eine subversive Macht, deshalb wird es von Mächtigen gefürchtet. Es kennt keine Grenzen, ist multikulturell und international. *»Es ist nicht zu fassen, so wenig wie es zu begreifen ist, die perfekte Subversion«* (Schmid, 2004, S. 286). Je nach dem, mit welchem Gefühl (Zorn, Liebe, Hass, Neid) gelacht wird, gibt es viele Varianten: Lachen aus Freude oder Verzweiflung, durchsetzt mit Sarkasmus (böses Lachen), höhnisches und spöttisches Lachen, Lachen der Kritik, befreites Lachen, Lachen des Wahnsinns, infan-tiles Lachen. Lachen ist auch ein gesellschaftliches Phänomen, es begründet Gemeinschaft und Komplizenschaft.

»Das Lachen ist ein Element jeder Kultur« (Schmid, 2004, S. 287). In der christlichen Welt galt es lange als Teufelswerk. In der Renaissance wurde der Witz als Waffe wiederentdeckt. In Dich-tung, Filmen und Kabarett spielt das Lachen eine Rolle. Im Dada-ismus wird vieles lächerlich gemacht. *»Das Lachen ist autark im wirklichen Sinne, es genügt völlig sich selbst«* (Schmid, 2004, S. 288). Es ist verwandt mit der Aufklärung, wenn es Zusammenhänge bloßstellt. Es widerspricht dem Pathos des Erhabenen. Das Selbst *»macht einen Sprung, fängt Feuer, entzündet sich und brennt schon*

*lichterloh, bevor die ganze mühsame Strecke der Reflexion durch-
messen werden kann«* (Schmid, 2004, S. 289). Nietzsche beschreibt
das Lachen als diesseitigen Trost.

Das Lachen ist ein Medium der Erkenntnis, das alle Gegenstände
blitzartig durchdringt und insofern sehr schnell denkt. Verhaltens-
therapeutisch führt ein echtes Lachen zu einer kognitiven Wende,
Erkenntnisse bekommen einen anderen Stellenwert, so dass Ängste
besser bewältigt werden können. Lachen entlastet die Psyche und
führt zur seelischen Reinigung (Katharsis). Eine Minute fröhliches
Lachen hat den gleichen Effekt wie 45 Minuten Entspannungstrai-
ning. Kitzelspiele sind der Urquell des Lachens und daher sind sie so
beliebt bei Kindern. In Allmuths Familie wurde nicht gekitzelt. Der
Vater durfte nicht und die Mutter konnte nicht. In der Menschheits-
geschichte ist das Lachen als eine Reaktion auf Anspannung entstanden, gelacht wurde, wenn die Gefahr vorüber war, ein gefährliches
Tier oder ein Feind in die Flucht geschlagen war. Allmuth lacht jetzt
zum ersten Mal befreit im Traum. Eine Gefahr ist für sie vorüber.

Allmuth schreibt in ihr Traumtagebuch unter ihrem Traum: »Der
Traum macht auf meine Stärken aufmerksam, meine künstlerische
Ader: tanzen, singen, dekorieren, spielen, das tun, was mir Spaß
macht. Dann kann ich auch lachen.«

Meine Oma

Beim Aufräumen alter Briefe fällt mir ein Foto meiner Oma in die
Hände. Sie ist für das Foto vor ihrem Schrank mit Weihnachtsdekoration platziert. Im Hintergrund in der Ecke liegt noch der große
Adventskranz, der fast so groß wie ein Grabkranz ist. Meine Oma
lächelt und winkt mir von dem Foto aus zu. Sie ist lebendig.

19. Februar 2005

»Großmütter sind wie Großväter oft weise Traumführer und Ratgeber«
(Vollmar, 2000, S. 124). Die Großmutter lächelt Allmuth zu. Welchen
Anteil hat die Großmutter bei der Einübung in die Lebenskunst?

Aus der Generation ihrer Großeltern ist Allmuth nur die eine Großmutter, die Mutter der Mutter, geblieben. Der Vater der Mutter ist kurz nach Allmuths Geburt gestorben und die Eltern des Vaters hat selbst die Mutter nicht mehr kennen gelernt. Als Allmuth im Elternhaus der Mutter wohnte, war die gute Stube der Oma für sie ein Zufluchtsort. Hier durfte sie sein, hier durfte sie auch spielen, natürlich ohne Unordnung zu schaffen. Besonders angetan hat es Allmuth das dicke Heiligenbuch der Oma. Darin zu blättern und zu lesen war ein erhabenes Gefühl. Für alle religiösen Fragen war die Oma der richtige Ansprechpartner. Die Oma lebte ihre religiösen Überzeugungen, Gebete und religiöse Pflichten waren nicht bloße Pflichterfüllung, die Oma war für Allmuth authentisch. In ihrer Oma erlebte sie eine Persönlichkeit, die Orientierung geben konnte, die wusste, wo sie hingehörte, die feste Regeln hatte und die trotz großer Arbeitsbelastung auch die eigenen Bedürfnisse nicht unterdrückte. Sie liebte den bescheidenen Luxus eines kleinen Likörs, den sie sich regelmäßig gönnte, und sie nahm sich in der Hektik ihres Alltags Zeit für das Beten des Rosenkranzes. Die Oma bewirtschaftete einen Bauerngarten, in dem es Allmuth erlaubt war, die Zuckererbsen vom Strauch zu pflücken und gleich zu vernaschen. Mittags um zwölf betete sie den Engel des Herrn, das Angelusgebet. Für drei ihrer sechs Kinder, die im Leben nicht den geraden Weg gehen konnten, eines davon war Allmuths Mutter, legte sie immer ein besonderes Gebet ein.

Das Verhältnis der Mutter zu ihrer Mutter war distanziert, unterkühlt und traditionell pflichtbewusst. Man ging sich aus dem Weg. Ganz anders das Verhältnis von Oma und Enkelin. Allmuth war ihre erste Enkelin und die Oma war stolz auf sie. Vor allen Dingen akzeptierte die Oma Allmuth so wie sie war, ohne ständig Erwartungen an sie zu haben. Bei der Oma war Allmuth frei von Erwartungsdruck, hier konnte sie sich entfalten, ihre Talente ausprobieren und vor allen Dingen sich mit religiösen Themen beschäftigen. In der guten Stube der Oma spielte Allmuth Heilige Messe. Der Esstisch war der Altar, das gute Geschirr die Messutensilien und der Cousin musste als Messdiener das Heiligenbuch von links nach rechts tragen mit einer Kniebeuge in der Mitte. Als Kommunion spendierte die Oma Bonbons.

Später, als Allmuth in der Stadt wohnte, war sie oft bei der Oma in den Ferien. Dann schlief sie im zweiten Ehebett unter dem großen Heiligenbild: Jesus mit Hirtenstab und Heiligenschein klopft an der Tür. Als die Oma gestorben war, vererbte sie Allmuth ihren Wohnzimmerschrank mit der dazugehörenden Kredenz, einen speziellen Geschirrschrank. Allmuth liebte diese Möbel und die Oma wusste, dass sie bei Allmuth weiterhin geschätzt werden würden. Beide Möbelstücke stehen noch heute in Allmuths Wohnzimmer.

Vor diesem Wohnzimmerschrank hat sich die Oma im Traum platziert für ein Foto, von dem aus sie Allmuth zuwinkt und lächelt. Die Oma ist für Allmuth noch lebendig, stärkt sie, sich ihrer Wurzeln bewusst zu werden. Ein Wink aus dem Jenseits vor dem Hintergrund des Diesseits, des Schrankes als Erbe. Allmuth hat nicht nur den Schrank geerbt, ein materieller Wert, sondern auch Einstellungen, Traditionen, Familiengeschichten, ein viel bedeutsamerer, immaterieller Wert. Der Schrank als Erbe ist etwas Stabiles, Schönes und hat Platz für viele Dinge und auch Geschichten.

Der Schrank ist mit Weihnachtsdekoration geschmückt. Weihnachten, bei dem Licht aus der Finsternis kommt. »*Es wird heller, das heißt das Bewußtsein erstarkt*« (Vollmar, 2000, S. 282). Der Adventskranz, das Zeichen der Erwartung, des Wartens in der Finsternis, hat ausgedient. Als ausgedienter Adventskranz sieht er fast wie ein Grabkranz aus, der »*als Sieger- und Totenkranz die Reife und Vollendung einer Aufgabe ausdrückt*« (Vollmar, 2000, S. 165). Allmuth hat etwas geschafft durch die Rückbesinnung auf ihre Wurzeln und ihre Ressourcen, mit der Unterstützung ihrer Großmutter, die für Allmuth weiterhin noch lebendig bleibt.

Ich singe

Zum ersten Mal habe ich eine Melodie geträumt. Als ich nachts zur Toilette ging, hatte ich die Melodie wie einen Ohrwurm im Kopf und hatte das Gefühl, dass ich die Melodie im Traum gesungen habe, und zwar als Teil eines Chores. Nach langem Nachspüren und Überlegen fiel mir dann auch der Rest der Melodie und der Text dazu ein. Es ist ein Lied, das in der Gedenkfeier zur Pogromnacht in der Kirche abwechselnd mit einem Jugendchor gesungen wurde:

Gemeinde: Ins Wasser fällt ein Stein, ganz heimlich still und leise, und ist er noch so klein, er zieht doch weite Kreise.

Chor: Wo Gottes große Liebe in einen Menschen fällt, da wirkt sie fort, in Tat und Wort hinaus in unsre Welt.

Gemeinde: Ein Funke kaum zu sehn, entfacht doch helle Flammen, und die im Dunkeln stehn, die ruft der Schein zusammen.

Chor: Wo Gottes große Liebe in einem Menschen brennt, da wird die Welt vom Licht erhellt, da bleibt nichts, was uns trennt.

Gemeinde: Nimmt Gottes Liebe an, du brauchst dich nicht allein zu mühn, doch seine Liebe kann in deinem Leben Kreise ziehn.

Chor: Und füllt sie erst dein Leben und setzt sie dich in Brand, gehst du hinaus, teilst Liebe aus, denn Gott füllt dir die Hand.

Anmerkung: Gestern war die Vorstandssitzung der Gesellschaft, auf der die Gedenkfeiern besprochen wurden.

15. November 2005

Eine Melodie träumen, im Traum eine Melodie singen. Der Traum war nur Melodie, ohne Handlung oder sonstige Bilder. Ein Gefühl von Mitschwingen in der Melodie, von ihr getragen werden, Teil einer singenden Gemeinschaft sein. Der Text erzählt von der Liebe Gottes, die dem Menschen Licht, Freude, Gemeinschaft, Geborgenheit, Gewissheit und Sicherheit gibt. Das Lied hat Allmuth so sehr gefallen, dass sie es im Traum weitersingt, sich wie in ein Mantra einsingt, in einen Zustand der Schwerelosigkeit außerhalb von Raum und Zeit hineingleitet und sich von der Melodie tragen lässt.

Der Gesang ist unverzichtbar in einem Gottesdienst und in einer Gedenkfeier. Er bezieht den Leib ein und nicht nur den Kopf. Die Botschaften des Liedes dringen tiefer ein als die Worte. Schon für Aristoteles war der Gesang der Sterblichen süßeste Labsal. Singen hebt nicht nur die Stimmung, sondern stärkt auch das Immunsystem und die Abwehrkräfte, wie wissenschaftliche Studien belegen. Wie das Lachen ist auch das Singen gesund. »*Mit den Mitteln der äußeren Stimme bringt das Selbst im Gesang die inneren Stimmen zum Klingen [...] das Selbstgespür verfeinert sich: Darin besteht die ›heilsame Wirkung‹ des Singens. [...] Es handelt sich um eine Befreiung dessen, was gebunden im Selbst existiert, und zugleich um eine Formgebung der Freiheit«* (Schmid, 2004, S. 263). Das Singen ist eine Ganzkörperaktion, bei der mehr als hundert Muskeln zusammenwirken. Das Singen hilft, Gefühle auszudrücken, sie zu regulieren und so zur Ausgeglichenheit zurückzufinden. Singen entspannt, denn die durch Stress und Angst bedingte flache Atmung weitet sich zu einem natürlichen Ein- und Ausströmen der Luft. Positive, heitere Gefühle werden durch das Singen verstärkt. Angst kann durch Singen überwunden werden. Der Angst und dem Feind (gemeinsam) entgegensingen, das ist der Ursprung des militärischen Gesangs. Durch die Musik als spirituelles Medium fühlt sich der Einzelne verbunden mit elementaren Stimmungen wie Jubel und Trauer, die über ihn und seine Zeit hinausweisen. Noch heute werden im Gottesdienst Lieder mit Inbrunst gesungen, die schon mehrere hundert Jahre alt sind.

Die positiven Wirkungen des Singens werden noch gesteigert durch den Chorgesang. *»Im Chorgesang kann das Selbst erfahren, wie der Resonanzraum sich vervielfacht und viele äußere Stimmen zu einem einzigen Klangkörper verschmelzen: Bildung eines integrativen Megasubjekts, in dem der Einzelne jede Einsamkeit hinter sich lassen und sich glücklich aufgehoben fühlen kann«* (Schmid, 2004, S. 264). Allmuth hat als Jugendliche im Kirchenchor gesungen. Obwohl sie dort unter den alten Leuten eine Exotin war, fühlte sie sich sehr wohl und aufgehoben im gemeinsamen Gesang. Der Chor war der Ort der Regeneration der seelischen Kräfte, die bei den ständigen Auseinandersetzungen mit der Mutter aufgerieben wurden. Wie beruhigend und tröstend konnte es doch sein, eine lateinische Messe zu singen oder sich vom Walten des Guten Gottes tragen zu lassen. Auf der Suche nach Geborgenheit und Verlässlichkeit entwickelten sich einige Kirchenlieder zu ihren Lieblingsliedern, die sie sowohl in der Gemeinschaft von Chor und Gemeinde als auch alleine (dann meist nur die Melodie) gerne gesungen hat.

Durch ihre kritische Auseinandersetzung mit Kirche und Religion in der Oberstufe rückten Lieder in ihre Favoritenliste, die die

Suche, den Zweifel und die Fragen nach Schuld und Sünde in den Mittelpunkt stellten.

Außer in der Kirche singt Allmuth kaum noch. Seit Jahren nimmt sie sich vor, wenn sie mal mehr Zeit für sich hat, wieder in einem Chor zu singen.

Heilung

Wachtraum

Ich liege im Bett und kann nicht einschlafen. Ich überlege, wie ich meine Mutter jetzt ansprechen würde. Der Name »Mucke« ist irgendwie für mich passé. Ich dachte sogar daran, sie und auch meinen Vater mit Vornamen anzureden, aber das passte irgendwie auch wieder nicht. Beim Überlegen kommt mir das Bild: Ich bin mit meinem Vater und meiner Mutter mit einer Schnur verbunden und stehe ihnen gegenüber. Ich löse die Schnur, indem ich zwei Druckknöpfe öffne, der eine Druckknopf hat mich mit der Mutter und der andere mit dem Vater verbunden. Ich sage zu ihnen: »Ich will mich jetzt verabschieden. Ich bin da durch (im Sinne von: ich habe es geschafft). Ich gehe.« Beim Weggehen denke ich: Mir wurde geholfen, und ich habe mir selbst geholfen, wer hat aber ihnen geholfen? Sie bleiben jetzt in ihrer elenden Situation zurück. Der Verbindungsfaden zu mir hängt jetzt mit dem Druckknopf frei in der Luft und droht zu verdorren. Die einzige Verbindung zwischen ihnen war ich selbst durch die zwei Verbindungsfäden. Ich war das Verbindungskabel zwischen ihnen. Jetzt hängen sie verbindungslos in der Luft.

Ich fragte mich, ob ich sie so allein zurücklassen könnte, und überlegte, was ich für sie tun könnte. Da erinnerte ich mich daran, dass ich bei beiden anwesend war, als sie starben. Beide waren nicht mehr bei Bewusstsein. Trotzdem habe ich noch laut mit ihnen gesprochen, gesagt, dass ich da sei. Beiden habe ich versucht, die Hand zu halten, aber bei beiden sofort wieder zurückgezogen, weil die Hände so kalt waren. Beide sind etwa eine halbe Stunde nach meiner Ankunft am Sterbebett gestorben. Es machte auf mich beides Mal den Eindruck, dass sie mit dem Sterben noch auf mich gewartet haben. Vielleicht habe ich ihnen doch etwas gegeben, und sei es nur meine Anwesenheit.

Im Urlaub, 10. August 2005

Allmuth liegt die letzten Abende immer sehr lange wach im Bett und kann nicht einschlafen. Stundenlang gehen ihr Gedanken durch den Kopf, sie beschäftigt sich mit dem, was sie gelesen hat und was es für sie selbst bedeutet. An diesem Abend weiß sie nicht, ob sie ihre Überlegungen geträumt hat oder ob sie dabei wach war. Das Bild: Allmuth zwischen Vater und Mutter mit Druckknopf und Faden verbunden, ist ihr noch am nächsten Morgen präsent, und sie zeichnet es in ihr grünes Buch. Dazu schreibt sie:

»Mir fällt noch ein, dass die Druckknöpfe (allein das Wort *Druckknopf* ist schon vielsagend) ganz dicht an mir sind. Als ich sie löse, bin ich autonom, während von meiner Mutter und meinem Vater noch die Fäden hängen, die einen Punkt suchen, wo sie andocken können. Vielleicht brauchten sie mich ja mehr als ich sie. Die Todeserfahrung mit ihnen würde das auch noch unterstützen.«

Tagsüber liest sie weiter im Buch von Wilhelm Schmid über Lebenskunst und die Bereitschaft, Tag- und Nachtträume zu nutzen. »*Träume knüpfen Zusammenhänge und lösen sie auf, formen Konstellationen und verwirren sie, bringen das Selbst auf eine Idee oder warnen es vor drohenden Gefahren*« (Schmid, 2004, S. 49). Der aktuelle Traum ist für Allmuth ein gutes Beispiel dafür.

In dem Traum spielt die Frage des Namens eine große Rolle. Dingen und Personen einen Namen geben heißt, sie einzuordnen in Begrifflichkeiten der eigenen Umgebung oder durch den Namen die Bedeutung und Einzigartigkeit einer Person auszudrücken. Wie nenne ich meine Mutter? Wie alle Kinder, mit denen Allmuth als Kleinkind gespielt hatte, nannte sie ihre Mutter »Mama«. Irgendwann verlangte ihre Mutter von ihr, sie »Mutti« zu nennen, denn »Mama« sei zu gewöhnlich. In Allmuth sträubte sich alles gegen diese Bezeichnung, ihre Mutter hatte »Mama« zu heißen, wie alle anderen Mütter auch. »Mutti« kam ihr nur mit Abscheu und Fremdheit über die Lippen. Daher versuchte sie, nach Möglichkeit eine Anrede zu vermeiden. Das war für sie schwer, denn wie oft redet ein fünfjähriges

Kind am Tag seine Mutter an? Jedes Mal, wenn sie »Mama« sagen wollte und nicht durfte, blieb sie stumm. Das entfernte sie von der Mutter, sie konnte nicht mit Sorgen oder Problemen zu ihr kommen, da sie sie nicht anreden konnte. Als sie dann auf dem Dorf wohnten, hörte Allmuth zum ersten Mal das Wort »Muckefuck«. Von diesem Wort war sie so fasziniert, dass sie zu ihrer Mutter sagte: »Du bist meine Muckefuck.« Die Mutter akzeptierte diesen Namen, war er doch einzigartig und nur für sie bestimmt. Seitdem hieß die Mutter bei Allmuth und bei Reinhild, später auch bei den Schwiegersöhnen nur noch »Mucke«.

Neben dem Mutternamen war auch ihr eigener Name für Allmuth ein Zeichen von Konflikt, diesmal der Konflikt zwischen Vater und Mutter. Der Vater meldete sie nach der Geburt beim Standesamt an mit der Schreibweise »Almut«. Für die Mutter galt die Schreibweise »Allmuth« als richtig, und so lernte Allmuth auch ihren Namen schreiben. Da auf der Geburtsurkunde die Schreibweise des Vaters war, hatten alle Urkunden, die auf der Geburtsurkunde basierten (Heiratsurkunde, Pass, Abiturzeugnis, Doktorarbeit), die Vaterschreibweise, während Allmuth immer mit der Mutterschreibweise unterschrieb. Als ihr Vater ihr einmal einen Füllfederhalter mit eingraviertem Namen schenkte, verbot ihr die Mutter die Benutzung, weil ihr Name dort falsch geschrieben sei. Insofern trägt Allmuth in den zwei Schreibweisen ihres Namens den Konflikt der Eltern ihr Leben lang weiter mit sich herum.

In diesem Wachtraum kappt Allmuth die Verbindungsschnur zu den Eltern. Nach der Durchtrennung der Nabelschnur ist jetzt eine endgültige Separation erfolgt.

Saubere Gardinen

Ich bin mit Klara bei einem Kollegen meines Mannes zu Hause. Seine Frau zeigt uns etwas in ihrer schneeweißen, blitzblanken Küche. Der Perfektionismus ist uns unheimlich. Dann eine Führung durch das Haus. Dabei sehe ich, dass in einem Fenster im Treppenhaus die gleichen Übergardinen hängen wie die, die unser Vorgänger in der Ferienwohnung hat hängen lassen. Ich nehme die Gardine in die Hand und sage: »Ich wusste gar nicht, dass diese Familie den gleichen Geschmack hat wie der Vorgänger in der Ferienwohnung.«

Anmerkung: Ich habe in der letzten Woche Gardinen für die Ferienwohnung gewaschen.

5. November 2005

Allmuth hat in der letzten Woche weiße Gardinen gewaschen, die sie geschenkt bekommen hat. Im Traum tauchen die bunten Gardinen wieder auf, die der Vorgänger in der Ferienwohnung hat hängen lassen und die Allmuth entsorgen will, weil sie nicht ihrem Geschmack entsprechen. Nun hat im Traum ein Kollegenpaar von Albert den gleichen Geschmack wie der Wohnungsvorgänger, denn exakt die gleichen Gardinen hängen in deren Treppenhaus. Der Haushalt dieses Kollegenpaares ist perfekt, die Küche schneeweiß und blitzblank. Das ganze Haus ist vorzeigbar, sogar im Treppenhaus hängen Gardinen. Die Hausfrau ist stolz auf ihre saubere Küche, sie hat alles so perfekt gerichtet und geputzt, dass es schon unheimlich ist. »*Pseudofleiß. Immer beschäftigt, immer in Aktion, selten in Ruhe wird nach außen der Eindruck von großer Produktivität erzeugt. [...] Seine Flucht in die sinnlose Tätigkeit schützt den unsicheren und letztlich rasch überforderten Perfektionisten vor den eigentlichen Lebensaufgaben*« (Zöllner, 2000, S. 29). Allmuth wird noch einmal der Perfektionismus vor Augen geführt, der ihr zeitlebens eine Lebensmaxime war und den sie jetzt als unheimlich empfindet. Perfektionismus ist für sie kein Ziel mehr. Was unheimlich ist, ist nicht mehr attraktiv, ist auch keine Hilfe mehr, wirkt nur noch abstoßend.

Der Gegenort zu dem perfekten Haushalt ist die Ferienwohnung, das verbindende Element zwischen den zwei Welten ist die Gardine. Die Gardine »*will etwas verbergen. Man durchschaut etwas nicht. Andererseits wird die Notwendigkeit der Abschirmung angesprochen*« (Vollmar, 2000, S. 111). Perfektionisten haben ganz viel zu verbergen: Angst, Unsicherheit, Minderwertigkeitsgefühle, Schwäche, Verletzungen, Selbstzweifel, Selbstverachtung und die Unmöglichkeit,

Gefühle zu zeigen oder mit ihnen angemessen umzugehen. Perfektionisten können ihre Situation auch nicht durchschauen. Ein Perfektionist »*sieht sich so, wie er sich sehen möchte. Andere Züge seiner Person, die dazu nicht passen, werden übersehen und verleugnet, sind für ihn nicht vorhanden. […] Er ist besessen von einer Idee von sich selbst, die rückhaltlos verfochten wird. […] Perfektionisten können so starr und engstirnig sein. […] Und es ist genau diese rigide Haltung, mit der sie ihre eigene Person knechten, um sie ihrem gewünschten Selbstbild anzugleichen. […] Sie sind Untadelige. Bei diesen Menschen besteht ein Ideal-Selbst, das von sehr hohen Moralvorstellungen geprägt ist*« (Zöllner, 2000, S. 50).

Indem Allmuth jetzt die Wirkungszusammenhänge des Perfektionisten durchschaut, kann sie sich davon distanzieren (er wird ihr unheimlich), aber der Perfektionist in ihr bleibt weiter wirksam, denn die perfektionistische Haltung lässt sich nicht so einfach abschütteln. Aber der Stellenwert ist nicht mehr so groß, die Gardine hängt nicht mehr im Wohnzimmer, sondern im Treppenhaus, in dem man sich ja nicht so lange aufhält.

Die Notwendigkeit der Abschirmung (durch die Gardine) besteht auch weiter. Das eigene Innere nicht allen zeigen, sich einen vor den Blicken der anderen geschützten Bereich sichern und Intimität und Individualität Raum geben. Die Abschirmung ist jedoch nicht rigoros und starr wie eine Mauer oder ein Zaun, sondern leicht, transparent und bunt gemustert. Gardinen geben den Blick von innen nach außen frei, aber nicht umgekehrt. Aus einem geschützten Raum lässt sich die Welt beobachten.

Zum Geburtstag wünscht sich Allmuth für das letzte Zimmer der Ferienwohnung neue Gardinen, ohne auf den Preis gucken zu müssen. Viele Geburtstagsgäste schenken ihr dazu Geld und in den Osterferien geht Allmuth ins Gardinengeschäft und sucht Gardinen aus, ohne auf den Preis zu sehen. Als der Kostenvoranschlag ins Haus geschickt wird, gibt es Unstimmigkeiten mit Albert, denn so teure Gardinen haben sie noch nie gekauft. Jetzt hängen die neuen Gardinen in der Ferienwohnung und jeder – auch Albert – sagt, wie gut sie in das Zimmer passen.

Saure Gurken

Es ist Alberts Geburtstag und er hat viele Gäste eingeladen. Wir bereiten den Raum für die Feier vor, konkret, wir leuchten das große Fenster mit der Balkontür aus und machen dann die Deckenlampe aus, da die Beleuchtung völlig ausreichend ist, nicht blendend und dadurch eine schönere Stimmung erzeugt wird.

Dann kommen die Gäste. Die meisten kenne ich nicht, da es Alberts Kollegen sind. Viele bringen etwas zu essen mit und stellen es auf den Tisch. Selbst eine Bekannte von den »Grünen« kommt kurz vorbei zum Gratulieren und bringt zwei riesige Milka-Schokoladen mit. Sie geht aber wieder. Ich winke ihr nur kurz zu, weil ich noch anderweitig mit irgendwelchen Speisen beschäftigt bin. Als alle da sind, ist der ganze Raum besetzt, der Tisch geht von Wand zu Wand. Ich gehe um den Tisch, spreche kurz mit einigen und probiere die Speisen, die teilweise recht exotisch sind. Auf dem Tisch sind besonders viele saure Gurken in verschiedenen Varianten.

Dann kommen die Kinder meiner Schwägerin und wollen Albert auch etwas kochen. Ich gehe mit ihnen in die Küche und mache ihnen Schüsseln mit Möhren, Bohnen, Mais, Rote Bete und grünem Salat zurecht. Sie brauchen nur noch die fertigen Salatsoßen darüber zu gießen und schon können sie fertige Salate servieren. Sie sind damit einverstanden.

Ich gehe zurück an den Tisch, an dem gut gefeiert wird. Ich sage zu Albert: »Hast du noch kein Foto von deiner Feier gemacht?« Er steht auf und sucht seinen Fotoapparat. Dann ist es Mitternacht und alle gehen auf die Straße wie am Silvesterabend, um das Feuerwerk zu sehen. Die Gruppe verliert sich, denn es sind noch viele andere auf der Straße. Es liegt Schnee und Albert kommt mir mit Stiefel, Mütze und Jacke entgegen und sagt mir, ich solle Christina anrufen, um ihr ein frohes neues Jahr zu wünschen. Ich weiß aber ihre Telefonnummer nicht und weiß auch nicht genau, ob sie zu Hause in Japan oder in irgendeinem Hotel ist.

10. Januar 2006

In diesem Traumgeschehen versinnbildlicht sich Allmuths derzeitige Situation, zeigt, wie Allmuth sich und ihre Umgebung wahrnimmt. Es ist ein angenehmer Traum von schöner Stimmung und gemeinsamen Mahl. »*Eines der ältesten menschlichen Rituale ist das Essen in der Gruppe. Was sich hier abspielt, ist weit mehr als die Abfütterung der beteiligten Personen. Wo man es sich gemeinsam schmecken lässt, kommen die wichtigsten Eigenschaften ins Spiel, die den Menschen zum Menschen machen: Freude an Geselligkeit, Erleben von Zusammenhalt, Sehen und Gesehenwerden, wechselseitige Anteilnahme, Miteinander-Teilen, Miteinander-Sprechen*« (Bauer, 2007, S. 99 f.). Das gemeinsame Mahl um einen großen Tisch ist der Mittelpunkt des Traums.

Gefeiert wird ein Geburtstag. »*Volkstümliches Glückssymbol in jeder Hinsicht. Der Geburtstag ist eine magische Zeit, zu der die Wünsche in Erfüllung gehen und man auch verhext werden kann. […] Hier wird gefeiert, daß die persönliche Existenz und die individuelle Eigenart ein Geschenk sind – und so auch gewürdigt werden*« (Vollmar, 2000, S. 113). Es ist egal, ob es Alberts oder Allmuths Geburtstag ist, da die Gäste überwiegend dieselben sind. So gratuliert auch eine Bekannte von den »Grünen«, mit der Allmuth mehr in Kontakt steht. Sie schenkt zwei riesige Tafeln Schokolade, »*Symbol der Verführung*« (Vollmar, 2000, S. 239) zum Genuss und der Nervennahrung.

Allmuth fühlt sich wohl in der Rolle der Gastgeberin. Sie spricht mit den Gästen und probiert die teilweise recht exotischen Speisen. »Auf dem Tisch sind besonders viele saure Gurken in verschiedenen Varianten.« Allmuth liebt saure Gurken, manchmal hat sie regelrecht Heißhunger darauf. Als Kind waren ihr saure Gurken verwehrt. Die Mutter hielt sie für ungesund, der Essig würde das Blut zerstören. Als verbotene Speise waren sie umso verführerischer. Ein bis zwei saure Gurken pro Jahr waren erlaubt. Das Verbot der Mutter war so internalisiert, dass Allmuth es auch nicht wagte, heimlich mal eine saure Gurke zu kaufen, obwohl sie Gelegenheit genug dazu hatte und die Mutter es auch nie gemerkt hätte. Saure Gurken zu essen war für Allmuth ein unerreichbares Glück. Sie sagte: »Wenn ich Königin von England wäre, würde ich jeden Tag eine saure Gurke essen.«

Als Allmuth in der Oberstufe des Gymnasiums war, gab es seitens der Mutter die ersten Versuche einer Wiederverheiratung durch

Anzeigen in der Zeitschrift »Heim und Welt«. Irgendwann gab es einen heiratswilligen Mann, der die Mutter mit den Kindern sonntagnachmittags zu Ausflügen einlud. Er war Handwerker, hatte einen kleinen Betrieb und natürlich ein Auto. Allmuth und Reinhild gefielen die Ausflüge, es war fast das Gefühl einer richtigen Familie. Der Mann war begeistert, jetzt auch zwei Töchter zu haben. Er wollte ihnen eine Freude machen. Sie durften sich etwas ganz Persönliches wünschen, was er ihnen erfüllen wollte, egal wie viel es koste. Reinhild wünschte sich eine Gitarre und Allmuth einen Eimer mit sauren eingelegten Gurken. Am nächsten Sonntag bekam Reinhild eine gebrauchte Gitarre und Allmuth einen Zehnlitereimer von »Kühne« mit eingelegten Gurken. Das Glück war perfekt. Die Mutter guckte zwar säuerlich, aber ein Geschenk musste man annehmen. Der Gurkeneimer stand neben Allmuths Bett und täglich gönnte sie sich eine Gurke. Das war immer der Höhepunkt des Tages, feierlich zelebriert.

Eines Tages kam Allmuth aus der Schule und der Gurkeneimer war weg. Die Mutter hatte die restlichen Gurken in Einmachgläser gefüllt und eingekocht, angeblich um sie vor dem Verschimmeln zu bewahren. Für Allmuth zerbrach eine Welt. Sie sackte in sich zusammen und konnte nur noch heulen. Ein Verschimmeln der Gurken hätte sie in Kauf genommen. Dann hätte sie die verschimmelten Gurken eben weggeschmissen. Aber bis dahin hätte sie noch jeden Tag ihren Gurkengenuss gehabt. Die Mutter war einfach nur eifersüchtig auf ihre Gurken gewesen und konnte es nicht ertragen, dass der Mann, den sie heiraten wollte, ihrer Tochter solch ein Geschenk gemacht hatte. Die Beziehung zu dem Mann wurde zum Bedauern von Allmuth und Reinhild bald darauf beendet. Als Allmuth dann verheiratet war, kaufte sie sich saure Gurken, wann immer sie Lust darauf hatte. Jetzt im Traum ist der ganze Tisch voller saurer Gurken und dazu noch in verschiedenen Varianten.

Neben den Gurken gibt es noch Schüsseln mit selbstgemachten Salaten. Diese Nahrung bringt Gesundheit, Frische und Vitalität. Die glückliche Situation soll im Foto festgehalten werden. Das Foto als Rückversicherung, diese Situation tatsächlich erlebt zu haben. Es sollen immer nur positive Momente fotografiert werden. Das Glück festhalten wollen, zumindest als Erinnerung.

Die Feier wird beendet mit einem Feuerwerk: »*Macht auf die Besonderheit eines Ereignisses aufmerksam. Blendende Leistung, Lust, Orgasmus und Begeisterung*« (Vollmar, 2000, S. 99). Ein neues Jahr, etwas Neues, beginnt. Zum Schluss noch der Hinweis auf Christina. Ihr gegenüber fühlen sich Allmuth und Albert noch verpflichtet, an sie zu denken beziehungsweise sich um sie zu sorgen.

Wohnung in Paris

Nach langem Suchen haben Albert und ich eine Wohnung in Paris gefunden. Sie liegt im Stadtzentrum in einer Sackgasse. Da sie noch renoviert werden muss, ist sie noch nicht bezugsfertig. Wir sind in der Wohnung einer Bekannten direkt gegenüber. Ich zeige ihr die Lage der Wohnung von ihrem Fenster aus. Die Bekannte hat auch eine sehr schöne, großzügig eingerichtete Wohnung. Wir warten auf Albert. Als er da ist, gehen alle in die Küche (drei Personen) und essen Nudeln in Butter geschwenkt. Ich habe keinen Hunger und kann es nicht erwarten, den anderen unsere Wohnung von innen zu zeigen.

Albert hat wohl den Schlüssel mitgebracht. Ich zeige ihm, dass schon die Unterlagen für die Wohnung, wie Lagepläne und Papiere von Versicherungen und Finanzamt, gekommen sind. Vorher muss ich noch auf die Toilette. Dazu muss ich an einem Durchgang vorbei, der durch einen Fernseher zugestellt ist. Ich stelle den Fernseher mit dem Tischchen, auf dem er steht, zur Seite, so dass der Durchgang für alle passierbar ist. Ich freue mich schon darauf, allen die neue Wohnung vorführen zu können.

5. März 2006

Anmerkung im Traumbuch: »Fortführung des Gedankens, mich bewohnbar zu machen. Gestern waren es die Möbel und ein Zimmer, heute ist es eine Wohnung und meine Traumstadt Paris.«

Mit Paris verbindet Allmuth nur positive Erinnerungen. Nach dem Abitur war sie Au-pair-Mädchen in einem Vorort und ist mit der Vorortbahn oft alleine in die Stadt gefahren und hat dort auf eigene

Faust die Stadt erkundet. Als sie mit Christina schwanger war, hat sie an einer Exkursion ihres Politikseminars nach Paris teilgenommen. Im Anschluss daran hat sie noch mit Albert, Reinhild und ihrem Freund ein paar Tage Urlaub in Paris gemacht. Mehrmals hat sie bei Fahrten des Partnerschaftskomitees in Paris Station gemacht. Einmal hat sie auch zehn Schülerinnen und Schüler mitgenommen. Im Jahre 2003 war sie zwei Mal in Paris: in den Osterferien mit einer Reisegruppe, und in den Herbstferien hat sie Klara Paris gezeigt. Als sie dann 2004 eine Schulhospitation in einem Pariser Vorort machte, ist sie wieder oft mit der Vorortbahn in die Stadt gefahren.

In Paris liegt nun die neue Wohnung (»*entspricht einem neuen Lebensbereich*«, Vollmar, 2000, S. 285) in einer Sackgasse. Sackgasse ist hier ein positives Merkmal für die Lage einer Wohnung. Sie ist ruhig und trotzdem zentrumsnah. Die Sackgasse kann hier ein Symbol der Umkehr sein. »*Man muss aus den alten Fehlern lernen. [...] Der/die Träumende muß sich klar machen, daß er/sie sich umdrehen muß, um sich zu befreien*« (Vollmar, 2000, S. 230).

Bevor Allmuth mit Albert und Freunden die neue Wohnung betritt, essen alle noch Nudeln in Butter geschwenkt. Wieder das Bild des gemeinsamen Mahls. Diesmal ist die Nahrung mit Butter umgeben, »*ein positives Symbol, alles ist in Ordnung (›in Butter‹). Symbol des Nahrhaften und der Verfeinerung. Hier ist auch die sprachliche Nähe zu Mutter zu beachten*« (Vollmar, 2000, S. 61).

Albert besitzt den Schlüssel. »*Einem anderen seinen Schlüssel zu übergeben, bedeutet häusliches Glück*« (Vollmar, 2000, S. 238). Allmuth und Albert wollen gemeinsam das häusliche Glück in der neuen Wohnung teilen. Vorher muss Allmuth noch auf die Toilette. »*Im Grunde ist die Toilette der Ort der Umwandlungsprodukte. Bei diesem Traumbild steht fast immer eine notwendige Veränderung bevor: Sie müssen etwas loslassen und zugleich aus diesem Losgelassenen etwas Positives für sich formen*« (Vollmar, 2000, S. 260). Auf dem Weg dahin muss erst noch ein Fernseher (Ablenkung, Oberflächlichkeit, Zeitvergeudung, Informationsflut, Zeitvertreib, Stumpfsinn, Bilderflut) zur Seite geschoben werden. Am Schluss, nachdem alle Stationen (Renovierung/Erneuerung, gemeinsames Mahl, Toilette/Loslassen und Fernseher/Ablenkung) durchlaufen sind, freut sich

Allmuth auf die Präsentation ihrer neuen Wohnung. Freude »*wird meist als Zeichen für ein ausgeglichenes und gelassen-heiteres Wesen mit guten Beziehungen zur Mitwelt verstanden*« (Baumgarten, 2006, S. 263).

Alte Zöpfe abschneiden

In den Sommerferien 2006 tippt Allmuth alle 150 handschriftlich aufgeschriebenen Träume aus ihrem Traumbuch ab und beginnt in der letzten Ferienwoche mit der Traumanalyse und der Verarbeitung ihrer Aufzeichnungen in ihrem grünen Buch. Beim Schreiben werden ihr die Träume wieder präsent, sie fühlt sich in die Träume hinein und schreibt ihre Gedanken dazu auf. Einige Kapitel sind für sie sehr aufwühlend, so dass sie höchstens ein Kapitel am Tag schreiben kann.

In ihr Traumbuch trägt sie nur noch ganz selten Träume ein. Sie träumt auch nicht mehr so viel, zumindest erinnert sie sich nicht mehr an ihre Träume, weil ihre Aufmerksamkeit darauf jetzt auch allmählich nachlässt. Ostern 2007 sind etwa zwei Drittel des Manuskripts geschrieben. Am zweiten Ostertag schreibt sie ihren letzten Traum auf, eine Mischung aus Traum und Deutung:

Meine Mutter kommt in Begleitung ihrer Mutter vorbei. Sie ist selbstsicher, fast burschikos, bei guter Gesundheit und zupackend. Ich sehe voller Überraschung in ihr Gesicht, das glatt und offen ist. »Du siehst gut aus«, sage ich zu ihr. Das Verhärmte und Unsichere ist von ihr abgefallen, der gezwungen fröhliche Gesichtsausdruck ist verschwunden. Sie strahlt Natürlichkeit, Selbstsicherheit und Zuversicht aus. Sie ist mit dem Auto gekommen, das sie nun souverän beherrscht. Ich bin vor Überraschung über diese neue Mutter fast wie gelähmt und staune nur.

Es ist ein Ostertraum. Die Mutter ist – befreit von Zwängen, Ängsten und Verletzungen ihres Lebens – auferstanden und agiert souverän zwischen ihrer Mutter und ihrer Tochter. Die Mutter ist nicht mehr nur ein eingesperrter Kopf in der Suppenschüssel, sondern ein ganzer und ein befreiter Körper.

Das Bild der Mutter ist geheilt.

Bevor die Mutter ins Haus kam, saß ich am Wohnzimmertisch und habe einen langen Zopf ausgeschieden. Der Zopf war etwa daumendick. Zunächst war er goldgelb, dann wechselte seine Farbe ins Graue. Der Stoff des Zopfes glich verfilzter Wolle. Der Zopf war zwei Meter lang. Ich wickele den Zopf um meine Arme und entsorge ihn in der braunen Tonne. Es wurden von mir viele alte Zöpfe produziert, die jetzt abgeschnitten werden, keine Funktion mehr haben und von mir entsorgt werden. Als ich den Zopf in den Mülleimer werfe, kommen meine Mutter und Großmutter ins Haus herein.

Anhang: Alle Träume
in chronologischer Reihenfolge

Die Träume, die keinem Kapitel zugeordnet sind, handeln vom Beruf und Ehrenamt, von der Familie und Verwandtschaft und von Alltagssituationen.

Die Träume in Klammern konnten aus Platzgründen nicht berücksichtigt werden.

Datum	Titel	Kapitel
Dez 2003	Drei Träume	5
10.03.04	Sektkorken	5
20.03.04	Goldene Hochzeit	(4)
20.03.04	Meine Schwester	4
22.03.04	Mein Sohn Carl	
22.03.04	Verlassenes Baby	2
25.03.04	Verhältnisse	
25.03.04	Neffe und Nichte	
27.03.04	Hochzeit unterwegs	(4)
01.04.04	Monatsregel	(1)
08.04.04	Grüne Bettcouch	3
23.05.04	Entführung	3
23.05.04	Nebelwand	4
25.05.04	Männlichkeit	(6)
25.05.04	Französischarbeit	(6)
26.05.04	Meine Mutter	1
29.05.04	Wolfgang Kubicki	5
30.05.04	Wahlpflichtkurs	
30.05.04	Baby und Schlüssel	(4)
30.05.04	Vergrabenes Gebiss	(5)

Datum	Titel	Kapitel
15.12.05	Torte und Glas	
23.12.05	In der Garage	
24.12.05	Weihnachtstraum	(7)
27.12.05	Nackter Papst	(3)
29.12.05	Fachleute	(5)
30.12.05	Wasserflecken	(7)
31.12.05	Silvestertraum	5
31.12.05	Träumen	(5)
06.01.06	In der Suppenterrine	1
07.01.06	Schüler und Baustelle	
10.01.06	Saure Gurken	7
14.01.06	Roter Faltenrock	(1)
22.01.06	Rechter und linker Schuh	(5)
22.01.06	Fotos	(4)
24.01.05	Landschaft und Fluss	(5)
04.02.06	Arbeit und Rückzug	(5)
04.03.06	Kommode	(7)
05.03.06	Wohnung in Paris	7
19.03.06	Luxuswohnung und Puff	5
30.03.06	Geburtstagstraum	(7)
18.04.06	Unwohlsein	(5)
05.05.06	Transparente Schuhe	(5)
07.05.06	Hilflose Helfer	(1)
23.05.06	Behalten oder Wegwerfen	
28.05.06	Sprungbett	(5)
10.06.06	Vaterhaus	3
06.07.06	Hamster	(4)
16.07.06	Erneuerung	(5)
Ostern 2007	Alte Zöpfe abschneiden	7

Literatur

Bauer, Joachim (2007). Lob der Schule. Hoffmann und Campe, Hamburg.

Baumgarten, Andreas (2006). Das Superbuch der Traumdeutung. München.

Breyer, Nike (2008). Erstlingsschuhe – zwischen Magie und Gebrauch. In Hartmut Roder (Hrsg.), Schuhtick – von kalten Füßen und heißen Sohlen. Zabern, Mainz.

Cardinal, Marie (1979). Schattenmund. Rowohlt, Reinbek.

Delfft, Melanie (2003). Mein Lied. Königshausen und Neumann, Würzburg.

Franzen, Jonathan (2002). Die Korrekturen. Rowohlt, Reinbek.

Hay, Louise L. (2001). Gesundheit für Körper und Seele. Heyne, München.

Kast, Verena (1994). Vater – Töchter, Mutter – Söhne. Wege zur eigenen Identität aus Vater- und Mutterkomplexen. Kreuz Verlag, Stuttgart.

Klüger, Ruth (1994). Weiter leben. Eine Jugend. dtv, München.

Labro, Philippe (2005). Siebenmal fallen, achtmal wieder aufstehen. Herder, Freiburg.

Lentz, Michael (2004). Muttersterben. Fischer Taschenbuch, Frankfurt a. M.

Mitscherlich, Margarete (1989). Die friedfertige Frau. Buchgemeinschaft Donauland, Wien.

Moser, Tilmann (1974). Lehrjahre auf der Couch. Bruchstücke meiner Psychoanalyse. Suhrkamp, Frankfurt a. M.

Moser, Tilmann (1979). Grammatik der Gefühle. Suhrkamp, Frankfurt a. M.

Nuber, Ursula (2003). Die neue Leichtigkeit des Seins. Scherz Verlag, Bern.

Overath, Angelika (2005). Nahe Tage. Wallstein, Göttingen.

Restrepo, Laura (2003). Die dunkle Braut. Diana Verlag, Hamburg.

Richter, Dieter (2008). Das Volk und die Schuhe – von nackten und beschuhten Füßen in Märchen und Popkultur. In Hartmut Roder (Hrsg.), Schuhtick – von kalten Füßen und heißen Sohlen. Zabern, Mainz.

Schmid, Wilhelm (2004). Mit sich selbst befreundet sein. Von der Lebenskunst im Umgang mit sich selbst. Frankfurt a. M.

Swann, June (2008). Schuhe – Accessoire oder Überlebensausrüstung? Oder: Was Schuhe über unser Leben berichten. In Hartmut Roder (Hrsg.), Schuhtick – von kalten Füßen und heißen Sohlen. Zabern, Mainz.

Vollmar, Klausbernd (2000). Handbuch der Traumsymbole. Königsfurt Verlag, Königsförde.

Yalom, Irvin D.; Elkin, Ginny (2001). Jeden Tag ein bißchen näher. btb, München.

Zafón, Carlos Ruiz (2003). Der Schatten des Windes. Büchergilde Gutenberg, Frankfurt a. M.

Zöllner, Ulrike (2000). Die Kunst, nicht ganz perfekt zu sein. Kreuz Verlag, Stuttgart.

Regine Alegiani
Die späte Suche nach Grund

Eine analytische Psychotherapie im höheren Alter

Mit einem Vorwort von Gerd Lehmkuhl.
2009. 128 Seiten, kartoniert
ISBN 978-3-525-40151-4

Eine analytische Therapie im Alter stellt immer noch die Ausnahme dar. Dieser Bericht aus Patientensicht widerlegt, dass der alte Mensch in seinem Wesen unverrückbar festgelegt sei.

Das Buch wurde mit dem Preis der »Stiftung Kreatives Alter« ausgezeichnet.

Regine Alegiani
Bewohntes Land

Psychotherapie als Öffnung zur Welt

Mit einer Einführung von Kurt Hemmer.
2010. 176 Seiten, kartoniert
ISBN 978-3-525-40114-9

Regine Alegiani gibt Einblick in die abschließende Phase ihrer mit 70 Jahren begonnenen Psychotherapie. Mit der seelischen Arbeit an Abschied und Trauer gelingt ihr eine allmähliche Öffnung zur Welt.

Benja Thieme
Reiz und Elend der cremefarbenen Couch

Therapiegeschichte einer Essstörung

2011. 379 Seiten, kartoniert
ISBN 978-3-525-40102-6

Benja Thieme, Ende 40, ist eine starke Frau. Nach langem Leiden und gescheiterten Therapien befreit sie sich in mehr als 300 Stunden Psychoanalyse von ihrer Essstörung. Ihr Therapiebericht liest sich wie ein Roman und gibt intime Einblicke in die Behandlung ebenso wie in ihr Leben jenseits der Couch – vier Jahre, in denen sie einiges auf den Kopf stellt und zu einem stabilen inneren Gleichgewicht findet: mit einem neuen Partner, einem neuen Beruf und ohne die innere Stimme der »Artistin«, die ihr über Jahrzehnte hinweg einflüsterte, wie »dick« sie sei.

Ein Buch, das betroffenen Frauen Mut macht, ihrer Störung auf den Grund zu gehen.

Vandenhoeck & Ruprecht

Christa Schmidt

Meine Familiengeschichte in Träumen

Spurensuche über Generationen

2008. 152 Seiten mit 8 Abb., kartoniert
ISBN 978-3-525-40406-5

Viele Träume bringen familiäre Verwobenheiten zum Ausdruck. Bestimmte Themen und Motive tauchen jahrelang immer wieder in Träumen auf, bis sie bearbeitet werden. Eine familien-orientierte Traumarbeit hilft, Geheimnisse und Muster aufzudecken, Ablösungsprozesse zu erleichtern, aber auch familiäre Begabungen zu erkennen. Jeder Träumer kann die im Buch vorgestellten Methoden nutzen, um seine Träume besser zu erinnern und ihre Botschaften zu entschlüsseln.

Heidi Gidion

Phantastische Nächte

Traumerfahrungen in Poesie und Prosa

2006. 175 Seiten, kartoniert
ISBN 978-3-525-20843-4

Träume sind – auch in der Literatur – keineswegs Schäume, sondern haben uns im Gegenteil eine Menge mitzuteilen.

Silke Heimes

Schreib es dir von der Seele

Kreatives Schreiben leicht gemacht

2010. 168 Seiten, kartoniert
ISBN 978-3-525-40430-0

»Anhand vielfältiger praktischer Übungen, die leicht durchführbar sind und Schreibspaß vermitteln, zeigt die Autorin, wie es gelingen kann, das ›Schreib-Ich‹ zu wecken und Schreiben als natürliche, kreative Kraft- und Inspirationsquelle zu nutzen.«
Sichere Arbeit

Rainer Schmidt

Träume und Tagträume

Eine individualpsychologische Analyse

3., überarb. Auflage 2005. 231 Seiten, kartoniert
ISBN 978-3-525-46221-8

Träume und Tagträume werden tiefenpsychologisch und mit dem Akzent der Individualpsychologie Alfred Adlers in ihrer Aussagefähigkeit, auch für den therapeutischen Prozess, beleuchtet. Eine Vielzahl von Traumbeispielen veranschaulicht die Thesen des Autors.

Vandenhoeck & Ruprecht